PASIÓN
QUE NO
SE DETIENE

La apasionante historia de
ALBERTO
MOTTESI

PASIÓN
QUE NO
SE DETIENE

La apasionante historia de

ALBERTO
MOTTESI

La misión de Editorial Vida es ser la compañía líder en satifacer las necesidades de las personas con recursos cuyo contenido glorifique al Señor Jesucristo y promueva principios bíblicos.

PASIÓN QUE NO SE DETIENE
Edición en español publicada por
Editorial Vida – 2012
Miami, Florida

Edición: *Gisela Sawin*
Diseño interior y cubierta: *Grupo del Sur*

ISBN: 978-0-8297-6019-4

CATEGORÍA: Biografía / Autobiografía

IMPRESO EN ESTADOS UNIDOS DE AMÉRICA
PRINTED IN THE UNITED STATES OF AMERICA

15 16 17 18 19 20 /DCI/ 10 9 8 7 6 5 4 3 2

Contenido

Dedicatoria

A Noemí, una mujer extraordinaria, con la que he compartido la vida por más de 50 años. A nuestros hijos Marcelo y Martín, a quienes amo y admiro profundamente; a sus esposas Lisa y Lela, dos mujeres excepcionales que son para nosotros verdaderas hijas. Y a los cinco campeones: Gabriela, Nicolás, Daniel, Isabela y Sofía, nuestros queridos nietos.

Agradecimientos

A nuestro amado Señor, por el asombroso privilegio de ser sus hijos y por el gran honor de poder servirle. Todo, absolutamente todo es por su gracia. A él sea toda la gloria.

Gracias a mi familia por su amor y respaldo. Gracias a los que sostienen económicamente nuestro ministerio, será grande el galardón de ellas y de ellos en el reino de los cielos. Y a todo nuestro equipo, mujeres y hombres de Dios de diferentes nacionalidades. Sin ellos las historias narradas en este libro no hubieran sido posibles.

Gracias a Pablo Garduño Silva quien me ayudó a redactar nuestra primera biografía. Una palabra especial para Gisela Sawin, a quien conozco desde hace muchos años. Ella tomó la primera biografía que se publicó acerca de nosotros en el año '92 y extrajo parte de ese material que juntó con la historia desde ese año hasta ahora. Muchísimas gracias por su arduo trabajo.

Por último, gracias a los que todavía se atreven a soñar. A los que no han doblado sus rodillas frente al dios del materialismo y se animan a soñar con vidas cambiadas, hogares restaurados y un mundo transformado para gloria de Dios.

«Y por todos murió, para que los que viven, ya no vivan para sí, sino para aquel que murió y resucitó por ellos» (2 Corintios 5:15).

Prefacio

Era marzo del año 2011. Culminaba la cruzada en el *Estadio General Santander* en Cúcuta, Colombia. Uno de los dos estadios de fútbol más grandes del país. Más tarde la denominamos *Ríos de Salvación*. Fueron cataratas de gloria divina y una cosecha gigante de vidas para Cristo.

El domingo siguiente tuve el honor de ministrar en el púlpito de José Satirio Do Santos, quien estuvo al frente de la cruzada. ¡Qué sorpresa! Al presentarme para entregar el mensaje, este «Padre de la Iglesia de América Latina» con toda su gente, me cantaron:

Dios es fiel para cumplir
Toda Palabra dicha a ti.
Dios es fiel para cumplir
Toda promesa hecha a ti.
No morirás hasta que Dios
Cumpla en ti todos los sueños
Que él mismo soñó para ti.

¡Guau! Estas palabras, frente a nuestro ANIVERSARIO 100 AÑOS DE ORO que significa: 50 años de haber sido ordenado al ministerio, 35 de *Asociación Evangelística*, 10 de *Escuela de Evangelistas*, más los próximos 5 años de gloria, justamente la fecha de la aparición de este libro, cobran una pertinencia extraordinaria.

En aniversarios como este, la gente piensa en celebrar lo pasado y coronar la carrera de un siervo de Dios con un «lo hiciste».

Damas y caballeros: se equivocan.

Este ministerio está en la plenitud de la bendición del Padre. Sentimos la mayor energía de nuestra vida y vamos hacia delante, a alcanzar todo lo que él nos prometió. Estamos entrando a los proyectos más grandes de nuestra carrera.

Con profunda devoción, nosotros como familia, y la *Asociación Evangelística* entera, nos volvemos a consagrar a nuestro amado Salvador, por quien vivimos, a quien queremos honrar y a quien dedicamos otra vez nuestro ser entero.

PORQUE DE ÉL, Y POR ÉL, Y PARA ÉL, SON TODAS LAS COSAS. A ÉL SEA TODA LA GLORIA.

Alberto H. Mottesi

Introducción

¡Qué rápido pasaron los años! Comencé como un religioso sincero cumpliendo con todos los preceptos de mi iglesia. Pero lo que determinó mi vida para siempre fue aquel encuentro personal con mi amado salvador, el Señor Jesucristo. Descubrir que la clave de la vida no era un cúmulo de ceremonias y rituales, ni siquiera un compromiso de vida moral, sino una relación personal con Dios por medio de Cristo, fue el detonante, el comienzo, la exuberante y transformadora experiencia que me marcó para siempre.

Entender que Dios me amaba tal como yo era, y que tenía un propósito para mi vida, fue la más cautivadora sinfonía que se puede escuchar aquí sobre la tierra. Ese fue mi real principio en Dios.

Desde mi ordenación al ministerio, jamás hubiese imaginado adónde me llevaría el Señor trabajando por su obra. No lo cambiaría por nada del mundo. El amor y el cuidado de Dios han sido tan preciosos.

Ese fuego que se encendió a través de mi juventud por predicar a los perdidos en las calles, en las plazas, en los parques, en las iglesias y en cualquier lugar donde Dios nos permitía, se fue acrecentando. Esa llama la siento más potente, más abrasadora conforme ha transcurrido el tiempo. Es un ansia que me devora, y quiero que mis días fueran de 48 horas y mis años de 700 días.

Ignoro a la fecha las veces que he recorrido toda la América Latina. Una y otra vez, de ciudad en ciudad, de pueblo en pueblo, para divulgar el mensaje del Crucificado, Jesús de Nazaret. Es aquí cuando deseo caer postrado ante Dios que ha sido tan bueno conmigo. Si no fuera por su presencia poderosa, jamás hubiese podido ir más allá de la esquina de la casa donde vivo.

Millones de personas de todas las latitudes de nuestra amada Latinoamérica, han escuchado por la radio, la televisión y también en forma personal, las Buenas Nuevas de redención. En muchísimas ocasiones he percibido mi total impotencia por no poder partirme en mil pedazos y que cada uno de ellos pudiese predicar en cada región, provincia, y aun en cada villorrio, el evangelio bendito del reino de Dios.

Lo sé. Esto no es posible. Estoy perfectamente consciente que la labor no es de una sola persona sino de todo el cuerpo de Cristo. Pero aun así, no deseo perder un instante, ni mucho menos alguna oportunidad que se me presente para guiar las almas al conocimiento de Cristo.

Es la prioridad número uno de mi vida. Este es mi llamado. Quiera el Señor seguirme sosteniendo para seguir cumpliendo su encargo, hasta exhalar el último latido de mi corazón.

Alberto H. Mottesi

CAPÍTULO 1

EL MUNDO CUANDO YO NACÍ

Era 1942, un año convulsivo en el mundo. El eje formado por Alemania, Italia y Japón, está en la cúspide de su poder intervencionista. Hitler ha conquistado a Francia y a la mayor parte de Europa occidental. Sus ojos ávidos están fijos en Rusia. Está en camino Mussolini, quien apoya a Rommel al norte de África y va en busca de Egipto. Hirohito, con su golpe sorpresivo a Pearl Harbor en diciembre de 1941, ha obligado la entrada de Estados Unidos en la guerra y estallan severas batallas por las estratégicas islas del Pacífico.

Estos triunfos del eje, hicieron soñar a sus miembros con la hegemonía mundial. Todo parecía que lo lograrían. Argentina vivía una fuerte tensión política. Externamente, no había aceptado el llamado de Estados Unidos a romper relaciones con el eje por su abierta simpatía hacia el nazismo, desencadenando con ello que el país del Norte vertiera fuertes presiones económicas que la obligarían a hacerlo dos años más tarde. Internamente, estaba llegando a su fin la «década infame» en la que el presidente

Ramón S. Castillo durante su gestión, manipuló abiertamente las votaciones de manera que el partido conservador estuviera siempre en el poder. La corrupción, el fraude y el uso de la fuerza eran la técnica general. El pueblo, habiendo perdido la fe en el proceso democrático y descontento con su gobierno, era tierra fértil para un golpe de estado o una revolución.

En este estado de cosas, en una tranquila casa de la calle Gascón # 1553 en Palermo, barrio residencial cerca del Río de la Plata en Buenos Aires, un bebé pronunciaba su primer «berrido» el 19 de abril.

Era el segundo hijo del matrimonio Mottesi-Rondani. Mis padres, José y Esther, habían contraído nupcias en el año de 1932. Ambos venían de familias inmigrantes de italianos. La vida de ellos fue ciertamente difícil. Por ejemplo, mi padre tuvo que dejar la escuela a los 9 años para dedicarse a trabajar y ayudar económicamente en su casa. Contaba que al despedirse de su maestro fue en un mar de lágrimas. Le dolía en el alma dejar de estudiar. Pero la necesidad era muy apremiante; tuvo que hacerlo. Se levantaba a las 5 de la mañana para ir a cargar carne en un frigorífico de la ciudad.

Al tiempo, su dedicación le proveyó un mejor modo de vida. Aprendió el oficio de ebanista, lo que clarificó la economía. Junto con su padre Orlando iniciaron un negocio propio de pintura y decoración de casas. Prosperaron. Con el correr de los años, José, al retiro de su padre, se quedó con el negocio de construcción. Él tenía una habilidad innata para hacer amistades. Sus amigos se contarían entre la flor y nata de la sociedad porteña de Buenos Aires.

Si a José se le había dificultado asistir a la escuela, eso no fue obstáculo para sus ansias de saber. Continuamente compraba libros, los cuales devoraba haciéndose de un magnífico acervo cultural. Fue un autodidacta en lo más extenso de la palabra. Llegó a tener una estupenda biblioteca.

Osvaldo Luis, el primogénito de la familia, nació cinco años después del enlace nupcial. Precisamente, cinco años más tarde, Alberto Héctor venía a este mundo.

Argentina es una ensalada de culturas. El 95% de los argentinos pertenece a la raza blanca, descendientes de europeos, principalmente de italianos y de españoles.

Hubo una política a finales del siglo pasado que permitió la inmigración masiva al país. Hasta 1930, hubo varias corrientes que vinieron a poblar la inmensa extensión de tierra que es Argentina, siendo el octavo país en el mundo en extensión territorial, pero, a la vez, una de las naciones de muy bajo índice poblacional. Sus dos grandes guerras y la gran depresión económica entre ellas, originó que grandes masas de diferentes naciones, como Italia, España, Inglaterra, Alemania, Polonia, Dinamarca, Suiza, etc., vinieran a establecerse a esta región austral. De allí que se dice como dicho popular, que los argentinos somos italianos que hablamos español, que quisiéramos ser franceses y nos creemos ingleses. También se dice que, prácticamente, no hay una familia argentina que no tenga a lo menos a un italiano en su seno.

Lo cierto es que la familia Mottesi-Rondani tenía en su seno mucho arraigo italiano. Los jueves y los domingos, la pasta era infaltable. Los ravioles y los tallarines que amasaba la abuela María eran de «chuparse los dedos».

El gobierno del hogar venía fuertemente influenciado por los ancestros llegados de la ciudad de las siete colinas. Todo lo que se hacía era cien por ciento paternalista. El padre era el eje alrededor del cual giraban todas las acciones familiares. El «commendatore» era quien dictaba y ejercía todas las decisiones. La autoridad a veces se exageraba llegando a extremos que, hoy en día, nos producirían risa. Pero así eran esos tiempos.

Crecí en un ambiente circunspecto. Mis padres no eran dados a los convites; más bien, las salidas de casa, que eran esporádicas, tenían un tono de negocios. Y las reuniones en que éramos los anfitriones se reducían a interminables conversaciones de fútbol y política. Para ese entonces mi padre, como mi abuelo Orlando se había retirado de la vida activa, llevaba todo el negocio a cuestas. Era ya una empresa de construcciones respetable, que permitía una vida holgada en el hogar.

No hubo derroche, pero tampoco carencias. Nuestro ambiente social incluía a personas de la aristocracia. Y aquí, lo admirable es que un hombre sin escuela, sin educación formal, con el tiempo incluyó en su círculo social a algo de lo más selecto de Argentina. Mi papá hizo muchos amigos entre ellos. Como Don Julio Giveli, con su carro último modelo. Cada domingo pasaba por la casa para asistir juntos al estadio de *River Plate*. Mi padre fue uno de los fundadores del equipo rioplatense, de tal manera que, como socio vitalicio, desde nuestra platea pude contemplar varios de los mejores goles del equipo.

Desde pequeño me gustó mucho el deporte. La natación, el basquetbol y el fútbol fueron los que más practicaba. Pero, muy adentro de mí, floreció un deseo, heredado de mi padre, el cual era el gusto por la lectura.

CAPÍTULO 2

MI AMOR POR LOS LIBROS

¡Qué gusto enorme el de acariciar un libro, comenzar a leerlo y terminarlo, siendo un libro sin muñequitos, pura letra! Estaba rodeado de una selecta y exclusiva biblioteca. Me era sumamente sencillo alargar la mano y tomar el volumen que me apetecía.

Comenzó en mí el despertar de mi imaginación. Podría decir que me convertí desde mi pequeña edad en un turista intelectual. A través de los libros imaginaba las agrestes tierras, los sórdidos desiertos, las campiñas románticas y los grandes dramas de una humanidad que iniciaba a conocer como mi primera conciencia del mundo.

Leía a los clásicos de todos los tiempos. Grandes manuscritos, los devoraba. Cuando no tenía clases, o tenía 2 o 3 días de asueto, no dejaba el libro sino hasta terminarlo. Acostado, sentado, de pie, caminando. Creo que probé todas las posturas imaginables, y algunas que inventé, para no desembarazarme del libro en turno.

Una noche en que había una reunión familiar, mis papás y algunos tíos departían en casa con mate y empanadas. Alcancé a escuchar lo siguiente refiriéndose a mí.

Adolfo, uno de mis tíos por parte de mi papá, llamó la atención:

—Es imposible que Albertito lea tanto. He comentado con Celia mi esposa, que posiblemente se encuentre enfermo. Deberían de poner cuidado en él. No vaya a resultar que tenga algún mal en el cerebro. Vos sabés, se cuentan tantas historias.

—No se preocupen —habló mi mamá en tono apacible y cordial—. A Alberto siempre le han gustado los libros. Aquí en la casa, en vez de adornos existen libros por doquier. Es sencillo que Alberto, rodeado de tantos, tome libros en vez de juguetes. José y yo lo hemos observado. A él definitivamente le gusta la lectura.

—Pero eso no puede ser posible —habló Guillermo, otro tío cuya cara me parecía demasiado alargada—. En un niño como él creo que está mal en sus ansias de leer. Ustedes saben, los libros contienen variedad incontable de temas. ¿Quién dice que Albertito no esté leyendo cosas sucias? Su marcado interés puede ser motivado por lecturas de adultos.

—No, Guillermo —con tono tajante externó mi papá— eso que decís está fuera de la realidad. Primero, porque los libros que Alberto lee son los que encuentra en casa y yo no he comprado libros que vayan en contra de la moral. Y segundo, aunque vos no lo creas, Esther y yo nos damos cuenta de los libros que toma nuestro hijo. Muchas veces, de reojo, advierto lo que está leyendo. Discúlpennos, Guillermo y Adolfo, Alberto ni está enfermo, ni lee cosas no aptas. Lo único que sí podemos decir, es que él ha nacido con ese deseo y, además, está rodeado de libros, pues que más.

Con una sonrisa me fui a mi recámara. Por lo menos me había enterado que mi interés por los libros les era manifiesto.

Con los años me daría cuenta de la importancia que tuvieron mis primeras lecturas. Ese gusto por leer ha sido uno de los placeres que yo no cambiaría por nada.

Además, los libros fueron mis verdaderos amigos. Pocas veces salía a la calle a jugar con los del barrio. Los chiquillos de las casas adjuntas formaban sus corrillos, los cuales yo nunca frecuenté.

Yo era un niño solitario. Mi hermano Osvaldo, con cinco años adelante, marcaba una gran diferencia. Nuestros juegos comunes eran pocos. También nuestros pleitos.

Como no había más niños en casa, yo me refugiaba en el primer libro que tenía a la mano. Era tan absorbente la lectura de mis libros, que el juego con los del barrio me resultaba, incluso, un chiste.

Mi niñez se fue marcando por una inusitada seriedad por la vida. De hecho, los mismos libros fueron moldeando un carácter taciturno, propenso a la quietud. Buscaba siempre el lugar más alejado para estar fuera de las interrupciones. En casa tenía un sillón donde me recreaba con mis lecturas. Allí me ensimismaba por horas y horas.

Desde el mismo momento en que tuve razón de mí mismo, me mostraba rebelde a ciertas imposiciones.

Por aquel entonces, la moda de los «pibes» era llevar el pelo engominado, tipo Elvis Presley. Mi mamá me ponía capas enteras de gomina, con tal de verme bien peinado. Aparte, los pantaloncitos cortos eran el pan nuestro de cada día. Odiaba materialmente esta forma de ser.

Cuando mamá y mi tía Pititi me llevaban de compras, y esto era casi todos los días, una forma de hacerles entender que no me gustaba ir, era sentarme en la acera de la calle sin el menor deseo de moverme. Al final, siempre ganaron mi mamá y mi tía.

Otra forma de hacer patente mi inconformidad era cuando me compraban zapatos nuevos. No me gustaban los de color blanco. Así es que siempre que traía calzado blanco, por las calles iba pateando cuanta cosa me encontraba para romperlos o hacerlos inservibles.

Estas acciones implicaban una contra a la imposición. Había rigidez de mando en mis padres y yo, de alguna manera, daba a entender mi rebeldía, les gritaba silenciosamente que me sofocaban con todas sus imposiciones.

Entré a estudiar la primaria en la escuela de la calle Pringles, más o menos a ocho cuadras de mi casa. Iba y venía caminando. Los años se sucedieron simples. Era un estudiante regular. Mi empeño no iba más allá de tener contentos a los maestros y a mi familia. La escuela me pareció una actividad normal, como todos los chicos iban a ella, pues yo, ¿por qué no?

Exactamente enfrente de mi casa se alzaba un edificio de construcción antiquísima. Allí funcionaba una *Biblioteca* y un *Centro de Recreación*. Obvio es decir, que lo que me atrajo fueron los libros. Me encantaba recorrer sus fichas bibliográficas, tratando de encontrar un título atrayente. Cuando lo tenía y pedía el libro, buscaba la silla y la mesa del último rincón. Ya me conocían los encargados de la biblioteca. Varias veces me vieron tan absorto, que les daba una especie de dolor pedirme el libro, así que, amablemente me lo prestaban para seguir leyendo en mi casa. Naturalmente, después se los devolvía. En esta misma biblioteca tenían un salón de juego. Algunas veces lo usé acompañando a algunos conocidos, recreándonos en juegos de salón.

Hubo momentos de plena alegría. Como cuando hacía de chaperón. Paco cortejaba a mi tía Angélica, hermana de mi papá. Para que pudieran estar un rato a solas, pedían permiso a mis padres para llevarme a la calesita, un carrusel que en uno de sus lados tenía un gancho que al pasar deberíamos ensartar. Cuando lo hacíamos, nos daban como premio otra vuelta gratis. Cada semana íbamos por la noche. Era todo un acontecimiento para mí. Cada semana también, el tío Paco, aficionado a los automóviles, me llevaba al estadio del club Ferrocarril Oeste para ver las carreras de autos pequeños, pero veloces, que hacían mi felicidad.

Aun así, mi carácter se fue cargando de cierto negativismo. Algunos traumas debidos a la «suprema autoridad paternal», a la diferencia de edad con mi hermano Osvaldo, a la absorbente tía Pititi y la escena del tío Anselmo, marcaron indeleblemente mi mediato futuro.

CAPÍTULO 3
LA PREGUNTA SIN RESPUESTA

A la vuelta de la manzana del bloque de casas donde vivíamos, estaba la casa de unos tíos de mi mamá. De niño, seguido iba allí. Ya por algo que mamá les enviaba, por reuniones familiares, o sencillamente por saludarlos. Los teníamos tan cerca que era familiar vernos todos los días.

La casa no era grande, tampoco era chica. Estaba hecha de ladrillo pesado con grandes ventanas verticales. El portón de madera nos introducía directo a una pequeña fuente en medio del patio. Alrededor en las paredes, también como en mi casa, no faltaban las jaulas de los pájaros. Sus habitaciones me eran frías, quizá porque no había niños. El tío Anselmo nunca se casó. Ya era grande de edad en el tiempo cuando le visitaba. Su porte típico de rasgos europeos.

Pero lo que llamó muchísimo mi atención fue su personalidad. Podría decir que era un hombre bueno. Sus maneras correctas, su hablar correcto y extraño, de fina conducta. La gente opinaba abiertamente de su bondad. Su gesto era amable. Su sonrisa siempre a flor de labios. Nunca oí una mala palabra, ningún desvarío que hubiese terminado en pleito o en simple enojo. Era un hombre ejemplar.

Por aquel entonces, cuando yo rondaba los escasos siete años, no conocíamos la luz del evangelio, ni ellos ni nosotros, pues éramos católicos nominales.

Cierto día nos dimos cuenta que el tío Anselmo enfermó. A tal grado que fue una enfermedad de muerte. El médico a diario iba a verle. Llegó el momento en que todo un día no se separó de él. El temor a la muerte se olía en cada habitación. Preocupados y tristes, permanecíamos esperando lo irremediable.

En un momento de sosiego, en que no había personas alrededor del lecho del tío, entré furtivamente a su habitación. Quería verlo.

Estaba semioscuro. Las cortinas cerradas, excepto una por donde escasamente entraba la luz tenue de la tarde. Los objetos que rodeaban la cama de mi tío parecían sin vida, como conteniendo la respiración. Los cuadros de los retratos colgados en la pared, casi me pedían que caminara de puntitas, de tal forma, que cualquier ruido hecho, sería como un sacrilegio en aquel lugar.

La cama de mi tío me pareció hecha con esmero. Sus tubos de latón cobrizado, relucían. La colcha, las cobijas y las sábanas estaban perfectamente en orden, como si nadie estuviera acostado allí.

Él me miraba desde que entré. Sus ojos estaban vidriosos, casi opacos. Permanecimos callados unos instantes. Noté en su expresión una gran angustia que, de súbito, hizo recorrer por mi ser una sensación extraña.

Estaba totalmente demacrado. Su amarillez daba temor. Su pelo cano, caído hacia atrás, estaba revuelto. Y su barba de varios días sin afeitar, todo ello daba un aspecto sombrío, casi tétrico.

El olor de la habitación era de medicinas contenidas en sus frascos a un lado de la cama en un pequeño escritorio, donde una lámpara antigua, descansaba dispuesta a disipar por doquier su luz cuando se lo requiriese.

Al estar cercano al tío, sin saber qué decir, él se incorporó tomándome con fuerza de los hombros. Sentí un temor grande.

«¡Alberto, Alberto!». Su voz era grave y con tan tremenda congoja, que me hizo temblar de pies a cabeza. Mi reacción fue de asombro ante lo inusitado del momento. Veo su camiseta blanca y su pijama de color a cuadros. Sus ojos han recobrado brillo, lo cual me transfiere una poderosa zozobra, para mí desconocida. La aflicción dibujada en su rostro me llena de miedo indescriptible. Miedo que miro generado en la profundidad del ser que me atenaza con fuerza.

«¡Alberto, Alberto, ¿qué va a ser de mi vida?!». Su pregunta me dejó perplejo. Jamás hubiese pensado que alguien como él, que no hizo daño a nadie, que era un hombre bueno, ahora, en este preciso momento, me hiciera semejante pregunta.

Me quedé atónito. Simplemente, mi cerebro grababa esos instantes cruciales. Me sentí desconcertado, extrañado al máximo. ¿Qué puede responder un niño de siete años ante tan inusitada escena?

De nuevo, la voz de mi tío resonó en mis oídos.

«¡Alberto! ¿Qué será de mi vida en la eternidad? ¿Qué va a ser de mi vida?».

Frente a mi mudez y a lo rígido de mi cuerpo tembloroso, al no encontrar respuesta a su infinita inquietud, mi tío me soltó. Se dejó caer sobre su almohada con los ojos cerrados, terriblemente agotado, más por la perplejidad de una pregunta sin respuesta, que por un esfuerzo físico. Le vi como quien se abandona a un sueño sin deseos de volver.

Paulatinamente fui dando pasos hacia atrás hasta llegar a la puerta. La abrí y la cerré rápidamente, con sumo respeto. Temía haber asistido a uno de esos momentos, que nunca iba a olvidar mientras viviera. Esa ansia sin respuesta por la eternidad del tío, no me dejaría jamás. Fui impotente por mi niñez; sin embargo, su impacto tendría profundas derivaciones en mi existencia.

Al salir de allí, vi que el médico entraba a examinar al paciente. Me estaba acomodando en una silla con el objeto de recuperarme, cuando de pronto salió, con un mutis de tristeza, anunciando a todos los presentes que el tío Anselmo había fallecido.

Aquella noticia produjo un formidable golpe en mí. Solo hacía dos o tres minutos que había estado con el tío. Sus palabras dichas a mi oído, fueron sus últimas palabras en este mundo.

¿Por qué a mí?...

¿Por qué a mí?...

CAPÍTULO 4

LA NOCHE DEL TROMPÓN

Cuántos recuerdos los de mi niñez. Algunos, tan gratos como el encuentro con aquel campeón de box. Estrechar mi mano con la de él fue deslumbrante para mí. Tuve problemas con mi mamá porque por varios días no quería lavarme la mano derecha. Quería conservar aquella impresión.

También las veces que me cruzaba con aquella anciana venerable, la señora Curcio. Sus palabras no las entendía, pero me dejaban pensativo: «Alberto, Dios te ama mucho y tiene un plan para tu vida». ¿Por qué me hablaba así?

Creo que lo que pasó aquella noche, la del trompón, me preparó para los grandes desafíos que enfrentaría más tarde.

—¡Alberto! —oí la voz de mi mamá que llamaba desde la cocina. Yo estaba en mi recámara con un libro en las manos. Lo dejé sobre mi cama con el canto hacia arriba y las hojas abiertas, justo donde iba leyendo, con la intención de proseguir mi lectura una vez que supiera qué deseaba mi mamá. Fui a la cocina.

—Sí, mami, dime.

—Ve al almacén y trae mi pedido de queso. La cena está lista, pero se me olvidó traerlo.

Mi mamá conocía mi debilidad. Así que con gusto tomé el dinero que mi progenitora me alcanzó y salí rumbo al almacén.

Serían como las ocho de la noche. El clima lo sentí muy agradable. Un vientecito venido del Río de la Plata hacía la noche espléndida. Quizá por esto percibí mucha actividad en la calle. Las casas iluminadas y con sus ventanas abiertas de par en par. Las personas que venían de sus trabajos platicaban sonrientes. El tranvía con su ruido característico, me pareció musical. Un tango de Carlos Gardel se esparcía en fuertes matices que inundaban el vecindario.

Vi a don Juancito el peluquero, laborando en la cabeza de uno de sus clientes y en amena charla. Otros esperaban turno, leyendo el periódico o las revistas que solo los adultos tenían derecho a leer. En la esquina de la bocacalle, un grupo de más de cuarenta niños, todos del vecindario, le hacían coro a Carlitos.

Este era hijo precisamente de don Juancito el peluquero. Desde muy chico le había gustado el deporte, a tal grado, que se hallaba forjando un cuerpo de bien ganada musculatura. Hacía bastante ejercicio. Así que los chicos de nuestra edad lo veían como algo fuera de serie. Además, la fama de Carlitos la tenía más que ganada.

Seguro de su fuerza y de su disciplina en el deporte, en un futuro mediato llegaría a ser un campeón olímpico representando a nuestro país en la Olimpiada de Tokio, y un consolidado cantante de ópera. Yo creo que le agradaba ser «el tarzán del barrio», el «supermán» a quien todos miraban con respeto.

Los chicos admiraban su robustez, tocándole como si fuese de otro planeta. Obviamente, Carlitos sacaba buen provecho de todo esto. El era el temerario, el «huy yu yui» del barrio.

Yo no me metía con él ni con los demás. Como casi no vagaba por la calle, eran contadas las veces en que nos vimos cara a cara. Sin embargo, esa noche sí, estaba allí.

Al pasar junto a ellos no hubo nada que comentar. Solo un chiquillo me movió la cabeza, sonriéndome. Llegué al almacén de don Jacinto pidiendo mi queso. Mientras lo sacaba del refrigerador, lo cortaba y lo pesaba, el almacenero no dejaba de hablar con otro cliente.

—Te digo, el hecho que el Congreso haya conferido a Perón el título de «Libertador de la República», y a Evita, «Jefa espiritual de la Nación», me parece una exageración.

—Pero, ¿por qué? —contestó su interlocutor, que vestía un saco gris muy largo para su tamaño—. ¿Que acaso Perón no nos ha dado una nueva forma de vida? Las garantías individuales que gozamos, la preocupación de ellos por dar al pueblo una mayor prosperidad, sobre todo a los muy pobres, ¿no merecen por lo menos esos títulos en señal de gratitud?

—Respeto su opinión —prosiguió el almacenero que tenía una reputación de filósofo en el barrio—, pero la verdad sea dicha de paso. Los grandes pensadores del pasado han sido explícitos en cuanto a una verdadera libertad, que debe nacer en la misma conciencia del individuo y se proyecta a la sociedad, sin falsos intereses. Lo que yo veo ahora en el Congreso, es una hueste de interesados, que quieren caer bien y serle simpáticos al mandamás. No, señor. Esto es absolutamente falso. Dígame si no. Eso de ponerse de pie cien veces en una sola sesión ante los «jefes», ¿no le parece un absurdo?

No esperó respuesta, sino que se dirigió a mí.

—Son cuarenta y cinco centavos, pibe.

Pagué y salí del establecimiento, dejando a estos dos señores enfrascados en su conversación.

A media cuadra adelante, miré que el corrillo de chicos se hallaba detrás de Carlitos. Percibí que algo iba a suceder. Comencé a escuchar voces fuertes de burla a mi persona. Risas y carcajadas infantiles por estos improperios eran totalmente notorias.

Todo podía esperarme, menos esto. Pero no me detuve. Seguí avanzando hasta llegar frente a ellos. No tenía manera de esquivarlos. Había solo un camino a casa, y ese era justamente el que tenía que recorrer.

Los insultos subieron de tono de parte de Carlitos. Definitivamente, deseaba lucirse delante de toda esta parva de chicos a mis costillas. Y yo, como era un niño de carácter introvertido, muy acomplejado, tuve miedo. Pero lo soporté sin demostrarlo. Contemplaba en Carlitos y sus injurias, un gigante que se me atravesaba en el camino. Veía también a todos aquellos chicos de mi vecindario, reírse jocosamente de mí. Y esto lastimó mi orgullo.

Posiblemente, si Carlitos me hubiera afrentado en solitario, sin público, no hubiese sentido esta vergüenza de mí mismo y otra sería ahora la historia.

Pero no. Se había levantado el escenario. Cuarenta niños en gran algarabía, rodeándonos, esperando ver brotar sangre ante la demostración de la fuerza de unos músculos reverenciados por ellos.

Carlitos y yo en medio de la calle, cuando, de súbito, sin dejar caer el queso, coloco tremendo trompazo en plena cara de mi enemigo, que se va de espaldas a la acera aturdido. Se lleva la mano al rostro, viendo estupefacto la sangre que mana de su boca y nariz.

Probablemente, mirar su propia sangre le da pavor. Se levanta raudo y echa a correr. Lo veo, sin dar crédito a mi puño, y menos a mis fuerzas. ¿De dónde ha salido tal fortaleza y valentía? No lo supe.

No obstante, la camarilla de chicos que por unos instantes quedaron callados, absortos porque ellos creían que iban a verme tirado en el suelo gritando pidiendo clemencia, se abalanzaron sobre mí en muestras de simpatía, elogiando mi «valor». Prácticamente, me llevaron en vilo hasta la puerta de mi casa.

Consideraban que habían encontrado a un nuevo héroe. Me sentí pleno. Era la satisfacción tan bonita de haber vencido a un Goliat, que me dejé llevar por la euforia de los niños, gozando el momento de aquella victoria. Entré a la casa. Mi mami me reprimió por la tardanza. No le dije nada. Quería estar callado. Mi cerebro daba vueltas una y otra vez a lo acontecido, envolviéndome en un deleite que no deseaba que desapareciera pronto. Creo que nunca me gustó tanto el queso, como en aquella noche del trompón.

CAPÍTULO 5
¡VAYA PREMIO QUE GANÉ!

Creo profundamente en el propósito eterno de Dios para la vida humana en particular. Me es imposible aceptar el azar, o la concatenación de hechos de un destino ciego. ¡No! Me es más sencillo, y no violento a mi conciencia el saber que existe Dios, que en sus decretos eternos, él ha dispuesto un proceso para un fin determinado, sin menoscabo de la libertad individual.

Corría el año de 1951 cuando tenía escasamente nueve años. La vida de niño, en términos generales, feliz, dependiendo de una familia más o menos bien avenida. Mi padre, que administraba una empresa de pintura y decoraciones, nos proporcionaba una situación económica desahogada. Disponíamos de lo suficiente en todo. Mi madre cuidaba el orden de la casa, ayudada por mi tía Matilde, a quien cariñosamente llamábamos tía Pititi.

Siempre hubo tiempo para tener limpias cada una de las pajareras, sin que faltara la comida de los cantores silvestres que alegraban la casa con sus trinos. Las palomas, en su incesante trajinar, ponían un sello de actividad constante en el hogar de mis progenitores.

Como por las tardes iba a la escuela, después de desayunar y realizar la tarea que nos dejaban el día anterior, disponía de tiempo dándome la oportunidad de salir al frente de la casa a jugar bolitas o algún otro juego con los chiquillos del barrio. Quiero aclarar una cosa: yo no era muy dado a tener compañeritos; las más de las veces me las pasaba solo. No porque fuese de un carácter fuertemente huraño, sino porque sentía cierto placer de jugar en forma solitaria. Era retraído en mi personalidad, podría decir, casi un tanto acomplejado, debido, creo, a la maniática manera de perseguirme con su inmensa cuchara la tía Pititi. Experimentaba un profundo rechazo a esto. Ella creía que un niño sano, tenía forzosamente que ser gordo y, de ahí, la persecución de que fui objeto. Fuera de estas correrías por toda la casa, con la tía siempre detrás de mí, yo fui como todos los chicos, con nuestros juegos y fantasías, con las travesuras y las reprimendas que colorean el diario vivir.

Una mañana, sentado a un lado de la puerta de mi casa, me divertía viendo los autos correr por la avenida. El tranvía eléctrico, en sus inseparables rieles de acero templado transitaba envuelto en sus toscos sonidos de metal.

Yo estaba absorto en ello cuando, inopinadamente, percibí el calor de una mano que se posaba sobre mi cabeza. Volteé y miré unos zapatos cafés de moda antigua y un hábito del mismo color que fui recorriendo mientras levantaba la vista hasta llegar a la cara de la desconocida, la cual se atrevía con su mano sobre mi cabeza a llamar mi atención. Era una monja.

—¿Qué hacés? —me interrogó en un dulce sonido de voz emitido de una boca chica, enmarcada en un rostro ovalado de tez blanca, lozana y juvenil. Sus ojos brillaban cálidamente, provocando en mi ser, confianza.

—Nada —le respondí con cierto desgano e inclinando la cabeza, inconscientemente creí que con este acto la conversación culminaría.

—Bueno, si no estás haciendo nada, ¿te agradaría que te invitara a concurrir con otros chicos adonde jugaríamos, organizaríamos algunos paseos, tendríamos fiestecitas con caramelos, y donde tú podrías estar a gusto? Tendrías que comentarlo con tu mamá. Y ¡claro!, yo misma le pediría el permiso para que te dejara ir. Además quiero decirte, que no está lejos el lugar de reunión. ¿Conoces la capilla de la iglesia de Santa Lucía?

—Sí, está a dos calles de aquí.

—¡Excelente! Como puedes darte cuenta, no está lejos. ¿Quieres que le pida el consentimiento a tu mamá?

Permanecí unos segundos sin hablar. Contemplaba sus ojos, su expresión de rostro, como si quisiera por medio de esos rasgos encontrar intenciones guardadas. Más no advertí nada que no fuese franqueza y simpatía de parte de esa monja, que esperaba pacientemente mi respuesta.

—De acuerdo. Mi mamá se llama Esther. Vamos a verla.

Entramos a la casa. Grité a mamá que la buscaban. En pocos instantes apareció ella con un sacudidor de polvo en la mano, sorprendiéndose de que una monja pisara la entrada de su casa.

Con ese mismo encanto que inspiraba confianza, de inmediato relajó a mi mami, concediéndome el permiso necesario, y prometiendo que el sábado próximo ella misma me llevaría a la capilla.

La hermana Graciela, que así se había presentado a mi mamá, se despidió. La acompañé hasta la puerta y nos tocó despedirnos, conviniendo en que el siguiente sábado por la mañana nos veríamos nuevamente. Así comenzó una de las experiencias más lindas de mi infancia. Los juegos, los paseos por el río o el zoológico, las fiestecitas con globos y gelatinas; pero sobre todo, aquellas pláticas llenas de colorido y entusiasmo que la hermana Graciela nos impartía acerca de Dios.

Por primera vez en mi vida fui conociendo a Dios a través de esta mujer. Yo era católico, pero iba a la iglesia pocas veces. Era un «católico de nombre». Pocas veces me acerqué a la parroquia. Mi conocimiento eclesiástico era nulo. Mi familia, como yo, éramos indiferentes a la religión.

Esta hermana devota poseía el don de enseñar, de instruir con gracia. Todos los que nos reuníamos con ella, la respetábamos. Su bondad era transmitida a todos por igual. Su preocupación por cada uno de nosotros, constante hasta más no poder. Su alegría era el tono distintivo que marcaba a cada uno de sus actos; de tal manera, que a los pibes de su grupo los tenía fascinados. No había reunión en la que no nos hablara de Dios. Era tenaz en transmitir y demostrar la religión que le habían enseñado. Franca y transparente, pero, sobre todo, con un entusiasmo por lo que creía, emanaba de su ser amor sin cortapisas.

Fui conociendo y tomando muy en serio a ese Dios que difundía la hermana Graciela. Despertó en mí un hondo interés religioso que me era desconocido. Esa diminuta luz de revelación divina inundó la pequeñez de mi corazón. Era como la implantación de una semilla que a su tiempo daría su fruto.

Los meses me fueron gratos. Durante los dos años, casi tres, aprendí muchas, muchísimas cosas de religión. Infaltable a las reuniones en la capilla, o en el salón contiguo, o en el jardín. Sentí hambre de conocer más de ese Dios. A tal grado, que no me importaba que mi familia no acudiera a la iglesia. Yo tomaba mi propia iniciativa en concurrir a los oficios y labores inherentes a la capilla. Me convertí en un practicante sincero.

En diversas ocasiones externé mi entusiasmo religioso en las tertulias que se celebraban en casa. Les decía que quería llegar a ser Papa. Unos se sorprendían, otros vacilaban, y los demás se reían incrédulos de mis ocurrencias. No obstante, había fecundado en mí un ansia que veía, en sus alcances, solo satisfacerla en el podio que el Papa poseía. Imaginaba que ese lugar y honor era el clímax donde se podría colmar el alma y no desear ya nada más. Por lo tanto, ese objetivo que como una eclosión surgió de mi interior, me mantuvo interesado, proclive a devorar todo conocimiento, ritual o labor que me acercara más a mis intenciones.

Tendría los once años cumplidos cuando se nos anunció que habría un concurso entre los fieles, mayormente entre los niños y jóvenes. Diversos eran los temas: Teología, religión, doctrina, etc. que tendríamos que aprender. No perdí tiempo. De por sí, emocionado por las cosas religiosas, comprendí que esta competición podría darme un adelanto en mi meta del subconsciente.

Me afané. Trabajé. Estudié con ardor y fui ganando las fases preliminares.

De hecho, no me sorprendió el día que tuve que dirimir conocimientos con jóvenes seminaristas en la gran final. ¡Qué emoción!

La iglesia estaba de bote en bote. Los concursantes eran varios, y entre ellos, yo era el más pequeño. Las preguntas se fueron dando primero sencillas, después, más complejas. Cuando se anunció al ganador, provocó en mi ser una gran satisfacción. Yo, Alberto Mottesi, había salido campeón de aquel certamen. ¿Cómo era posible? Muchachos de mayor edad, seminaristas apegados únicamente al estudio religioso, y yo ¡les había ganado!

Fue una fiesta de felicitaciones. Mi familia, la hermana Graciela y mis condiscípulos no cabían en la alegría que les produje. ¡Ah!, el premio. No tan solo fue un trofeo de bronce con una estatua cuya mano sostenía una guirnalda. ¡No! Días después, ignoro cómo lo lograron los párrocos, pero me hicieron llegar a mis manos temblorosas, el verdadero premio que, obviamente, yo no lo esperaba.

Era una medalla de oro y una carta manuscrita, ¡de puño y letra del mismísimo Papa Pío XII! Me quedé mudo y extasiado. Jamás hubiese pensado en tal acontecimiento. Esto me abrió, concluyentemente, a una apetencia fortísima por las cosas de Dios.

CAPÍTULO 6
EL PROTESTANTISMO

¡Qué raros son los caminos de Dios! Después del triunfo en la competencia, los días fueron de éxtasis, pero, como todas las cosas de este mundo, también llega el momento en que todo se acaba.

Proseguí con mayor denuedo la búsqueda de oportunidades para llegar a mi ideal trazado: ser Papa. Aunque ya no daba a conocer mi deseo, porque sabía que podría seguir recibiendo comentarios negativos. Así que mejor me lo guardaba. Estaba seguro de lo que quería y eso me bastaba.

Mi vida en la escuela era normal. Mi desempeño era el de un estudiante regular. Mi verdadero entusiasmo estaba en la iglesia.

Observaba todos y cada uno de los detalles en que se ejecutaba la liturgia. Todos los actos en que el cura se ocupaba me eran de especial interés. Pregunté qué necesitaba para ser un sacerdote. Me informaron de los detalles. Pensé que convertirme en monaguillo podía ser el primer paso. Así me daría cuenta de todos los pormenores litúrgicos y practicaría para llegar a ser un buen sacerdote.

Así fue que me convertí en un practicante sincero y devoto de su religión, hasta el mismo momento en que sucedería algo portentoso en mi vida.

Osvaldo, mi hermano, se hizo muy amigo de la familia Curcio. Comenzó a concurrir a una iglesia evangélica, la misma a la que ellos asistían regularmente. El pastor tenía varios hijos e hijas. Una de ellas, Beatriz, la menor, fue el blanco del corazón de mi hermano. Se enamoró de ella.

Osvaldo comenzó a frecuentar a la familia Curcio. Fue invitado a su iglesia enclavada en el barrio del Once, no lejos de donde vivíamos. Poco después nos hacía el comentario, con no poco entusiasmo, de que había aceptado a Jesús como su salvador en la iglesia bautista. Esto lo consideré chocante. No así mis padres; porque antes de ese tiempo, ellos habían concurrido a un establecimiento del Ejército de Salvación y habían escuchado la predicación del evangelio, gustándoles. Ahora que Osvaldo venía con esta noticia, se interesaron en ir ellos también. Fueron, y también hicieron profesión de fe.

Yo me abstuve de ir con ellos. Sentía que ir a una iglesia protestante era traicionar mi creencia. Pensaba que los evangélicos eran gente emparentada con el diablo. Y yo no quería oler a azufre, ni que me crecieran cuernos ni cola. Casi un año me mantuve en mi decisión de no aceptar las reiteradas invitaciones de mi familia para acompañarlos a sus cultos.

Hubo ciertos momentos en que me sentía triste, pensando que mi familia me abandonaba, que preferían su iglesia evangélica a lo que podía sentir el pequeño de la casa.

Aun así, me hice el fuerte. «Si ellos quieren ir a su iglesia —pensaba— yo seguiría ferviente en la mía».

Redoblé mis esfuerzos en la capilla en todo lo que me ordenaban. Hice saber al sacerdote mi deseo de ser monaguillo. De hecho y prácticamente, hacía muchas labores que el monaguillo ejecuta. Solo que anhelaba que el asunto fuera oficial.

Me indicaron que debía confeccionarme el traje de esta orden menor. Ni lento ni perezoso fui a que me tomaran las medidas. Yo quería ser monaguillo lo más pronto posible.

El domingo de esa semana en que me tomaron las medidas, la insistencia de mi familia por acompañarlos a su iglesia, cobró efecto en mí. Acepté ir con ellos el domingo por la mañana. ¿Qué fue lo que sucedió ese día? ¿Por qué sin ninguna explicación loable, sin nada que me hubiera impresionado, pude haber cambiado de decisión?

Para mí es un misterio que no he podido aclarar. Pero así fue.

La familia Mottesi en pleno, bien trajeaditos, nos sentamos en una banca de madera de la iglesia del Once. Me sentía raro, completamente fuera de mi entorno. Había una especie de temor, como si esperara que de cualquier lugar saltara el diablo para engullirme. Pero esto no sucedió.

Me llamó la atención que no había imágenes por ningún lado. Solo una especie de altar con un púlpito y floreros a los costados.

Leían y cantaban unas canciones que me fueron conocidas porque mi familia en algunas ocasiones las silbaban o tarareaban en casa. Ahora me daba cuenta de dónde procedían.

El pastor Pluis, que así lo nombraron cuando llegó el momento de que participara, era un hombre formal. Su personalidad y su porte de holandés, lo distinguía de los demás. Dio algunos anuncios y la bienvenida a las personas que venían por primera vez; yo entre ellas. Vi que causé un gusto en la reunión como si de hecho me estuvieran esperando. Esto me dio seguridad de mi permanencia en ese lugar.

A poco nos enviaron a diferentes salones fuera del salón principal. Era la Escuela Dominical, con una enseñanza conforme a las edades de la gente. A mí me correspondió con niños de mi edad. Cuando terminó el maestro de darnos la lección, nos dirigimos de nuevo a la nave mayor de la iglesia. Mientras todos los asistentes en absoluto silencio escuchaban con atención la predicación del pastor, dentro de mí brotó una fuerte convicción: no volvería a la iglesia católica.

Así lo hice. Durante casi un año asistí con regularidad a la Iglesia Bautista del Once. Me agradó su manera de ser. Veía interesante la predicación que no era en latín sino en un perfecto español el cual entendía perfectamente. Había una interrelación entre la gente que yo no conocía. Había risas y abrazos afectuosos. En el ambiente flotaba un calor humano que desconocía.

Hubo pronto en mí una grata aceptación con todos mis compañeros. Veía un afecto que tampoco había experimentado antes.

Todo esto me mantuvo ese año, aprendiendo nuevas cosas de la Biblia. Algunas que ya conocía, cobraron nueva vida. Las veía con un nuevo matiz; me parecía que contenían algo práctico en lo cotidiano que me era desconocido.

El 9 de diciembre de 1954, cuando me acercaba a los doce años, tuve una experiencia inolvidable. Ya llevaba casi un año asistiendo regularmente a la Iglesia del Once, cuando en ese día por la noche estaba sentado en una de las bancas traseras del templo, participando del culto normal de predicación. Cantaba, oraba, leía la Biblia, y oí como en la lejanía el mensaje del pastor Pluis, cuando al final de su homilía, pidió al coro entonar un himno.

Comencé a escuchar los sonidos iniciales y con ellos sentí embargar todo mi ser de una convicción antes jamás sentida. El coro deletreó el himno con aquella música que me pareció celestial.

«Venid, venid,
Si estáis cansados, venid».

Convincentemente supe que Dios me estaba llamando. Para mí este himno era la voz audible del Eterno que me invitaba a ir a él. Sabía con perfección que era un llamado ineludible y que tenía que obedecer. Sentía un profundo amor que me abrazaba y las lágrimas saltaron de mis ojos.

Cuando el pastor Pluis hizo el llamado al altar, yo fui el primero. Ahí en ese altar de la Iglesia del Once, esa noche con mis lágrimas cayendo sobre la alfombra, acepté a mi Señor Jesucristo.

Lo sentía tan real. Me parecía verlo con una expresión de ternura y amor incontenible y absorbente. Era imposible para mí huir. ¿A qué lugar podría dirigirme que no estuviera en la presencia de Dios? Me dejé arrastrar, fundirme en ese río de amor, cuyas aguas, hasta el día de hoy, no han dejado de saciarme.

CAPÍTULO 7

LA IGLESIA DEL ONCE

En la calle Ecuador 370 del vecindario del Once se encontraba la Iglesia Bautista pastoreada por don Lorenzo Pluis. En aquellos tiempos, la comunidad evangélica de Argentina era sobradamente pequeña. Sin embargo, la fama de don Lorenzo excedía a su propia comunidad, siendo conocido y respetado por propios y ajenos. Era un hombre de extracción holandesa. Sus ancestros habían venido en la primera inmigración que llegó a la Argentina por los años de 1876. Su acento era inconfundible. Su español lo identificaba y le daba un aire de respetabilidad. Amén de su propia manera de vestir. Era todo un «gentleman». Su porte estilo inglés infundía autoridad a sus actos. Siempre de traje con estilos y colores diferentes y sobrios, pero la camisa, impecablemente blanca, nunca le faltó. Su sombrero de fieltro, su bastón y su portafolio eran inseparables. Además, el reloj con cadena que colgaba de una de las presillas del pantalón a la bolsa del mismo, le daba un aire de singularidad. Su persona era seria. Su sonrisa sencilla casi siempre con actitud inteligente. Medía sus palabras al hablar.

Este hombre tendría gran influencia en la muchachada que asistía a su templo. Pronto nos enseñó a conducir un servicio de alabanza. Después de tener práctica en la adoración, nos metió de lleno a aprender el arte de la homilética. Fue un pastor de pastores. El instruyó a muchísimos de nosotros. Casi treinta pastores salieron de sus enseñanzas en los años que lo conocí. Supimos con él lo que era una grey y cómo apacentarla. El edificio de la iglesia, de una construcción sencilla, se componía de un salón principal, algunos adyacentes, un piso alto con más salas de clases y una casa pastoral construida en la parte de atrás.

Doña Julia era la esposa del pastor. Para casi toda familia argentina, tenga o no trasfondo italiano, el domingo es día de pastas preparadas en ollas grandes con salsas especiales. Es el día familiar por excelencia. La familia Pluis seguía la regla, reuniéndose después del culto matutino. Su familia consistía en siete hijos e hijas, algunos casados, los nietos, los novios y a veces se quedaba alguno que otro colado de la iglesia.

Descubrí junto con otro muchacho que doña Julia, muy temprano el domingo preparaba la comida. Una gran olla ya lista con la salsa hecha con chorizo y diferentes tucos, quedaba a fueguito muy lento de manera que cuando salieran del templo, el manjar estaría a punto. Como todos iban a la reunión de la iglesia, la casa pastoral quedaba sola con la tentación de aquella olla esparciendo sus ricos aromas. Nos fue fácil escabullirnos más de tres veces, domingo a domingo en el intermedio de la escuela dominical a la parte trasera, encontrar un pedazo de pan, introducirlo en el recipiente con su salsa exquisita y saborearlo a pierna tendida en la sala. ¡Era todo un acontecimiento para nosotros comer aquél tuco italiano... hasta que mi hermano nos descubrió!

Pienso que él no se hubiera retraído de efectuar esa felonía si hubiera estado en nuestro lugar, pero como era el novio de la hija del pastor, pues nos puso en evidencia. Quedó como un verdadero héroe delante de su prometida y su familia. A mí me dieron tremenda reprimenda que hasta el día de hoy me dura el sonrojo de la pena. Pocas fueron mis travesuras de niño, la verdad es que la seriedad por la vida dominaba a cada uno de mis actos. El temor de Dios lo sentía cada vez más nítido, lo cual me provocaba una clara detención en acciones que tenían el sello de malo.

Fue en esta edad de los doce años cuando en la *Sociedad de Jóvenes*, un sábado por la tarde, presenté mi primer tema homilético. Fui ayudado por mi pastor en su confección. Quizá por haberlo dicho delante de mis condiscípulos, no tuvo tanta trascendencia. Estábamos varios aprendiendo el arte. De esta Sociedad salieron predicadores, siendo un verdadero semillero para Argentina.

Pero el predicar mi primer sermón en un día especial como era el culto del domingo por la mañana en el templo, ponía nervioso al más pintado. Jamás olvidaría esta vivencia. Yo tendría como quince años de edad. Cada seis meses, la *Sociedad de Jóvenes* tenía a su cargo el culto principal del domingo por la mañana. A mí me pidieron que diera la predicación.

Aquel día llegué más temprano de lo acostumbrado. Quería orar. Pedir a Dios su ayuda. Mi nerviosismo lo sentía mayúsculo, a pesar de haber escrito todo mi sermón palabra por palabra, de habérmelo aprendido de memoria, de haberlo recitado no sé cuántas veces, y cuidando la dicción, los ademanes, el tiempo, la postura, etc., etc.

Deseoso de que llegase el día, ahora era lo contrario, quería que se alargara por la eternidad. Me abrumaba el sentir mi deficiencia; sin embargo, no había forma de cambiar. Llegó el día y la hora.

Después de la Escuela Dominical, todos los asistentes se reunían en la nave mayor de la iglesia. Nos tocó sentarnos en el lugar de honor. El devocional corrió a través de mis compañeros, mientras yo veía a esa gente que tenía frente a mí. La inmensa mayoría me eran conocidos, pero aun así, los veía como jueces dispuestos a llevar a cabo su cometido.

Todos con sus mejores ropas. Yo iba con uno de mis trajes que mejor me sentaba. Me sudaban las manos, cuando oí pronunciar mi nombre para pasar a la cátedra.

De un salto estuve detrás del púlpito. ¡Qué momento! Creo que ningún predicador ha olvidado ese instante. Observar en pleno toda la iglesia desde ese sitio. Sentir que de pronto uno se ha convertido en un punto de contacto entre Dios y los hombres, que tiene uno la responsabilidad de compartir el mensaje del Altísimo, que delante de uno están muchísimos ojos y mentes pendientes de cada pronunciamiento, todo ello es una experiencia preciosa. ¡Sí, nos tiemblan las piernas y nos sudan las manos! La garganta de pronto se anuda. El corazón parece salirse de su lugar. Pero una vez que se rebasan los límites de nuestro físico, expresando nuestra primera palabra, parece que una fuerza nos inyecta el valor, la osadía y la unción de presentar en palabras escogidas la hermosura poderosa del evangelio.

Mis veinte minutos de predicación, de pronto me parecieron cinco. Cuando me di cuenta, estaba haciendo el llamamiento. ¡Y aquí la bendición de Dios!

En aquella mañana hubo doce profesiones de fe. Como si el Señor me estuviera rasgando el velo de mi futuro. La misma escena perdurando continuamente a través de toda la vida. Aquí se marcó indeleblemente la fragilidad de mi corazón.

CAPÍTULO 8

EL LLAMADO INELUDIBLE

Tenía un lugar preferido. Era un sillón metido en una de las habitaciones de la parte trasera de la casa. Si ese sillón pudiese hablar, platicaría las cosas más insólitas que soñé allí. Era un mueble viejo, aterciopelado. Pasé muchísimas horas en él. Me acomodaba perfectamente. Arremolinarse en su hueco era una invitación excelente para abandonarme a la lectura.

Desde siempre vi ese sillón. Ignoro cuándo lo compraron, y también cuándo se deshicieron de él. Lo cierto es que fue en ese lugar donde pude visionar las escenas más preciosas del evangelismo mundial.

Mi afán por leer no decaía, todo lo contrario, se hizo más intenso. Ahora, aparte de los libros que en casa poseía, se me abrió un mundo desconocido en los libros que mi pastor me prestaba.

En muchas ocasiones observaba que no leía, sino devoraba los volúmenes que caían en mis manos. Para mí, la lectura se convirtió en una necesidad, que a veces la sentía insaciable. Mis mejores lecturas las hice en aquel período de mi vida. Mi imaginación volaba en cada página impresa. Me impregnaba de su sabor, de su olor. Vivía las peripecias de los protagonistas. Sentía su dolor, su alegría, su llanto. Y también, el impacto de la confrontación con su mensaje.

«En sus Pasos» señalaba una pregunta vital en muchísimas acciones ordinarias de la vida. El pastor Enrique Ford y su modo de predicar; Eduardo Norman, que dirigía un diario en su localidad; Virginia Page y su pregunta: «¿Qué haría Jesús con un millón de dólares?»; o la garganta privilegiada para el canto, de Raquel Larsen.

Esta interrogación poseyó a mi espíritu por días; qué digo, por años. ¿Qué haría Jesús en mi lugar? Aunque era una novela, esto no minimizó su mensaje a mi corazón. Sabía de la realidad de la voluntad de Dios, y esto comenzó a ser para mí una búsqueda incesante en medio de las tinieblas. Sabía que los hombres que estuvieron cerca de él, de alguna manera entendieron las Palabras de Dios dirigidas al ser humano que deseaba su presencia y su poder. A ellos fui con corazón abierto. Cada libro biográfico lo absorbía. Quería ver en sus páginas cómo actuaba Dios. Y me di cuenta con el tiempo que para cada persona su actuación era diferente, según su eterna y maravillosa soberanía.

No obstante, caminé con Dwight L. Moody, el zapatero y vendedor viajero, por su tierra natal Massachusetts, después Illinois, más tarde las Islas Británicas y Londres, sus campañas masivas en Brooklyn, Filadelfia y Nueva York. Cuántas ciudades, convenciones, retiros, campañas, seminarios, escuelas. Se dice que Moody viajó más de un millón de millas y que predicó ante más de diez millones de personas. Yo le acompañé a través de la biografía que su hijo nos legó. Inflamó mi alma por ser útil al Señor. No importaban nuestras capacidades o nuestros talentos. Dios trastocaba nuestra inutilidad o falta de sabiduría; lo simple él lo levantaba para humillar al soberbio.

Viajé con el padre de las misiones modernas, otro zapatero, otro destinado al fracaso según las medidas humanas. Pero Dios tiene la última palabra cuando el corazón se dispone. Su tenaz determinación por obtener resultados de su visión, y no dejarse vencer por los múltiples obstáculos, inflamaron mi espíritu débil, apocado y lleno de pesimismo. Sufrí mientras leía la vida de Guillermo Carey; sin embargo, me di cuenta que Dios es el que triunfa al final del camino, dejando una huella indeleble en el mundo que nos tocó vivir.

El diario de David Brainerd fue bañado por mis lágrimas, mientras recorría página a página la desesperación, la soledad, la enfermedad, la aparente vaciedad de sus esfuerzos. Esos veintinueve años de vida tratando de alcanzar a los indios de Norte América, muriendo por ellos, solo teniendo un pequeño vislumbre al final de sus días con aquellos indios que comenzaron a creer, transformó mi pensamiento y ablandó a lo sumo mi sensibilidad espiritual. Cuando cerré la última hoja del diario, mis manos tomaron mi cara bañada en lágrimas y permanecí largo rato digiriendo lo que significa servir a Jesús.

La vida de los Judson abatió mi alma infantil. ¿Es posible sufrir tanto por la obra de Dios? Nuestro llamado, ¿puede ser un espejismo brotado por un falso sentimiento? Los cristianos, y en especial los que siembran la Palabra en lugares inhóspitos, ¿deben sufrir tanto? ¿Los siervos de Dios están propensos a la desolación espiritual, como Adoniram Judson en su postración en Birmania, quien exclamó con palabras de gran hondura: «Dios es para mí el Gran Desconocido. Yo creo en él, pero no puedo hallarlo»?

Así fueron desfilando las vidas de los hombres de Dios: Henry Martyn, David Livingston, E. Stanley Jones, Carlota D. Moon, A. B. Simpson, Carlos Haddon Spurgeon y su *Colecciones de Sermones*, *La Tesorería de David* y *Meditaciones Diarias*, Murray y su *Escuela de la Oración*, Torrey.

Juan Wesley, el creador del metodismo pasó por mis ojos y se internó muy dentro de mí. La gran capacidad de trabajo cuando a los ochenta y ocho años todavía predicaba cinco o seis veces al día. Cuando una vez solo predicó dos veces lo tuvo como un «día de descanso». Su organización, su gran labor evangelizadora y sus sermones hacían arder mi corazón.

«Mis queridos amigos: De todo corazón predicaría hasta media noche, hasta que ya no pudiera predicar más, con tal de haceros bien. ¡Oh, si este cuerpo mío pudiera resistir el que yo hablara más por amor a mi Redentor! ¡Si tuviera mil vidas, si tuviera mil lenguas, las emplearía todas para invitar a los pecadores a llegarse a Jesucristo! Venid, permitidme que persuada a algunos para que vengan conmigo». Yo también quería predicar así. Llamar con ardor a los pecadores al arrepentimiento.

Andaba en los trece años y estos sermones me los bebía. Los de Spurgeon, amplios, sesudos, colmados de argumentos, me los devoraba. Creo que mi ansia por leer desde pequeño me fue preparando para entender estas obras voluminosas. Y más que para entenderlas, su lectura provocaba emociones sin par en mi alma. También quería correr a los campos irredentos. Yo también deseaba que mi boca se llenara de las Palabras de Dios y anunciarlas por los caminos del mundo.

Todo este calidoscopio de experiencias que vivía sin moverme de mi sillón, fueron colmando mi depósito hasta que se derramó en visiones y sueños de obra evangelizadora.

Cuando tuve entre mis manos los libros del Dr. Oswald J. Smith, sobre todo *Pasión por las almas*, no pude más. Esa misma pasión se encendió en mí sin volverse a apagar. La visión mundial de la evangelización entraba plena en lo profundo de mi ser.

«Pero, hay aquellos que ven el mundo entero. Ven Europa, Asia, África, América del Norte y Sur, y las Islas de los Mares. Ellos tienen la visión de Dios y esa es la visión que él quiere que tengamos: una visión mundial».

Pero dirá alguno: «¿Por qué ir a los demás países antes que todos hayan sido salvos aquí?». Lo contestaré con cuatro preguntas... ¿Por qué salió David Livingston de Escocia para ir al África cuando en Escocia quedaban quienes aún no eran cristianos? ¿Por qué salió William Carey de Inglaterra para ir a la India antes que todos en Inglaterra hubieran sido evangelizados? ¿Por qué salió Judson de Estados Unidos para ir a Birmania antes que en Estados Unidos todos fueran traídos a Cristo? ¿Por qué salió el apóstol Pablo hacia Europa antes que Palestina hubiera oído el evangelio? Mis amigos, hay una sola respuesta y la doy en las Palabras de la Biblia: «El campo es el mundo».

Una noche, estando en mi sillón vetusto, roto y descolorido, me sentía desfallecer. Durante meses había estado peleando en mi interior con la voluntad de Dios. Esta lucha me enfermó. Transpiraba frío. El temblor en todo mi cuerpo me era irrefrenable. Esa noche algo pasó. Sentí que la habitación se llenó de una agradable presencia. Me sentí ligero, gozoso, con una capacidad preciosa de meditar en Dios.

De pronto, mi mente se abrió a una hermosísima visión. Veía multitudes de gente en explanadas inmensas. Miraba sus caras. Me observaba frente a ellos, predicándoles.

Mi corazón se inflamó de una portentosa vehemencia. Sabía que el Señor me estaba llamando. No pude resistir. Mis ojos se vaciaron en abundantes e irrefrenables lágrimas. Sollozaba sin parar. Sentía la presencia de Dios, tan real, que solo con balbuceos pude exclamar: «¡Sí Señor, no resisto más. Haré tu voluntad. Predicaré tu Palabra! ¡Te amo, Señor, te amo!».

CAPÍTULO 9

EL SEMINARIO MÁS GRANDE DEL MUNDO

Toda aquella gama de emociones y de experiencias espirituales transmitidas por la constante lectura de la Biblia y cuanto libro cristiano encontraba a mi paso, fue respaldada por la predicación y la vivencia de cuanto hombre de Dios se interpuso en mi camino.

Mi vida en la iglesia era de continuo trabajar. Hacía lo que fuera. Desde tomar una escoba hasta preparar un sermón. Sentía verdadero placer por estar en una labor sobre otra.

Mi motivación de ser Papa, había quedado guardada en el baúl de los recuerdos. Ahora, con mi llamado a la predicación, mis motivaciones eran totalmente otras. Una de ellas era prepararme. La necesidad creciente de mi corazón me conducía a saber y conocer más de Dios para poseer un mensaje más convincente, más útil, más certero, de manera que pudiese ver resultados en vidas y corazones convertidos a Cristo.

Con esta convicción, cada vez que oí que alguien venía a compartir experiencias y a dar mensajes, era uno de los primeros en apuntarme. No me perdía de escuchar a ningún siervo de Dios. Estaba en la creencia de que cualquier indicio existencial en la vida de estos hombres, relacionada con la voluntad de Dios, era una luz que aclaraba mi sendero.

Además, cada vez que escuchaba a alguno de estos hombres, mi corazón ardía. Mi alma se inflamaba por ver realizar en mi propia vida semejantes experiencias. Saber que yo también podía ser un instrumento usado por el poderoso Dios.

Me estremecía en lo hondo cuando un pastor nos refirió la matanza de los cinco misioneros por los indios aucas en las selvas profundas del Ecuador. ¿Cómo es posible que en nuestros días pasen estas cosas? Bueno, esto sería poco.

Después, la *Asociación de Jóvenes Bautistas* invitó a un predicador argentino que había ido a Colombia, don José Bongarrá, de los *Hermanos Libres*. Era el tiempo de la persecución. En esa época nos narró don José que ciento nueve mártires habían dado sus vidas por Jesús. Las experiencias dramáticas que vivió al ir a predicar allá, nos erizaban la piel del cuerpo. En lo interno yo sentía una clara certidumbre de que Dios me estaba instruyendo por medio de aquellos sus siervos.

Más adelante se abriría la oportunidad de entrar al seminario. Pero desde aquellos días, conocer y beber la sabiduría de los hombres de Dios a quienes iba conociendo, se convirtió para mí en el seminario más grande del mundo.

Escuchaba argumentación bíblica, ponencias, enseñanza, exégesis del Nuevo y Antiguo Testamentos, pero no como lecciones programadas por un magisterio docente, sino como vivencia pura. Teoría hecha práctica. En varias oportunidades, del mismo campo de acción surgían las lecciones más conmovedoras y convincentes que oído humano podía escuchar. ¿Qué relación podía tener el saber que existe el mal en el universo pero que el bien siempre será el triunfante, cuando uno oía de las matanzas, los crímenes sin piedad sobre aquellos que eran hijos de Dios? Si murieron, ¿cómo podría uno decir que el bien triunfó?

Sin embargo, cuando en la experiencia narrada uno conocía el contexto, uno podía exclamar como Tertuliano, quien dijo:

«La sangre de los mártires es la semilla del cristianismo».

Entonces, todo el panorama se clarificaba y uno miraba a las claras el trabajo tras bambalinas que Dios hace por medio de aquellos fieles cuyas vidas sentían ser nada con tal de servir a su Dios.

¡Cuánta enseñanza me transmitieron mis maestros itinerantes! Verlos; oírlos en su propia voz. Conmoverme al reflejo de su propio sentir. Fue maravilloso que el Señor me haya permitido tal derroche amoroso de su voluntad.

Cuando supe que una viejita holandesa, de casi ochenta años, que había rescatado de las garras del nazismo a cientos de judíos en su casa convertida en un refugio secreto, venía a Buenos Aires, me apresté para no perder la oportunidad de conocerla. La impresión que tuve de aquella viejita de andar lento, de cabello cano peinado con cuidado extremo, de ojos azules e inteligentes y perspicaces detrás de aquellas gafas cristalinas, de su hablar pausado cargado de un dramatismo como jamás había oído, embelesó mi ser.

La Segunda Guerra Mundial, los campos de concentración, la matanza de los judíos, las crueldades inimaginables, y los crímenes atroces que solo debieran engrosar el corazón de un odio perpetuo, en aquella viejita se habían tornado en una bendición de lo alto. «Toda pérdida humana es usada por Dios para su gloria», exclamaba ella con profunda emoción.

¡Qué amor me transmitió Corrie Ten Boom! Sus sueños de ayuda a la humanidad necesitada. Sus visiones por un mundo evangelizado. Ahora eran míos. Desde mi banca, embelesado, con mis lágrimas que me nublaban la imagen de aquella hermosa viejita, me hacía poseedor de la compasión de Dios por el mundo.

¡Bendita sea esa viejita, de amor encarnado en los campos de concentración! ¡Bendito sea Dios por transformar la maldad acérrima en un cúmulo de bendiciones!

Salí con el corazón en la mano después de escuchar a esa mujer. Otro acontecimiento me seguiría en este período de mi juventud.

Un día comencé a ver y oír por doquier anuncios de una cruzada que realizaría un predicador venido de Toronto, Canadá, el Dr. Oswald J. Smith.

¡Imagínense cómo se puso de loco mi corazón! No lo creía; el mismo autor de *Pasión por las almas* y de *El País que amo más*, el fundador de la iglesia más grande del Canadá, *La Iglesia del Pueblo*, el visionario del evangelismo mundial, quien en más de sesenta y seis países había hecho cruzadas de evangelismo, y miles de personas, por su intermedio, habían aceptado a Jesús, él mismo era quien venía a mi tierra natal.

Fueron días expectantes antes de la cruzada. En aquellos tiempos, en Argentina el pueblo evangélico era muy pequeño. La obra evangelística gozaba de poco renombre, a tal grado, que nunca antes se había hecho una cruzada como la que se pretendía realizar y, menos aun, en un lugar público. Sin embargo, Dios permitió esta gracia. Fue alquilado el estadio Luna Park para esta cruzada. Por primera vez el pueblo protestante unía esfuerzos para llevar a efecto este acontecimiento. Y fue toda una bendición.

Los días en que estuvo el hermano Smith, usado por Dios, hizo estallar nuestros corazones. Aparte de la gente que abarrotó el sitio, las decisiones por Cristo que se hicieron, el Dr. Smith expresaba un amor a la acción evangelística que dinamizaba nuestra alma.

El último día de la cruzada, terminó su predicación con la historia del Dr. Duff. Su voz de barítono en su inglés natal se dejaba escuchar sonora por los altoparlantes, haciendo los espacios para que su intérprete diera la versión en castellano.

«El Dr. Alejandro Duff, ese gran veterano de la obra misionera en la India, regresó a Escocia a morir. Habló ante la *Asamblea General de la Iglesia Presbiteriana* e hizo un sentido llamado, pero sin obtener respuesta. En medio de su llamado, se desmayó y tuvo que ser llevado en brazos para su atención. El médico se inclinó sobre él y examinó el corazón. El enfermo abrió los ojos».

—¿Dónde estoy? —exclamó.

—No se mueva —dijo el facultativo—. Usted ha sufrido un ataque al corazón. No se mueva.

—Pero —dijo el Dr. Duff— yo no he terminado el llamado. Déjeme volver. Lléveme de vuelta. Debo terminar el llamado a la obra misionera en la India.

—No se mueva —le repitió el médico—. Si usted se levanta, será a riesgo de su vida.

Pero, a pesar de las protestas, el viejo luchador se puso de pie con gran esfuerzo y, con el médico sosteniéndole de un lado, y el moderador de la Asamblea del otro, subió los escalones hasta el púlpito. Al aparecer sobre la plataforma, toda la Asamblea le rindió homenaje poniéndose de pie. Una vez sentada la congregación, el anciano continuó hablando y dijo lo siguiente:

—Cuando la reina Victoria llama voluntarios para ir a la India, responden centenares de jóvenes, pero cuando llama el Rey Jesús, nadie va.

Hubo una pausa. Silencio absoluto. De nuevo comenzó a hablar.

—¿Será verdad que los padres de Escocia ya no tienen hijos para dar a la India?

Hubo una nueva pausa. Siguió el silencio.

—Muy bien —concluyó el veterano—, viejo como soy, volveré a la India. Puedo acostarme sobre las riberas del Ganges para morir allí, y decir a la gente de la India, que Escocia ha tenido un hombre, que les amaba suficiente como para dar su vida por ellos.

En un instante, por toda la Asamblea, jóvenes se pararon de un salto, diciendo: «¡Yo iré! ¡Yo iré!».

Amigo mío —terminó el Dr. Smith— ¿irás tú? ¿Te ha hablado Dios? ¿Has oído su llamado? ¿No quieres responder: "Señor, heme aquí, envíame a mí"?».

Yo no esperé más, de un salto dejé mi butaca y me perdí en las decenas de jóvenes arrodillados en el frente de la plataforma. Mi corazón, con grandes latidos, no dejaba de exclamar: «¡Señor, heme aquí, envíame a mí! ¡Envíame, Señor, envíame a mí!».

CAPÍTULO 10

«QUE SUENE LA TROMPETA DE PLATA»

Mi vida alrededor de la iglesia fue muy activa. Nuestro pastor, como verdadero líder visionario, tuvo la gracia de darnos libertad de acción. Supo manejar con aprobación la energía contenida de una juventud pujante. A cada proyecto que se le presentaba buscando su consentimiento, sabía dar con tacto el consejo, la directriz o la sugerencia. Por tanto, en este ambiente de liberalidad pudimos desarrollar talentos y vocaciones en bien de la obra.

Para mí era un gusto trabajar en la iglesia. Nuestro grupo de adolescentes llegó a unificarse tan bien, que las labores de equipo resultaban una bendición. De este grupo, más de treinta pastores saldrían a engrosar las filas del ministerio en el Cuerpo de Cristo. Varios llegarían a puestos directivos de misiones paraeclesiales a nivel continental.

La iglesia vivía un avivamiento. Todo era actividad. Siempre había trabajo por hacer. Lo que más me gustaba eran las reuniones al aire libre. Cada domingo por la tarde íbamos a la plaza cercana y celebrábamos reuniones evangelísticas. Casi dos veces por mes, el pastor me ponía a predicar.

Nuestro movimiento tenía varias iglesias en todo el país. Celebrábamos trabajos unidos. Uno de ellos consistía en realizar congresos juveniles. Jóvenes de todo el país se alistaban año con año, para desplazarse hacia la Capital y llevar adelante las misiones planeadas.

Quiero reiterar que en Argentina la obra evangélica era muy pequeña. Nuestro congreso albergaba a unos dos mil jóvenes. Pero estos congresos tuvieron un efecto perdurable en todos los que asistíamos. Los concursos eran una atracción de convivencia y los mensajes dados con unción de lo alto, nos hacían vivir días de intenso fervor cristiano. Yo fui asistente continuo a la iglesia. Tenía la impresión de que si algún día faltaba, me perdía un conocimiento de alguna enseñanza dada en la Escuela Dominical, o algún mensaje, que ya no volvería a oír jamás, sintiendo con ello que mi preparación quedaría coja para siempre. Si alguna razón fuera de mi voluntad me obligaba a no asistir, me producía enorme angustia. Prefería, pues, que estas ocasiones de inasistencia no se presentaran nunca.

En la Escuela Dominical, pronto sentí el deseo de enseñar. Después, fui el superintendente de la misma. En la *Sociedad de Jóvenes* escalé los puestos directivos. Tuve la presidencia a mi cargo y no tan solo de la Sociedad de mi iglesia, sino la de la Asociación, la cual concentraba a todos los grupos del Gran Buenos Aires.

Nuestro trabajo era muy variado: diversas obras de teatro para Navidad y Semana Santa; invitaciones de personas conocidas en nuestro medio, pastores y profesionales; campamentos; reuniones sociales; congresos; campañas evangelísticas; enseñanzas de diversa índole, hasta lecciones de urbanidad. Todo lo que se nos ocurría que fuera benéfico para el adelanto del grupo, lo llevamos a la práctica.

Entre todo ello, lo que sobresalía, eran los congresos anuales que llevábamos a efecto en la gran carpa que levantábamos en el solar adjunto al viejo edificio del seminario de la calle Ramón Falcón y Bolaños.

¡Qué expectativa en los días previos al congreso! Los programas, las invitaciones, los premios, la organización de los jóvenes venidos de provincia, el hospedaje, la comida. ¡Cuántos detalles de organización!

El día de la inauguración, cuando la mayoría de los asistentes sentados en las sillas escuchábamos la voz de apertura, también se abría nuestro corazón a una inmensa expectativa espiritual.

Los talleres y los certámenes nos mantenían con un interés continuo. Los mensajes por la noche encendían nuestras almas a las más diversas emociones y retos a emular.

Uno de estos congresos lo denominamos: «Que suene la trompeta de plata». Fue el tema general. Y el mensaje final estuvo a cargo de un hombre probo, respetado y muy conocido. Su carácter era medio apático, quizá, podría decir, medio raro. Creo que era un hombre fuera de época. Inteligente y visionario, parecía haber salido de algún avivamiento del siglo pasado. Al ver a este hombre, uno podría compararlo con algún Müller, un Torrey, o un Spurgeon. El profesor Santiago Canclini, yerno de don Juan Vareto, conocido en todo el Continente y una de las glorias del cristianismo americano, fue padre del Dr. Arnoldo Canclini. Los tres formaron, con muchos más de aquel tiempo, una pléyade de gente entregada, apasionada del Señor de la gloria, que remontaron caminos nuevos y señalaron hitos en la historia cristiana de su país y allende al mismo.

Este hombre, don Santiago, un tesoro viviente, fue el que nos llevó el último mensaje basado en Jeremías 4:19:

«¡Mis entrañas, mis entrañas! Me duelen las telas de mi corazón: mi corazón ruge dentro de mí; no callaré; porque voz de trompeta has oído, oh alma mía, pregón de guerra» (Texto sacado de la Antigua Versión 1906).

Desde mi punto de observación, enfrente de este anciano, no dejé escapar ninguna de sus expresiones.

Era ya un domingo de noche. Las bombillas eléctricas alumbraban todo el escenario y la parte más lejana de la carpa. Habíamos tenido días de intenso calor, pero esta noche había refrescado, debido al viento tan característico de Buenos Aires. La capacidad de la carpa estaba a tope. Muchísima gente permanecía de pie. Estábamos por concluir el congreso. A cada joven se le había dado una vela sin saber para qué nos serviría.

La voz del predicador nos llevó por los caminos bíblicos de un Jeremías llorón y su situación vivible de su tiempo. Un hombre comprometido con su llamamiento.

Don Santiago nos supo meter en la pasión de aquel hombre y llevar a los estados álgidos de sus emociones emitidas por las experiencias crueles de un mundo cruento y sin misericordia. Pero, también, a ver más allá de su entorno, al Invisible que todo lo puede para conducir a su pueblo a la realidad de su gracia.

Sí, duelen las telas del corazón cuando vemos tanto pecado alrededor. Ruge nuestra alma como voz de Dios, que usa a los Jeremías de cada época, para rescatar lo perdido y amparar con amor tierno a los suyos.

«¡Jóvenes, oíd trompeta de Dios en vuestro corazón! ¡Es tiempo de que vuestra alma pregone con lealtad y firmeza la salvación de vuestro Señor! ¡Oídle, oídle!», resonó este grito saturado del ambiente espiritual en todo el recinto, pero fue más allá, a las mismas coyunturas de los presentes.

Me había comido cada una de sus palabras. Alberto sentía que era Jeremías, y que la trompeta había sonado con fuerte fulgor. Mi emoción era intensa.

En un momento dado se apagaron todas las luces. De varios puntos comenzaron a encenderse las velitas. Una a una, hasta la totalidad. ¡Qué espectáculo tan precioso! Luces diminutas en cada mano titilaban. Al llamado a realizar una dedicación al servicio del Señor, cientos de jóvenes nos adelantamos hacia la plataforma. Allí levantamos nuestra diestra con nuestra velita encendida, como señal de consagración total. Una emoción profunda nos embargó; bañado el rostro en lágrimas, exclamé en sollozos: «¡Señor, Señor! Aquí está mi vida. Es tuya. Te pertenece. Haz uso de ella como bien te pareciere».

Para mí esto no era un juego. Revestía la más profunda seriedad. Sabía que Dios era real. Habíamos tenido momentos de íntima comunión, se podía respirar la atmósfera del reino de Dios.

Era como entrar con temor y temblor en el Lugar Santísimo, pararse delante del arca del pacto —tipo del trono y de la presencia del Altísimo—, y caer de rodillas, humillado y quebrantado, esperando solo en la misericordia y en la gracia de mi Señor.

Mientras viva, nunca olvidaré aquel congreso, el cual fue usado por el Espíritu Santo para colmar el corazón con el mensaje de Dios para mí.

¡Sí, ahora comenzaba a sonar potente la trompeta de plata! ¡El sonido despertado por Dios en aquella ocasión no ha dejado de rugir! El dolor de mi corazón por los perdidos no se ha extinguido, porque he oído el sonido de la trompeta..., y no callaré.

CAPÍTULO 11

NOEMÍ, MI AMOR

¡Qué intrincados son los caminos del amor! Nunca sabe uno en qué momento o en qué lugar «Cupido» flechará nuestro corazón.

Mi vida sentimental, hasta cierto punto, fue determinada por mi manera de pensar. Demasiado temprano me di cuenta de la importancia vital que significaban las relaciones amorosas entre los jóvenes.

Después de la escuela y sus tareas, la mayor parte del tiempo disponible lo dedicábamos a la iglesia. Casi todos los días teníamos actividad. Esto provocaba una relación estrecha entre la juventud. Manteníamos una relación muy unida, siendo esta la característica sobresaliente entre los jóvenes de ambos sexos. No era nada extraordinario que surgieran los noviazgos.

Observaba que un noviazgo necesitaba de tiempo principalmente, de dinero y de una buena dosis de madurez. Cuando pensaba estas cosas, me sentía bastante maduro para mi edad. Desde pequeño, la vida me había metido en un sendero de seriedad. La responsabilidad por cada acto vivido era una nota sobresaliente en mi carácter. Me angustiaba sobremanera que alguna orden encomendada a mi cuidado, no se ejecutara por una falta de responsabilidad mía. De allí que este modo particular de mi personalidad, me llevara a pensar con seriedad en las relaciones entre los jóvenes. En cuanto a dinero, poco. Como hijo de casa, dependía íntegramente de mis padres. Por lo tanto, no podía sentir que me sobraban las monedas como para mantener un dispendio que pudiese elevar el presupuesto paternal.

Y, por último, el tiempo era mi bien menos disponible. La escuela y la iglesia me absorbían. Pensaba que para tener un noviazgo, por fuerza tendría que decrecer en alguna de mis actividades. No podría darme en un cien por ciento a aquello que era todo mi ideal. Estos pensamientos rectores me inclinaron a mantenerme al margen en las relaciones amorosas.

Merece un párrafo aparte la convicción de que Dios, soberano en todo, debería tener su importancia fundamental en la búsqueda de la compañera que sería la cónyuge de mi vida. Yo así lo pensé, y lo llevé a la práctica.

Cada vez que mi corazón se interesaba en alguna joven, antes que nada resolvía esto con Dios. Aunque a veces mi amor platónico se mantenía firme, cuando menos me lo esperaba, este pasaba al olvido. Así transcurrió el tiempo. Después pensé que sería bueno que me mantuviese sin novia hasta terminar la carrera, que, según mis planes, no sería antes de los veinticinco años. Y hubiese sido así, si no hubiera asistido a los parques de Ezeiza un día de picnic.

Concordamos en la Sociedad de Jóvenes tener un día de esparcimiento al aire libre. El jueves 8 de diciembre de 1960 era un día feriado que podíamos usar para tal menester. Alquilamos un ómnibus y todos, con sus alimentos cada quien, llegamos a un lugar espacioso de árboles y campos, con mesas y sillas, y parrillas para la carne asada. Estos parques de Ezeiza están cerca al *Aeropuerto Internacional de Buenos Aires*.

Jugamos entre todos, fútbol, voleibol y muchos otros juegos. Como había otros grupos cristianos, que también tuvieron la feliz idea de un picnic, allí nos reunimos y concertamos buenos juegos de competencias.

En un momento en que dejé de participar, por ver que toda mi muchachada estuviese sin problemas, andaba caminando por los verdes pastos cuando, de pronto, me llamó la atención una joven sentada en una mesa, leyendo. Ella, al sentir que alguien la miraba con insistencia, dejó su lectura y me miró.

¿Qué poder tienen los ojos para llegar a impactar el alma? Yo no lo sé. Una cosa sí es cierta. Aquella mirada tierna, dulce, de unos ojos grandes y brillantes, hizo su impresión muy dentro de mí. Nos miramos unos segundos. Nos sonreímos con pudor juvenil. Eso fue todo. Cada quién volvió a su actividad, pero ya no fuimos los mismos.

Como si me hubiesen dado alas, sentí volar. Mi cerebro fue hecho trizas por incontables pensamientos encontrados. De no sé qué misterios, la sensación que tuve de esta joven delgada, de cabello largo, vestida con una falda tableada tipo marinero y su blusa blanca, me hizo caminar, correr, detenerme, reírme, brincar. Si alguien hubiese visto lo que me estaba pasando, seguro pensaría que me había dado la locura. Yo estaba feliz. Había visto a una joven preciosa. Y ella me había mirado y sonreído.

Pero también las preguntas me asaltaron: «¿De dónde será? ¿Con qué grupo viene? ¿La volveré a ver? ¿Será cristiana? ¿Cuál será su nombre?».

Furtivamente entre los grupos que se encontraban por ahí, la buscaba. A la distancia trataba de verla. Después se me perdió de vista y ya no la encontré.

Terminó el picnic y nos dispusimos a retornar. Nos acomodamos en nuestro ómnibus y yo desde la ventanilla trataba de hallarla entre la gente, pero sin resultado. Un encuentro de unos segundos y ya estaba sufriendo por su ausencia.

Tomamos la carretera de retorno. La algarabía de los jóvenes de mi iglesia, sus chistes, sus cantos, los sentía lejanos. Mi mente estaba en aquella joven de ojos grandes y cafés.

Habíamos avanzado un buen trecho cuando vimos a otro ómnibus delante de nosotros, estacionado a la vera del camino.

Todos los jóvenes habían descendido y estaban en la actitud de no saber qué hacer. Nuestro chofer se estacionó detrás, con la perspectiva de dar ayuda a su compañero. Como yo era el responsable, bajé para darme cuenta del problema.

Cuál no sería mi sorpresa al ver que la joven que ahora ocupaba mis pensamientos, estaba precisamente en este grupo. Casi salté de alegría. Bueno, no lo manifesté. Pero eso sí, mi interés por resolver el problema tomó caracteres muy, pero muy personales.

—¿Qué pasó? —preguntó nuestro chofer a su colega que estaba de rodillas debajo del motor de su ómnibus.

Se incorporó, y le dijo descorazonado:

—Una banda se rompió y no traigo repuesto. Tengo por fuerza que ir a la ciudad a traerla. ¿Vos de casualidad no traes alguna?

—No, che. No traigo repuesto. ¿Se te ocurre algo en que te pueda ayudar?

—Pues no sé. Lo grave es que si me voy con vos a la ciudad a comprarla y regresar, me va a consumir mínimo dos horas, ¿y cómo dejo a la gente? Ya es tarde, pronto va a anochecer.

—Cierto; esto sí es grave. El paraje aquí es muy solitario.

Todo este diálogo lo escuchaba tratando de ver cómo podría también yo ayudar. Sabiendo que dos ojos estaban en mí, comenté una posible salida.

—Bueno —dije con resolución— ¿qué les parece si todos tratamos de irnos en nuestro ómnibus. Un poco apretados, pero creo que podemos caber todos. Así nadie se queda. Usted se va con nosotros y después vuelve para arreglar su desperfecto.

—Si nos permiten hacer esto, creo que es lo mejor —sentenció el chofer con alegre disposición.

El mismo chofer habló con todo su pasaje informándoles del problema y la solución que había concertado. Esto, naturalmente, me puso como héroe con la muchachada. Brincando de alegría los más, subieron a nuestro transporte y nos acomodamos. Yo en lo interno no perdía detalles de los movimientos que hacía la joven de los ojos grandes, brillantes y cafés.

Me ocupé solícitamente de acomodar a nuestros invitados.

«Fortuitamente» busqué un lugar para mí junto a la joven de mis ensueños.

Encendimos los motores y tomamos la carretera rumbo a la ciudad.

—Vaya, problemas que pasan, ¿verdad? —dije esto en el afán de iniciar la conversación y también para tratar de disipar de alguna forma el tremendo nerviosismo que sentía estallar en mí al estar junto a aquella joven.

—Veníamos bien, cuando de pronto perdimos velocidad y se paró el ómnibus —oí por primera vez aquella voz con éxtasis contenido—, bajó el chofer y nos dijo lo que pasaba. Nos preocupó. Gracias a Dios que pasaron ustedes, sino no sé qué hubiésemos hecho. Era peligroso quedarse varias horas en ese lugar. Y pronto sería de noche.

Yo escuchaba con suma atención su disponibilidad al diálogo. Me pareció sencilla, con soltura en el hablar.

—¿Cómo te llamás?

—Noemí, ¿y vos?

—Alberto

—¿De qué iglesia sos?

Platicamos con animada solicitud. Nos dimos cuenta que nos éramos gratos y había correspondencia en nuestros intereses.

Como Villa Ballester, suburbio de Buenos Aires, estaba al norte de la ciudad, no nos fue difícil ir a dejarles en su iglesia. Antes de llegar le dije que si podíamos volver a vernos esa próxima semana.

—Sí, decime qué día, solo que tiene que ser después de las cinco. Estoy llevando a cabo en la iglesia una Escuela Bíblica de Vacaciones y salimos a esa hora. Dispondría de una hora antes de llegar a casa.

—¡Oh!, ¿cómo le haré? Estoy precisamente realizando mi primera campaña evangelística justamente aquí en Villa Ballester. Toda la semana estaré predicando y por la tarde estaré muy ocupado.

—¡Caramba!, ¿cómo podremos hacer?

—No lo sé. ¿No podrías a una hora en la mañana?

—Me es difícil. A las nueve comenzamos la clase de la escuelita.

—Sabes…, veré cómo hacerlo. Voy a tratar de arreglar mi horario y te veo a las cinco. ¿Dónde te vería?

—¿Conocés la Plaza de Chilavert?

—¿La de los bancos de piedra?

—¡Ajá! Es esa, exactamente.

—Bueno, entonces a las cinco el próximo lunes. ¿De acuerdo?

—De acuerdo.

Nos despedimos mirándonos a los ojos, tratando de dar a conocer el interés tan grande que se había despertado entre ambos. El calor de su mano transmitió un calor precioso, que lo sentí casi angelical. Me marché porque era preciso hacerlo. Pero, de buena gana, hubiera seguido prendado a ella hasta que la muerte nos separara.

Justo a la cita convenida, nos vimos. Tomamos una hora para caminar por los alrededores de Chilavert, sector de gran influencia alemana perteneciente al pueblo de Villa Ballester. ¿Cuántas calles caminamos? Lo ignoro. Convenimos en seguir viéndonos.

Fue emocionante platicar durante aquellos primeros días por esas calles pletóricas de árboles frondosos.

Nuestras conversaciones basadas en lo que hacíamos, los recuerdos y las ilusiones futuras, no tenían fin.

A Noemí le encantaba conversar. Su alegría era contagiosa. Muy pronto mi cerebro solo tenía su imagen y el sonido de sus palabras. Fueron días como si anduviera en las nubes. Me di cuenta de que estaba enamorado. Tenía dieciocho años de edad. Todavía me faltaban siete años para, según yo, tener mi primera novia. Sin embargo…, a pocas cuadras de su hogar había un parque muy arboleado, con enormes macizos de flores. Una banca de granito supo de nuestros ensueños.

Cada vez que me sonreía o tomaba su mano, ocurría una explosión dentro de mí. Experimentaba sensaciones jamás sentidas. Soñaba de noche y de día. Vimos palpablemente nuestra mutua atracción. Sabíamos que aquella incipiente relación iría mucho más allá que una amistad pasajera. Quisimos ver juntos nuestro futuro. Y, justamente en ese momento, bajo la sombra de aquellos árboles que trinaban de vez en cuando por sus alados huéspedes, Noemí y yo hicimos una decisión que ha trascendido a través de los años como una directriz para asegurar nuestra felicidad.

Noemí puso sus manos sobre las mías. Sintiendo la emoción desbordarse porque le había pedido comprometerse conmigo, con los oídos que me zumbaban y sintiendo el rubor sobre mi cara, esperé, anheloso, su respuesta.

«Sabes, Alberto, siento decir esto. Siempre pondremos al Señor primero en nuestra vida y en nuestra relación. Lo demás, él lo hará».

La respuesta era un sí entre líneas; no obstante, iba al núcleo mismo donde se desarrollarían nuestras existencias. Dios estaba por encima de todo. Aun de nuestras emociones. Si obedecíamos, estaríamos fundamentando nuestra futura felicidad. Era Dios, tanto para Noemí como para mí, el todo de nuestro ser. Justo era que él tuviera en esta nuestra incipiente decisión, el primer lugar. Noemí tenía razón. Y Dios ha honrado, hasta la fecha, aquella decisión.

CAPÍTULO 12

INICIO DE LA OBRA PASTORAL

Uno de mis mayores problemas y frustraciones en mi adolescencia fue el de querer interpretar correctamente la voluntad de Dios. Desde el momento mismo de mi conversión, quise no equivocarme en lo que Dios me ordenara. Sabía de un propósito eterno para cada vida. Estaba consciente que yo tenía un trabajo para hacer. Cuando yo percibo el llamamiento a servirle, la conciencia de la voluntad divina que en muchos momentos la sentí angustiadora, se acrecienta, se agiganta.

Leía asiduamente la Biblia. Devoraba cuanto libro tenía a la mano. Rebuscaba en las biografías de los grandes hombres de Dios, y en los predicadores contemporáneos que tenía la bendición de escuchar, trataba de atisbar luces que iluminaran el «pensar y hacer de Dios».

Estaba determinado a no equivocarme. Mis oraciones eran demandantes de señales que me hicieran seguras las acciones a realizar. Quería oír la voz audible o ver al ángel de luz transfigurándose para traerme las órdenes. Pero nunca fue así.

Para mí la voluntad divina era suprema en mi existencia; no entenderla correctamente, me traumaba.

Pasé períodos de confusión. Estaba cierto que a Dios le interesaban aun las nimiedades del diario vivir; en cambio, ¿en cuántas ocasiones parecía que estaba metido en un túnel oscuro o atascado en un pantano?

Así como venían tiempos de intensa confusión, también me daba cuenta que internamente había cierto sostén que producía seguridad y sosiego. No lo entendía. Pero ahí estaba en los resultados que obtenía en el trabajo del Señor y en mi vida particular. Algunas noches me las pasaba orando. La responsabilidad de la obra en la iglesia, y las predicaciones, pesaban sobre mí.

Quiero anotar, aunque en mi denominación no se hablaba ni se llevaban a efecto veladas de oración y ayunos, yo sentía necesidad de hacerlo. Había una certidumbre de que eran conceptos bíblicos y que, por medio de mis lecturas había cobrado discernimiento del valor de ellos para un acercamiento y una dependencia más directa del Señor.

Naturalmente, yo veía los resultados en mí. Una mayor libertad de acción se transmitía en el proceso del trabajo.

Por aquel entonces yo estaba sumergido en un estruendo de trabajo y responsabilidades. Corría por todos lados de la ciudad.

El bachillerato lo había culminado y estaba con la incógnita de proseguir una carrera o meterme de lleno al ministerio. Esto último me entusiasmaba a lo grande.

Entonces comencé a trabajar secularmente. Tenía necesidad de mi propia independencia económica.

Primero encontré un trabajo de vendedor de máquinas de rasurar "Remington" y algunos enseres eléctricos. Como consecuencia de mis contactos con la gente, se me presentó otra oportunidad que podía ejecutar al mismo tiempo; cobraba facturas para la editorial Amauta. Soltero aún, me sostenía perfectamente. No obstante, había un «pero», el tiempo.

Viajaba en «subte», en colectivos, caminaba y, a veces, corría cuando llevaba quemando el tiempo.

En ese tiempo, 1960, se abrieron dos oportunidades de

trabajo pastoral. Por un lado, el pastor de Noemí, en Villa Ballester, falleció, quedándose la iglesia acéfala. Necesitaban prontamente de alguien que relevara el puesto del pastor. Me agradaba la idea sabiendo que era la iglesia de Noemí, mi novia. Así estaría cerca de ella. Sin embargo, una familia, los Castrovince, miembros de la iglesia de San Justo, deseaban comenzar una obra misionera en su propia casa. Se abría la ocasión de plantar una nueva congregación.

Valoré ambas conveniencias, quedándome con la última. En la primera sería una ayuda pastoral más, mientras que en la segunda, tendría toda la responsabilidad e iniciaría el trabajo desde cero. Como el apóstol Pablo, quien edificó donde no había fundamento. Sabía de mis pobres rudimentos y de mi inexperiencia pastoral. Confiaba solo en mi gran anhelo de servicio al Señor. Lo demás... lo dejaría a Dios.

Con el permiso del pastor, don Lorenzo Pluis, me encaminé a la casa sencilla y humilde de los Castrovince. Se hicieron invitaciones a los vecinos, a los familiares y a cuantos se nos pusieron enfrente para la asistencia a las células familiares. Pronto me di cuenta de la bendición de Dios. El trabajo surtió efecto al 30, 60 y al 100%. Si nerviosamente había comenzado esta obra, pronto nos demandó un lugar propio para la edificación material de un auditorio.

Hubo días cuando no cabíamos en la casa. Se usaban cuanta silla y sillón la familia tenía. Aun así, apretaditos, duramos un poco más de dos años.

La congregación, al crecer, demandó otras exigencias. Como yo no era pastor ordenado, tenía la necesidad de invitar continuamente a pastores reconocidos para cumplir ciertas obligaciones. Presentaciones de niños, bautismos, impartición de la Santa Cena, etc. No estaba capacitado para hacerlo; así que, me obligué a entrar a estudiar en el Seminario.

Presenté mi aplicación y me matriculé en el Seminario Bautista. A poco comencé mis clases. Estas me parecieron sencillas, debido a mis largas horas de lecturas. Por la formación que había obtenido con mi pastor y la práctica constante de la predicación en iglesias y calles, sociedades juveniles y convenciones, las clases ahora en el Seminario se me hacían fáciles.

Aun así, hubo maestros cuyas enseñanzas permanecen en mi mente. Preciosos conocimientos que se me impartieron en mi juventud y que nunca han desaparecido de mí. Pronto me ordenaron al ministerio.

El trabajo secular, la obra evangelística y el noviazgo me tuvieron en un permanente yo-yo. De Palermo, donde vivía, yendo hacia el norte me llevaba una hora el trayecto para visitar a mi novia. Viajando hacia el sur, también una hora, se encontraba el área de mi trabajo. Y como a hora y cuarto, hacia el oeste, se encontraba la iglesia.

Imagínense, me la pasaba todo el día y parte de la noche, viajando. Era tremendo. El día se me escurría como arena entre los dedos, compartiendo el estudio, el trabajo secular, el pastorado y el noviazgo. Cuando por las noches llegaba a la cama, caía rendido. Ni tiempo de soñar me daba. Casi al instante, oía el ruido del despertador, anunciándome un nuevo día de jornada.

CAPÍTULO 13
EL LLAMADO AL EVANGELISMO

Cuando estaba en mis veintiún años de edad, me invitaron a realizar dos cruzadas en Ecuador. Llegó la fecha, septiembre de 1963 y partí. Llegué al aeropuerto de la ciudad capital donde un comité me recibió. Más tarde, un misionero mayor, me confesaba su impresión al verme descender del avión. Él le dijo a otro colega en tono de sorpresa: «¿Este es el evangelista? Pensé que sería más viejo. Es un muchachito».

Lo cierto es que algunas personas habían dado referencias de mí, creyeron que yo podría realizar una cruzada mayor y me invitaron. La realidad es que no me conocían personalmente. Por eso la extrañeza.

Las cruzadas se desarrollarían en dos lugares: una en el *Coliseo Cerrado* de Quito, y la otra, en el *Coliseo Huancavilca* de Guayaquil.

En el primer día de la campaña, estando en el hotel donde me hospedaba, faltando escasas dos horas, imprevistamente me invadió un temor creciente. La imagen de una multitud de doce o quince mil personas fulgurando en mi cerebro, me hizo temblar de pies a cabeza. Aquello me pareció demasiado grande para mí. Las piernas se me aflojaron. Caí al piso en señal de impotencia. Tuve el pensamiento de salir corriendo de allí. Quería huir. En esa circunstancia de severa crisis emocional, imprevistamente el cuarto fue llenándose de una presencia sublime. Empecé a respirar una atmósfera exquisita. El desasosiego reinante en mí, paulatinamente fue desapareciendo para dar lugar a una paz hermosa que invadió cada centímetro de mi ser. Una impresión gloriosa impactó mi conciencia. Sabía que era Dios. Y, de pronto, un pensamiento hace luz en mi mente, como si oyera una voz audible.

«Una llama nueva arderá por todo el Continente. Quiero tu vida como combustible para mi plan».

Era tal el ambiente que me rodeaba, que no había ninguna duda de que era la voz de Dios. No me fue difícil balbucear entre lágrimas abundantes: «Señor, aquí estoy. Úsame, por favor».

En este cuarto del hotel en la capital de Quito, Ecuador, recibo de parte de Dios mi llamado al evangelismo masivo. Es tan concreto este llamado, que aunque mi corazón ardía en el servicio pastoral que ejecutaba en la Iglesia de Haedo, después de esta vivencia, comienza fuerte, potente, un fuego evangelístico que consume mi ser todos los días que llevo de vida.

No es un llamado cualquiera. Uno no tiene la opción de hacer o dejar de hacer. ¡Jamás! Es la vida misma. Hay una energía dentro de mí dispuesta a salir siempre. Si por alguna razón uno no hace conforme al llamado recibido, esta energía hace tal presión que uno siente que va a morir. A uno lo sofoca si no libera su potencial. Por otro lado, haciendo justamente lo comisionado, a uno lo envuelve una profunda e inagotable paz.

Este llamado comenzó a ser una pasión abrasadora; consumía mis huesos y mi carne. Sabía que mi vida no tendría sentido si no obedecía a mi Señor. ¡Ah! y mi servicio sería a costo de lo que fuera. Aun dar la vida, si era necesario.

Fue tan potente y definitivo este llamado, que yo estaba listo aun a detener a la gente, pagarles por los minutos que me dispensaran, a fin de comunicarles el amor de Cristo. ¡Sí! Pagar a la gente si es necesario, pero que me escuchara, que me oyera de la salvación que hay en el Señor.

Después de levantarme, de secarme los ojos y la cara, ya no volví a ser el mismo. Mi corazón ardía. Había estado en mi monte Sinaí delante de la zarza que ardía sin consumirse. Ahora bajaba. El púlpito del Coliseo Cerrado de Quito, me aguardaba. Una muchedumbre oiría con pasión, con amor, con ternura del cielo la historia del Hijo Salvador de Dios, contada millones de veces.

Unos meses más tarde, el 28 de febrero de 1964, Noemí y yo nos uníamos en santo matrimonio. Era un día de calor insoportable. Cálido a más no poder. El ambiente se nos metía por los poros de nuestro cuerpo. Nerviosos y todo, así nos fuimos al Registro Civil por la tarde, acompañados de un grupo de íntimos. Después de estampar nuestras firmas, ya de noche, bajo una verdadera tromba que inundó Buenos Aires con accidentes automovilísticos al por mayor; unos primos sufrirían un percance, y el carro que nos llevaba a nosotros no se salvaría, quedándose sin frenos, y así tuvimos que subirnos a una acera a manera de detenernos.

Aun así, con todo y la inundación, el templo de la iglesia estaba lleno de bote en bote. No cabía un alfiler más. Mi pastor, don Lorenzo Pluis, fue el encargado de Dios de unirnos bajo su bendición.

Aquí comenzaba una hermosa relación bajo el amparo del Omnipotente, la cual durará hasta que solo la muerte nos separe. Dos hijos vendrían a completar el círculo familiar: Marcelo y Martín.

La familia Mottesi-Mazzariello estaba marcada por el sello divino para seguir las pisadas del Galileo, aunque estas se dirigieran... a la misma cárcel de Devoto.

CAPÍTULO 14

LA CÁRCEL DE DEVOTO

Nunca fue fácil para mí el estudio en el Seminario. Tenía ya varias responsabilidades que cumplir. Muchas veces me dormía en el «subte» o en los ómnibus y por las noches se me caían los libros de las manos. Fue de mucho sacrificio mi período estudiantil.

En los cuatro años de estudio, teníamos la obligación de realizar trabajos prácticos. La mayoría de los jóvenes comenzaban ayudando a algún pastor en la localidad. Yo, como ya era pastor, opté por asistir a la cárcel como capellán de presos.

Ya hacía tiempo que yo tenía la intención de realizar este trabajo. Veía que era un lugar sumamente necesitado de ayuda espiritual, amén de que pocas personas cristianas se interesaban en proporcionar este servicio. Obtuve los permisos necesarios, y me introduje, junto con otros dos compañeros del Seminario, a la cárcel de Devoto.

Esta experiencia dejaría su huella indeleble en mi corazón de lo que es la protección de Dios.

Aquella cárcel, la más grande de Argentina, contenía en su seno a una multitud de seres proscritos por la sociedad y de la más variada índole de criminalidad. Se ubicaba en la parte noroeste de la ciudad de Buenos Aires, cercana a la avenida General Paz, que dividía a la capital del Gran Buenos Aires, cerca del partido de San Martín.

Al transponer las enormes puertas de acero y mientras uno va caminando hacia adentro, las puertas se van cerrando una a una detrás, y de uno se apodera una extraña sensación de temor y de oprobio. Las miradas de los presos son el lenguaje de ellos dentro de los reclusorios. Uno las siente quemantes, de estudio intenso, como para saber las intenciones de los desconocidos que se atreven a hollar aquellos recintos cargados de odio y de maldad.

Caminar por los corredores hasta el lugar asignado por las autoridades, fue siempre tenso. El corazón se aceleraba haciendo esfuerzos por mantenerse ecuánime. Toda vez que estábamos dentro éramos rodeados por un fuerte grupo de presos ofreciéndonos cosas a cambio de dinero, o simplemente para ver qué traían estos desconocidos. Veía que la vigilancia solo consistía en dos guardias con metralleta en lo alto de las almenas.

Iba junto a otros dos estudiantes del Seminario que eran músicos; bueno, eso parecía. Uno era un judío convertido que pulsaba el violín, cuyo sonido sacado de su interior parecía gato maullador. Y el otro, tocaba un acordeón. ¡Pobres presos! Con estos dos «virtuosos» de la música, y yo de predicador, bueno, era para correr por toda la Argentina.

Íbamos dos veces por semana. Una visita la hacíamos en la noche, con devocional y predicación. La otra, la hacía yo solo al otro día para fundamentar o discipular a los interesados de la noche anterior que habían mostrado su deseo de entregarse a Cristo.

Este trabajo carcelario tuvo muchas derivaciones. Como pastor me tocó ministrar a varias familias de los presos. Muchas cosas simpáticas y dramáticas viví en ese tiempo en que me desempeñé como capellán.

Dentro de la cárcel es notorio y revelador que casi todos se creen inocentes. La mayoría dice que no sabe por qué está allí encerrado. Particularmente, uno me llamó la atención.

Normalmente se juntaba con nuestro grupo. Oía silencioso lo que los demás me decían o pedían. La mirada siempre la sentía clavada en mí. Cuando ya todos me hacían sus encargos, él se acercaba y me decía, con una voz de toro:

—Pastor, ayúdeme a salir de este lugar. Usted puede hablar con las autoridades. A usted sí le harán caso.

—¿Por qué estás aquí? —le preguntaba yo con el fin de conocerle un poco.

—Pues no sé. Nada más me agarraron y me encerraron. Ya llevo varios años e ignoro por qué. Yo no he hecho mal a nadie.

Su expresión de doliente, su voz matizada, hacían que cualquiera tuviera dudas de la posible injusticia de las autoridades.

—Está bien. Déjame averiguar qué puedo hacer.

—Se lo voy a agradecer mucho. Yo quiero salir de aquí para ayudar a mi familia que está en desgracia. Créame, a usted sí le van a hacer caso. A uno aquí encerrado lo tratan como animal y se olvidan de que existimos. Bueno, pastor, espero sus noticias. Que le vaya bien. La próxima nos vemos aquí. Muchas gracias.

Y se iba, perdiéndose entre sus compañeros que tampoco sabían por qué estaban allí.

Por la promesa hecha, me dirigía a las autoridades a modo de conocer el caso. ¡Vaya sorpresa que me llevaba!

Este hombre estaba preso por llevar sobre sí 19 muertes. Lo apodaban el «pibe de la navaja». Simplemente entraba a las casas que le gustaban, tomando a las mujeres por el cuello y se los cortaba. Y el pobre pregonaba que no sabía por qué estaba allí.

No obstante este tipo de casos, Dios me permitió guiar a muchos a los pies de Cristo, y aun a sus familiares. A pesar de nuestros pobres rudimentos, el Señor prosperaba nuestros esfuerzos.

Un día sucedió un hecho dramático. Como pastor, tenía a mi cargo un cuadro, sección o sector de presos. Este había sido diseñado para albergar a setenta y cinco personas, sin embargo, para cuando yo asistía, la capacidad rebasaba los cuatrocientos.

Esta sobrepoblación carcelaria tenía resultados funestos. Era como si al entrar a la cárcel y caminar por sus corredores, a uno súbitamente se le echara encima una enorme rata sobrealimentada de violencia y perversión. El ambiente se tornaba eléctricamente maligno y perverso.

Por alguna causa que se me escapa a la memoria, yo no pude asistir a mi visita regular de cada semana. Debería ser algo imprescindible, porque mi manera de ser responsable me inoculaba de faltar a mis compromisos. Desde chico había desarrollado mi responsabilidad, que para estos años me hacía cumplir a carta cabal mis encomiendas. Esto hace más dramático el caso, y realza la ayuda divina recibida.

Exactamente el día en que debería estar a la hora acostumbrada adentro con los presos impartiéndoles enseñanza, se sublevó el pueblo carcelario. Varios guardianes fueron tomados como rehenes. Los hacían ponerse de rodillas; les apuntaban en la frente, y les disparaban a mansalva explotándoles la cabeza.

Desde ese momento se cerró herméticamente la totalidad de la cárcel. Nadie entró ni a nadie dejaron salir. La situación se tornó desquiciadora y tremendamente tensa. Los presos fueron sitiados sin recibir agua ni alimentos, mucho menos visitas de nadie. Los diálogos a gritos de las autoridades, tratando de soliviantar a los presos, fue de frustración durante varios días.

Un número indeterminado de policías y soldados estuvieron rodeando el reclusorio. Los presos empezaron a sufrir inanición. Ante esta situación desesperada, al fin la policía los convenció de que se entregaran, jurándoles que no habría represalias.

Una vez que los amotinados se entregaron, los metieron a una sala espaciosa, y allí, sin juicio ni nada, fueron acribillados sin misericordia.

Este episodio cruento llegó a ser uno de los hechos más lamentables de todos los presidios de la República Argentina. Todos los medios publicitarios por varias semanas comentaron el hecho. Para mí fue impresionante contemplar la maravillosa protección del Señor. Yo debería haber estado allí cumpliendo mi labor de capellán. Era infaltable. Me hubiese quedado adentro porque era el horario exacto de mi responsabilidad. Pero... ¡Cuán grande es el Señor en su misericordia! Alabé al Señor junto con mi congregación por su protección divina, durante varias semanas después de ese acontecimiento nacional que ensombreció terriblemente las cárceles de mi país.

CAPÍTULO 15

EL HILO DE FE

¿Cómo puede ser que siendo yo un muchacho acomplejado, llegado con una formación pesimista, medio tonto,
medio bobo, a Dios se le ocurra meterme en un asunto de fe?
Esto me sorprende. Creo que tendría que haber llamado a otro,
que ya tuviera fe, que estuviera diestro en las lides de lo invisible.

En realidad, si yo hubiera sido el dueño de una empresa a
la cual Alberto Mottesi aplica o en donde pretende conseguir
trabajo, nunca lo hubiera contratado. Una vez terminada la entrevista, le hubiera dicho: «Alberto, vaya tranquilo a casa, yo lo
llamo después».

Al salir de la oficina hubiese pensado: «A éste no lo llamo
jamás. Si lo incluyera en mi nómina, seguro me quiebra la empresa».

Y acá yo veo cumplirse en mi vida el versículo que dice: «Escogió a lo vil y a lo que no es para avergonzar a lo que es». Yo
encajo perfectamente ahí. Me paro a predicar porque se encuentra ese trozo bíblico. Si no estuviera este versículo, yo no tendría

habilitación ninguna para predicar. Dios es el Dios del asombro, de la maravilla, de lo fabuloso, de lo extraordinario. El realiza cosas que el hombre jamás haría.

Como a los dos años de vender maquinitas de afeitar y de cobrar por ellas, tuve la oportunidad de ingresar a un nuevo trabajo. Era la Comisión de Radio y Televisión de nuestra Convención de iglesias. Con este empleo tuve que viajar muchas veces al interior del país. El ministerio radial era sumamente pequeño en ese tiempo, 1964, en Argentina. Las necesidades financieras de la nueva familia Mottesi-Mazzariello ameritaban mi inclusión en la nómina de un trabajo regular. Como pastor, yo no recibía ninguna ayuda económica. Mi único sostén venía de este empleo que, aunque cristiano, dividía profundamente mi tiempo. Siempre andaba corriendo. Los trabajos de la iglesia cada vez exigían más de mí. Sentía que mi deber era estar íntegramente en ella. Luchaba poderosamente entre mi trabajo en la Comisión, el Seminario, la iglesia y mi familia. Aparte de todo esto, mi ser interior vivía una etapa de profundo temor. Tenía miedo a la paternidad. Yo no quería tener hijos.

En muchas ocasiones este miedo o fobia se acrecentaba. Era el antecedente de mi niñez, esa crianza de complejos, de traumas que habían provocado una perspectiva pesimista de mi existencia y que ahora recrudecía en una aprensión insana por no tener familia. Observaba el mundo exterior y salía a flote el razonamiento: «¡Dios mío, qué voy a hacer si tengo hijos, porque como están los jóvenes en este tiempo y perdida la juventud, es mejor no tenerlos; no quiero hijos para que se pierdan!».

Un día en que tuve un momento de esparcimiento, el cual aproveché para meditar en Dios, él me habló claramente: «Alberto, sírveme a mí, y yo te prometo que tomaré cuidado de tus hijos».

Esta promesa me inundó de profunda paz.

Poco a poco, ese terror atormentador fue desapareciendo. La promesa divina tendría su fiel cumplimiento al correr el tiempo.

Por otro lado, las demandas de la iglesia me angustiaban. Veía que mi trabajo era más demandante. Empezó a crecer el pensamiento de dedicarme a tiempo completo al ministerio pastoral.

La intranquilidad subió de tono, aunque el trabajo en la Comisión de Radio y Televisión era cristiano, no dejaba de llenarme de zozobra el pasar días enteros en una oficina. Así llegó el momento en que no aguanté más.

Faltaba como un mes para el alumbramiento de nuestro primer hijo. Las implicaciones emocionales del caso estaban en su punto cumbre.

Estábamos con los preparativos para las fiestas de Navidad con una iglesia nueva, sencilla y económicamente pobre. A la fecha, no teníamos un buen número de fieles, aunque con los que estaban, enfrentábamos los problemas que surgían.

En esos días me acerqué a mi esposa y le dije: «Noemí, mira, hace meses que vengo luchando en mi interior con una decisión; siento que el Señor me está llamando a un servicio completo en la iglesia, creo que desea que me dedique plenamente al pastorado. Si esto es así, tendré que presentar mi renuncia a la Comisión de Radio y Televisión».

Mi esposa, en el estado de gravidez en que se encontraba, mirándome con mucha comprensión, sentenció con amabilidad: «Bueno, si es el Señor quien te está llamando, no hay ningún problema».

Con ese apoyo, como si me hubiesen quitado un gran peso de encima, al otro día presenté mi renuncia por escrito, diciéndoles que solo un mes más trabajaría en la Comisión. Eso fue un viernes. No comenté con nadie más el asunto.

El domingo fuimos a la iglesia. Realizamos todos los trabajos del culto por la noche y, al final, pedí a la congregación que cuando finalizara el servicio se quedara unos minutos más a propósito de finiquitar los últimos detalles que hacían falta para la campaña evangelística que en esa próxima semana tendríamos.

Así se hizo. Estaba yo hablándoles a los hermanos acerca de sus responsabilidades, cuando imprevistamente un hermano pide la palabra, se la concedo, pensando que va a añadir algo al tema.

«Pastor, yo no sé lo que me ha sucedido, pero en esta semana que terminó, sentí que ya es hora que usted de todo su tiempo al pastorado».

Me quedé helado y sin habla. Sorprendido, oigo que once hermanos más me reiteran lo mismo. Cuando he terminado de escuchar el deseo de este grupo de hermanos, casi temblando les relato lo de mi renuncia al trabajo y mi anhelo de dedicación completa al pastorado. Les hago notar que esto solo lo sabía mi esposa, y que la decisión había sido completamente personal. Y ahora que oigo la voz de este grupo, no me cabe la menor duda que detrás de todo esto está el Señor. Los hermanos recién convertidos, muy sencillos, me piden que salga unos momentos del local. Salgo y se quedan a dialogar. Un rato después me llaman y me dicen que han hecho un compromiso para reunir el dinero faltante para que su pastor se dedique tiempo completo a la obra.

Fue este mi primer salto de fe. Aquí se iniciaba lo que he llamado el hilo de fe. Durante toda mi vida hasta el día de hoy, vendrán acontecimientos que me revelarán la provisión abundante de Dios. Paso a paso, pacientemente, el Señor me estará diciendo: «Aquí estoy». La iglesia nunca faltó en su contribución. Vino mi hijo Marcelo, tuvimos un automóvil, cuando en aquel entonces era difícil que un pastor lo tuviera. No recuerdo, para ser exactos, haber tenido estrecheces económicas.

Poco antes de meterme de lleno al pastorado, vimos que la iglesia necesitaba de fondos económicos para un mejor edificio y algunos planes de extensión que considerábamos pertinentes. Todos sabíamos que como miembros de la Convención de Iglesias, de la cual nuestra congregación formaba parte, podíamos solicitar ayuda fraternal la cual consistía en un plan de fomento financiero a las iglesias.

Había congregaciones de treinta años atrás, que continuamente, año tras año, eran objeto de esta ayuda. A nosotros, como iglesia, se nos ocurrió pedir tal sostén.

Fui a verles, y me encontré con la novedad que, justamente en ese año, se había suspendido la ayuda fraternal. Esto duraría un año. Razón que me objetaron: se iba a reorganizar el sistema del plan. Por lo tanto, en ese año no atenderían a ningún pedido; me dijeron que volviera el siguiente año y que no habría obstáculo en ayudarnos a la congregación y a mí.

Pues en ese año, fortalecido por la manera en que Dios había respondido a mi salto de fe, aun sin haberlo solicitado, junto con aquellos creyentes de reciente cuño, nos lanzamos a creer a Dios y a su Palabra.

Al año, por algún motivo me encontré con algunos miembros de la Comisión de Ayuda. Me dijeron que ahora sí era posible obtener financiamiento, que aplicara y que me resolverían en poco tiempo.

Yo les respondí con una negativa.

«Hermanos queridos, la ayuda ya no la queremos. Y no se vaya a pensar que es por resentimiento o algún pensamiento malo; no, simplemente que al no obtener la ayuda económica la vez anterior, nos motivaron a creer a la palabra de Dios. Y nos ha resultado maravilloso. De ninguna manera me gustaría que volviéramos atrás. Esa actitud de fe que se ha empezado a desarrollar no la queremos dejar; seguiremos, pues, dependiendo de los recursos de Dios».

Creo que los hispanos tenemos que aprender a pagar nuestras propias cuentas. De concebir y realizar a cabalidad nuestros propios proyectos que honren al Padre celestial.

Hace cincuenta años, la comunidad evangélica en Argentina era minúscula. Sin embargo, nos arrojamos a hacer toda la obra de la iglesia pagada por nosotros mismos. Me había lanzado al pastorado de tiempo completo, sin saber si esta iglesia pobre sostendría mi determinación. Era como si Dios me hubiese dicho: «Alberto, no esperes ver nada tangible delante de tus ojos para realizar mi voluntad. Tú lánzate en el nombre de mi Hijo Jesús, que yo siempre te respaldaré».

Alguna vez más tarde alguien me dijo que «nuestro ministerio era como meter los pies en las aguas; aunque estuvieran frías, profundas, amenazantes; si Dios había hablado diciendo que las abriría, entonces iríamos siempre a meter pies y tobillos y lo que fuera necesario, sabiendo que ese Dios maravilloso jamás fallaría a su Palabra». A través de toda nuestra historia, nunca hicimos algo por tener un recurso concreto delante de nosotros, sino como respuesta a la iniciativa del Espíritu Santo expresada en palabras.

Dios había dicho: «Voy a abrir las aguas». Aunque estas aguas se veían impresionantes, sumamente heladas, metimos con arrojo los pies. Por unos instantes, sentimos el frío de las aguas que hizo temblar nuestro cuerpo, pero Dios, siempre atento, concluyó abriendo las aguas.

Once años trabajando gloriosamente, rodeado de iglesias sostenidas por los misioneros, o con pastores trabajando secularmente. Yo mantuve una familia, crié a mis hijos en una situación de no ricos, pero holgadamente. Vi a mi auditorio construirse enfrente de la plaza principal de Haedo. Nada nos faltó. Realmente, Dios es un Dios que cumple fielmente su Palabra.

CAPÍTULO 16
LOS BOMBEROS Y LA PILA BAUTISMAL

Desde el principio de mi pastorado en la casa de los Castrovince, mi propósito y meta principal fue una actuación cien por ciento evangelística. Enseñé a los primeros miembros una continua labor en pro de alcanzar a los perdidos para Cristo. Mi incipiente iglesia supo aceptar con agrado este estilo de vida. Para mí no me era extraño. Vivía con esa pasión. Mi labor de propagación del evangelio a donde fuera, y en el clima que sea; en la carpa, en el parque o en el ómnibus era algo contagioso.

En mis primeros años de ministerio conocí al pastor Juan Florio, un hombre sencillo a la máxima potencia, obrero sin luces intelectuales. Pastoreaba una iglesia en las afueras de la capital bonaerense, en San Justo, en el Partido de Matanza. Tenía una hermosa y saludable virtud cristiana: era un apasionado de la evangelización. Poseía una carpa de buenas dimensiones. En variadas ocasiones fui invitado por él a predicar en ella. En cada campaña que realizaba, me buscaba y yo contento le brindaba mi apoyo. A la vez, cuando necesitaba su carpa para campañas en mi sector, él jamás me la negó. Llegamos a tener una gran amistad. El hermano Juan Florio vino a dejar una magnífica influencia en mi vida, ese matiz evangelístico que me acompañaría en la senda de mi pastorado y en mi ministerio actual.

Tal era el desbordamiento de mi pasión evangelizadora que en un año tuvimos en nuestra iglesia doce campañas de una semana entera a todo mar y a todo viento. Nos movíamos en todo nuestro sector. Pensábamos en cualquier cosa que pudiese ser instrumento evangelizador.

La congregación comenzó a crecer. Desde ese momento se organizó a todos los fieles en una participación activa. Era emocionante ver cada día cómo todos estaban entusiasmados en sus actividades. Cada uno sentía como suya la responsabilidad encomendada.

El crecimiento nos obligó a pensar en comprar un terreno y edificar casa a Jehová. Pusimos oración, trabajo y vida a modo de conseguir un lugar propio para la adoración. Esto se concretó en Haedo, en la zona oeste del Gran Buenos Aires. Con una plaza principal enfrente, sentíamos que nuestra ubicación era óptima. Todas las comodidades de un amplio espectro de transporte y una zona tranquila por naturaleza. Iniciamos en un terreno con una capilla de madera y después compramos otro lote de terreno enfrente de la plaza principal.

Inauguramos el auditorio, un edificio sencillo. El servicio de consagración tuvo la nota espiritual de una satisfacción interna que se cumplía. Una pequeña grey salida de un trabajo batallador, de rodillas y con lágrimas vertidas buscaba siempre la ayuda del Todopoderoso. Sabía que solo Cristo «añadía a su iglesia los que habían de ser salvos». Pero esto no nos hizo dormirnos en nuestros laureles. Sabíamos también que nosotros, con nuestra disposición, podríamos ser instrumentos para el uso en las manos de Dios. Por eso manteníamos un sello distintivo muy claro en la pequeña Iglesia de Haedo: su visión evangelística y de constante trabajo.

Pero, un día, sin proponérnoslo, sucedió algo fuera de lo común.

El primer domingo después de la inauguración de nuestro edificio, nos habíamos propuesto llevar a cabo los primeros bautismos en el bautisterio recién terminado. Como el auditorio era nuevo, nunca pensamos en probar la presión del agua. Supusimos que la fuerza de salida sería normal a la que estábamos acostumbrados en otras partes de la ciudad.

Llegamos de mañana y abrimos la llave del agua, pensando que a la tarde, estaría en un buen nivel para los bautismos. Nos olvidamos de ello e hicimos nuestro programa dominical. Nos fuimos a comer y regresamos por la tarde dispuestos a tener un buen servicio bautismal.

Cuál no sería nuestra sorpresa al ver que el nivel del agua no alcanzaba ni a los tobillos de los que se pretendieran meter al bautisterio. Vimos que la hora era avanzada, que los hermanos comenzaban a colmar los asientos de la iglesia, que los preparativos de los candidatos a bautizarse estaban a punto, y la tina bautismal permanecía prácticamente vacía. Me agarré la cabeza afanosamente, delante de algunos hermanos que veíamos estaban azorados.

«¡Dios mío! ¿Qué vamos a hacer?».

El hermano Federico Shuster, tesorero y gran hombre-orquesta, quien hizo de todo para ayudarme en mis once años de pastorado, con una gran seguridad y calma me externó lo siguiente: «No se preocupe, pastor. Soy amigo de los bomberos de la ciudad, y con una llamada de teléfono le soluciono este problema».

Diciendo y haciendo, el hermano Shuster dio media vuelta y se dirigió al teléfono más cercano.

Los que nos quedamos, nos veíamos perplejos unos a otros, preguntándonos, ¿qué podrían hacer unos bomberos en una iglesia para solucionar el problema del bautisterio?

Más tardó el hermano en ir a hablar, cuando comenzamos a escuchar la sirena de los bomberos. En cinco minutos el ulular se oía fortísimo recorrer las calles aledañas a nuestro templo. Los bomberos a alta velocidad recorrieron las avenidas y, en un dos por tres, estuvieron enfrente. Con presteza bajaron y estiraron mangueras introduciéndolas en el templo. Llegaron al bautisterio, y en menos de lo que nosotros salíamos de nuestro asombro, el capitán de los bomberos con amplia sonrisa se dirigió a mí: «Listo, pastor; su pila está llena. Fue un honor servirle».

Lo único que me salió de la boca fue un gracias muy sincero.

Algo que no había notado es que cuando el capitán salía, un verdadero enjambre de gente curiosa estaba en las puertas de nuestro templo. El tremendo sonar de las sirenas había hecho que una gran muchedumbre, pensando que el nuevo edificio de la iglesia se estaba quemando, corriera a mirar el supuesto accidente.

Este episodio cómico lo usó Dios para dar a conocer a nuestra iglesia a la gente en derredor nuestro. No necesitábamos realizar alguna publicidad para que la iglesia fuera conocida. El Señor sabe usar su propia agencia publicitaria, que rebasa a todas nuestras expectativas humanas. De ahora en adelante vendrían muchas cosas más que pondrían a la Iglesia de Haedo no tan solo en la mente de la Capital, sino de todo el país de Argentina.

CAPÍTULO 17

EL MANTO DEL SIERVO DE DIOS, TOMMY HICKS

En los primeros días de 1954 viajaba de Chile a Argentina un hombre anglosajón, con una visión metida hasta los huesos. Esta visión había nacido dos años antes en Tallahassee, Florida, cuando Tommy Hicks, en oración, contempló un mapa de América del Sur, tapizado por un inmenso campo de trigo maduro, listo para la siega. Mientras veía, extasiado, aquel trigal mecido por el viento, súbitamente, los tallos de trigo se fueron transformando en cuerpos humanos, que con las manos en alto y ávidos los ojos, exclamaban con voz apremiante.

«¡Hermano Hicks, venga! ¡Ayúdenos!».

Hicks interpretó fielmente el llamado. Después de varios sucesos que corroboraron su visión, ahora descendía del avión, impregnado de una intensa confianza en que Dios estaba a punto de realizar un portento.

Ya en el transcurso del vuelo, en una pregunta expresa a la azafata, él había ratificado con qué persona debería entrevistarse.

Nada menos que con el Presidente de la República de Argentina, Juan Domingo Perón.

Parecía una locura el simplemente pensarlo. El General, para aquel entonces, aunque descendía en su apogeo político, no obstante, con su poder trascendía a cada rincón de la Patria. Su mandato por ocho años transcurridos había sido de mano dura, dictatorial. Este era el hombre con quién Hicks quería entrevistarse. Seguro que no sería fácil.

Hicks fue persistente a pesar de los obstáculos que se interpusieron en el camino. Obtuvo premio a su insistencia al ser recibido por el ministro de Relaciones Exteriores y Culto, la antesala probable de una audiencia con el Presidente. En el día que le citaron, después de un largo tiempo de espera, en que posiblemente lograría su cometido, el ministro al fin le anunció que para ese día se habían agotado las entrevistas. Perón se alistaba a recibir al Presidente de Panamá, quien arribaría a la ciudad de Buenos Aires por la tarde.

Estaba Hicks de pie recibiendo esta desconsoladora y frustrante noticia, cuando entró al despacho el secretario del ministro. Se percató que este hombre iba cojeando visiblemente mal de una pierna. El secretario pidió permiso al ministro para ausentarse del trabajo, debido al fuerte dolor que tenía, diciendo que la pierna casi no la sentía. Se levantó el pantalón, dejando ver un miembro totalmente amoratado con una rodilla abultada. Antes que el ministro diera su anuencia, Hicks habló sugiriendo al secretario que oraran por él implorando sanidad.

—Aunque estuviera aquí, Jesucristo mismo —contestó irónico— no podría curarme esa pierna.

—Permítame —dijo Hicks acercándose al hombre enfermo.

Se arrodilló, e imponiendo las manos sobre la parte enferma, oró. El dolor desapareció y la pierna, en el instante fue restablecida a su color natural. Maravillado el secretario, vio con asombro al ministro, que no daba crédito a lo que estaba mirando por sí mismo.

—¿Puedo entrevistarme con el Presidente? —preguntó Hicks con significativa calma.

—Yo mismo lo llevaré —habló resueltamente el ministro.

Recorrieron unas salas profusamente engalanadas hasta llegar al despacho presidencial de la Casa Rosada.

Juan Domingo Perón, de tez morena, de anchos hombros, sentado frente a su escritorio, vestido elegantemente de gris claro, clavó los ojos inquisitoriamente en su ministro, que se atrevía a entrar a su presencia acompañado con un gringo extraño para él. Al informarle lo acontecido, se mostró afable y cordial durante los minutos en que conversaron. Poco después, Hicks solicitó, al despedirse, orar por ellos. En actitud reverente dejaron que elevara su plegaria. Dicen que Perón tenía un eczema en una de sus manos y que fue también sanado en esa hora.

Lo cierto es que al retirarse, con plena simpatía de parte del Presidente, este ordenó a su ayudante ministerial que concediera lo que el predicador le solicitara.

Hicks obtuvo permiso para celebrar una campaña de evangelismo en un gran estadio y obtuvo también acceso libre a la prensa y la radio. Aquello fue todo un acontecimiento.

La campaña duró cincuenta y dos días con grandes milagros de Dios. Fue un impacto, a nivel nacional, del poder de Dios.

Esta marcó un hito en la historia del evangelio en Argentina, cuyos resultados persisten hasta el día de hoy.

Nunca me imaginaría la relación que tuvo esto con el desarrollo de mi vida. Aunque en aquel tiempo frisaba los doce años de edad y supe muy poco al respecto. No así cuando recién cumplía los veintiséis.

En el año de 1968 organicé con la juventud de mi iglesia un campamento. Quisimos aprovechar las fiestas del carnaval, que se conmemoran en febrero en la ciudad de Buenos Aires, saliendo fuera de los límites de la capital hacia la localidad de Hurlingham, a la quinta que los hermanos Terranova rentaban y que bondadosamente nos la prestaron, a efecto de llevar a cabo el retiro. Esta residencia era prácticamente de nobles, muy hermosa y suntuosa por el lado que se la viera. Los jardines, esmeradamente cuidados, rodeaban la casa, que era de corte colonial. Varias habitaciones, con motivos de lujo, cuadros de paisajes diversos enmarcados en oro, jarrones exquisitos, cortinajes pesados, y un sin fin de adornos en porcelana fina y curiosidades étnicas fueron nuestros acompañantes en esos días. Era tan grande la quinta en su extensión, que gozaba de varios bosques que la circundaban. El paisaje era excelente. Podíamos contemplar con gozo extasiado la salida del sol en la madrugada, y la puesta del mismo en el atardecer. Espléndido el lugar para buscar el rostro de Dios, ayudados por esa naturaleza que nos incitaba a la meditación. Varias hermanas adultas nos acompañaron, las cuales nos preparaban las comidas del día. Nuestro programa incluía diversos eventos deportivos, caminatas, fogatas, concursos, conferencias y tiempo para la oración.

Desde que llegamos en los ómnibus que nos transportaron, la alegría entre todos era el sello distintivo. Nos organizamos en un santiamén. Tuvimos ratos iniciales de esparcimiento. Cuando nos llegó la primera noche convocados alrededor de una fogata, apilamos una gran cantidad de leños para ir usándolos conforme otros se convertían en cenizas en el claro de un campo cercano a la casa. Veíamos a las estrellas brillar intensamente en un cielo azul marino-oscuro. El aire campestre era fresco. El rumor de las ramas de los árboles, apenas perceptible, impartía una sensación de solaz. La lumbre del fogón crepitaba y su calor irradiante se sentía en nuestras mejillas. Las llamas ondulantes se reflejaban en los ojos atentos de los jóvenes, que oían la voz pausada del predicador que nos hablaba de Dios y de su poder renovador en las vidas de los hombres que eran capaces de entregarse a él incondicionalmente.

Tantos muchachos en derredor, sentados en el verde pasto, o en una piedra o madera que habían encontrado por ahí, o acaso en una cobija extendida donde varias señoritas permanecían reverentes.

Una quietud de reflexión había caído sobre todos los presentes. Las guitarras y el acordeón dejaron de emitir sus armonías musicales acompañando las voces heterogéneas de toda esa juventud en alabanza a su Creador. Se palpaba en el ambiente una presencia que sobrecogía el alma de los allí reunidos.

Meses atrás me había percatado de que el espíritu de la muchachada era diferente al de los adultos. De ahí mi necesidad —diría urgencia—, de programar esta salida al campo. Y lo que sucedía en esa noche, me daba la seguridad de que no estaba equivocado en mis apreciaciones. Dios deseaba hablar a la juventud de mi iglesia.

Rondábamos la media noche. Habíamos tenido cantos, testimonios, predicación y ratos de oración intensa; así que, me levanté dispuesto a dar por terminada la reunión.

«Jóvenes, es hora de acostarse. Los que así lo prefieran, pueden quedarse otros momentos a orar. Solo les ruego que lo hagan en silencio, para no molestar a los que se vayan a dormir».

Para mi sorpresa, ninguno se movió de su lugar. Todos querían seguir orando. No insistí. Aunque era tardísimo y el día había sido muy agitado, pensé que con otra hora, el cansancio haría que nos retiráramos a pernoctar.

Se conformaron grupitos por doquier. Abrazados unos. Otros arrodillados. Entre sollozos y lágrimas. El flujo de la bendita asistencia del Espíritu Santo circuló pletórico a través de aquellos corazones sedientos de Dios.

Oía voces suplicando santidad, consagración y avivamiento. Esto último era un grito apasionado: «¡Renuévanos, Señor! ¡Renuévanos!».

Sin sentirlo, las horas transcurrieron. Cuando me doy cuenta, los rayos solares del nuevo día nos abrazaban. ¡Toda la noche la habíamos pasado orando! Pero, lo más extraordinario estaba por transcurrir. No se veía intención de detener aquel soplo divino. Verdaderamente, nos hallábamos metidos en un Pentecostés. El control de todo lo que sucedía, lo tenía el Espíritu de amor. De tal forma, que el tiempo fue apenas perceptible para nosotros.

Al medio día nos llamaron a comer. Nadie acudió. La comida se enfrió. Ya por la tarde, comenzamos a descender del Monte de la Transfiguración.

Cuántas veces mi espíritu se exaltó en el pasado, cuando en mis lecturas de los grandes avivamientos y de los hombres de Dios que habían sido visitados por el poder sobrecogedor del Señor, me habían hecho anhelar y soñar esos momentos de gloria. Hoy lo estaba viviendo en carne propia. Casi veinticuatro horas zambullidos en la santa y bendita presencia de Dios.

Increíble e impresionante fue ver a más de doscientos veinte jóvenes, con sus ojos abultados, enrojecidos de tanto orar y llorar. Desaliñados. Roncos en su voz. ¡Ah!, pero qué sonrisas. Parecían ángeles. Resplandecían en santidad. El amor de lo alto fluía en los recovecos de cada poro de estas vidas, comprometidas ahora como nunca con su Rey y Señor.

Este campamento transformó radicalmente la existencia de mi iglesia. No tenía que decir: «Hagan esto o aquello». Era una tromba marina, que si no me ponía a la par, me arrastraba en su ímpetu. El trabajar por el Señor, predicar, diezmar, testificar, abrir nuevas obras, discipular, todo era producto fácil del fuego que consumía el corazón renovado de los integrantes de la iglesia. A la sazón, varios de aquellos muchachos serían antorchas en el ministerio, con puestos claves de liderazgo, tanto en el país como fuera de él. La llama que se encendió en aquel rinconcito de cielo no se extinguiría. Por el contrario, continuaría intensa dando frutos apetecibles al Dador de todo don perfecto, nuestro amado Jesús.

Una de las cosas significativas que me pasmó, fue el hecho de saber que esa casona de Hurlingham, que nos la habían dado prestada para celebrar nuestro campamento, catorce años antes también había sido prestada a aquel siervo de Dios, que pasó sus días orando vigorosamente y saturando su vida de poder en el trono del Reino Celestial. Que esas mismas habitaciones habían sido testigos mudos de la pasión de aquel hombre, entregado a la visión recibida en 1952 en la Florida. Que Argentina fue receptáculo de una de las mayores bendiciones del Todopoderoso, originadas en este lugar por Tommy Hicks. Este hombre de Dios, que en este tiempo residía en California, parecía que su manto lo había dejado en este preciso lugar, y nosotros, en esta ocasión, lo habíamos recogido con manos trémulas para abrigarnos al amparo del Altísimo. Como si el poder de Dios todavía permaneciera allí, dispuesto a ser tomado por el que quisiera. Y nosotros quisimos. Y de ninguna manera fuimos defraudados.

Hollamos tierra santa. Desechamos nuestras sandalias. Y Dios nos proveyó abundante maná, a tal grado que, actualmente, no termina aquel chispazo de Pentecostés que prendió la inutilidad de nuestras magras existencias.

CAPÍTULO 18

LA SOLUCIÓN MÁS MODERNA AL
PROBLEMA DEL CASAMIENTO

«¡Esperen, esperen tranquilos! Ya pronto saldrá el reportaje». Trataba de calmar los ánimos efervescentes de la familia y de varios de los hermanos de la iglesia que esperábamos ansiosos el reportaje de Héctor Agulleiro, uno de los mejores reporteros del Canal 11 de televisión.

—Pero, ¿lo sacarán al aire? —decía uno de los jóvenes que reflejaba en su rostro verdadera duda.

—¡Claro! —contestó otro— ¿acaso no viste la cámara y al reportero trabajando en el evento?

—Sí, pero... como es de orden religioso, posiblemente no lo hagan.

—Déjate de dudas. Ya verás que sí saldrá —contestó don Alberto Pets, anciano de la iglesia, que fue durante mi pastorado un don de Dios a mi vida.

Éramos no menos de dieciocho personas esperando que los destellos de las imágenes de la televisión nos reflejaran las escenas de un acontecimiento que nos parecía era de naturaleza singular. Estábamos reunidos en la misma iglesia con una taza de café, y haciendo comentarios de toda índole no despegábamos los ojos de la televisión.

Meses atrás se fue cocinando el evento que ahora ansiosos esperábamos ver. Dios había permitido las circunstancias.

Tres parejas de novios, en diferentes fechas y ocasiones, se habían acercado a mí con la intención de que yo los casara. Las fechas que ellos tenían programadas, más o menos coincidían en los últimos días de diciembre y a principios de enero. Esto me llevó a la idea de realizar un casamiento múltiple en la iglesia. Sin embargo, se presentaba un problema: el cupo para tanta gente en la Iglesia de Haedo. Debido a las limitaciones de espacio, sería imposible realizar este acontecimiento en nuestra iglesia, ya que calculamos no menos de mil personas asistentes al acto. La capacidad de espacio del auditorio entonces apenas alcanzaría para la mitad de los que asistieran. Así que se nos ocurrió llevarlo a efecto al aire libre. A los contrayentes les fascinó la idea. El lugar sería a un costado del edificio de nuestra iglesia, ubicada frente a la plaza principal de la comunidad. Nos abocamos a pedir los permisos de ley correspondientes y mandamos gacetillas a todos los medios de comunicación, invitándolos a cubrir el evento, a todas luces fuera de serie.

¡Qué momentos tan inolvidables nos da el Señor!

—¡Hey, hey, esperen! Ya van a comenzar las noticias locales. Ahí es donde deben sacar el reportaje.

Todos, amontonados, pusimos nuestros cinco sentidos en la pantalla.

Efectivamente, el comentarista en turno anticipó a la audiencia el reportaje por salir: «Nos ha llamado la atención, amable audiencia, que en Argentina se vienen suscitando acontecimientos que llaman la atención por su singularidad. Este es uno de ellos. Posiblemente sea "La solución más moderna al problema del casamiento"».

Las primeras escenas mostraron a una multitud reunida en el parque enfrente de la Comisaría, en la localidad de Haedo.

Había sillas y lamparitas iluminando el lugar. Mucha gente sentada y de pie, en actitud gozosa y expectante. A varios transeúntes que caminaban por ahí, les llamaba la atención y curiosamente se quedaban para mirar lo que estaba pasando.

Desde la calle, una alfombra púrpura se adentraba entre dos filas de sillas hasta un altar improvisado. Se había colocado en el centro al fondo del jardín un entarimado y encima del mismo un púlpito de madera con un micrófono. Alrededor, un amplio cortinaje concentraba la atención en ese específico lugar. Un órgano era tocado junto con otra persona que le acompañaba con el clarinete. Juntos arrancaban notas del himno «Santo, Santo, Santo, Señor Omnipotente».

No faltaba el detalle de los floreros con sus gladíolos blancos.

Comenzó el acto con gran emoción del público asistente. Reinaba un clima de intensa espiritualidad. El pastor Alberto Mottesi, enfundado en su traje gris oxford, se dirigió a la concurrencia.

«Hermanos y amigos nuestros que asisten a este acto en que tres parejas tomarán los sagrados votos del casamiento, bajo este techo tachonado de estrellas como templo natural, quiero invitarles a orar dando gracias a Dios por esta maravilla que nos permite vivir, rogándole que se manifieste no tan solo en los futuros esposos, sino en cada uno de los asistentes bendiciendo sus vidas».

Poco tiempo después, el trío casamentero ingresó lentamente al ritmo pausado de la "Marcha Nupcial" de Mendelssohn. Tres apuestos caballeros, en traje formal, y tres bellas novias, radiantes y a la vez nerviosas, en trajes albos de novia. Había alborozo en la muchedumbre. Todos de pie recibieron a los contrayentes. Unos alzaban las manos, otros exclamaban expresiones de gozo. Niños y niñas deambulaban por doquier; señoras jóvenes cargando a sus bebés, y hombres de todas las edades en ropas de gala. Inusitada experiencia vivían al aire libre, donde un policía de guardia desde la Comisaría no perdía detalle del suceso. A pesar de la multitud que hizo necesario cortar el tráfico, no fue obligatoria una vigilancia especial. Todo estaba en orden. El público asistente gozaba el evento.

El pastor Mottesi, con palabras de emoción hablaba sobre la santidad del matrimonio y el amor en la pareja. Al final de su prédica fue llamando a cada una de las parejas, participándoles la fórmula matrimonial.

«Eduardo..., Graciela, ¿quieres vivir unido a él conforme a la ordenanza de Dios en el santo estado del matrimonio?».

«Ricardo..., Martha, ¿le amarás, le consolarás, le honrarás y le cuidarás en tiempo de enfermedad y de salud?».

«Norberto..., Lidia, ¿renunciarás a todos los otros, conservándote solo para él mientras los dos viviereis?».

Fue un sí amplio, total, categórico, de todos los esponsales. La oración de bendición y el afecto basado en el amor fue la expresión de los asistentes.

Las manos del pastor se extendieron hacia cada uno de los contrayentes en un contacto de amor, sellándolo con un beso en las mejillas de todos ellos. Había lágrimas que surcaban el rostro del pastor y de varios de los presentes. Un profundo sentimiento embargaba los corazones en este acto social donde se manifestaba la sencillez en su más pura expresión.

El «Aleluya de Handel» le dio una pincelada de majestuosidad al encuentro y emoción a la mayoría del público. Las manos en alto. El cerrar con fuerza los párpados. Las exclamaciones de honor al Creador, fueron el tono normal de todo el acontecimiento.

Radiantes y contentos, los nuevos esposos caminaron hacia la calle, en medio de las notas de la Marcha Nupcial. Hubo aplausos y expresiones de bendición para las parejas. La música se confundió con las risas, el parloteo, los abrazos, el ir y venir de la chiquillada.

Al ir saliendo, la voz vibrante de plena emoción del pastor Mottesi se fue perdiendo conforme el alborozo del gentío se iba acrecentando.

«Te alabamos, oh Padre, te glorificamos porque tu Espíritu está aquí presente...».

Fue una noche cálida bajo las estrellas argentinas de la zona de Haedo, donde a un puñado de evangélicos se les ocurrió salir a la calle a manifestar su fe y participar al mundo sus maneras sencillas de vivir en comunidad.

—Ha sido este enlace matrimonial —sentenciaba con voz sonora el locutor— simultáneo a ojos de todo el mundo, como una muestra de que cuando se quiere, se pueden hacer bien las cosas. ¿No le parece que esto puede ser «La solución más moderna al problema del matrimonio?».

—¡Bravo! ¡Magnífico! ¡Qué bueno estuvo!

—Gracias a Dios que sí lo hicieron —sentenció el de la duda original.

—¿Ya ves que sí lo hicieron? —le contestó don Alberto Pets—. Además, lo estructuraron bien, de tal manera que lució todo el acto.

—Bueno —me tocó a mí hablar— ahora a casa a descansar. Ha sido un día de intensa labor y emociones y debemos de estar rendidos. Buenas noches a todos.

—¡Buenas noches!

El domingo fue la comidilla de todo el día. Los principales diarios daban espacio a la triple boda. Las estaciones de radio muy de mañana enmarcaban el asunto. La agencia TELAM difundió el suceso por todo el país.

Mi corazón se complacía en lo íntimo. Cuando miraba en ciertos momentos significativos a los ojos de Noemí, mi esposa, se dibujaba una leve sonrisa de satisfacción. La Iglesia de Haedo había salido de sus cuatro paredes. Aunque fue en un acto social, jamás se perdió el ingrediente principal: anunciar al Rey de nuestras vidas.

Esta vivencia nos enseñó que cualquier acto de nuestra existencia puede llegar a ser un vaso comunicante del gran amor de Dios a la humanidad. Y, de muestra,... este botón.

CAPÍTULO 19

LA IGLESIA SALE A LA CALLE

Durante los once años de mi pastorado (1961-1972) se identificó a la Iglesia de Haedo como una de las comunidades cristianas de mayor crecimiento en Argentina. Desde el mismo momento en que se realizó el primer culto, la consigna de mi corazón era que fuese una iglesia evangelística. Mi primer objetivo fue el que pronto, de una célula familiar pasara a ser una congregación con su propio edificio y, para lograr esto, solo se dibujaba un camino: la evangelización.

Aparte, en mi sangre fluía esta pasión. Mi trabajo juvenil se había desarrollado en las calles, predicando al aire libre. Valoraba el poder de la oración y el ayuno. Conocía, por los libros que leía, los beneficios espirituales de estos medios. Ahora que comenzaba esta obra, serían parte natural de mi nueva congregación.

Las campañas en la iglesia, en el parque o en una carpa, eran lo habitual. Muchísima gente comenzó a visitar nuestro lugar de predicación, y muchos se quedaron como miembros activos. En esa década de los sesentas surgieron vientos nuevos de renovación espiritual en nuestro país.

Después de la gran campaña hecha por Tommy Hicks en 1954, las cosas cambiaron radicalmente. Se inició un proceso de apertura jamás visto en el suelo argentino. Como si se hubiese quebrado una rígida resistencia al paso del agua, el testimonio evangélico inundó las calles y los suburbios de la ciudad.

Surgieron nuevas iglesias, nuevas formas. Soplaba un avivamiento en Argentina.

Particularmente, mi iglesia y yo fuimos afectados profundamente por esta infusión del soplo divino.

Todo lo que se hablaba, todo lo que acontecía, todo lo que envolvía esta renovación espiritual me era conocido. Creo que lo esperaba, mejor dicho, lo anhelaba allá en lo profundo. Las lecturas acerca de los grandes siervos de Dios de antaño, afloran con una actualidad sorprendente en mí: Dios actuando en un plano sobrenatural.

Mi trasfondo era conservador, y a través de los años Dios me fue preparando para un propósito que en esos días me era totalmente desconocido. Este movimiento del Espíritu se desbordó sobre mi iglesia, e hizo entrar, como nunca, a sus miembros en un avivamiento hermoso con resultados portentosos para la gloria de Dios.

¡Qué insondable lección nos instruyó el Señor con esto! Nos quitó el valor que pudiésemos haber dado a un nombre, o a un título denominacional. Y nos hizo refinar la profunda verdad del Cuerpo místico del Señor Jesucristo. ¡Somos uno en él!

Nació una fuerte convicción de un amor impartido por el Padre celestial a todo hermano nuestro de cualquier denominación o ministerio, que ha sido lavado y comprado por la preciosísima sangre del Señor Jesús.

De allí en adelante no quise autonombrarme con alguna etiqueta denominacional. No porque considerara mal a las denominaciones. ¡Nunca jamás! Estoy consciente de que Dios las ha usado en el mundo y en el tiempo como manifestaciones gloriosas del proceso divino en la salvación del hombre. Sabía que a cada movimiento o denominación, Dios los había levantado como una expresión más de la gran personalidad y multiforme expresión de lo que es nuestro Dios. Fuera de las debilidades humanas, él las había tornado con su poder en bendición a su pueblo.

Aquella ola de avivamiento llevó a mi iglesia por nuevos caminos. Fructificamos. Nuestro anhelo era solo uno: que Cristo fuese aceptado por toda la gente.

Así, no tan solo nuestra iglesia, sino muchísimas más, salimos a la calle. Cuando en Argentina el movimiento evangélico era pequeño, minúsculo, ahora el Señor nos daba la fuerza y el coraje para salir a la calle.

Allí estaban el menesteroso, la prostituta y el alcohólico. Allí estaban el rico, el profesional, el obrero, el estudiante y la ama de casa. Nos abocamos a aprovechar cualquier circunstancia de manera que pudiésemos presentar al Señor de los señores, Jesucristo.

Por eso transformamos actos privados en casos espectaculares, como lo fue el de los tres casamientos al unísono, o como el de los bomberos llenando un bautisterio. También para fortificar el ambiente espiritual y ponerlo a tono como lo fue el campamento de Hurlingham. O como la contratación que hace conmigo el Canal 13 de televisión.

Cosa inusitada que Dios hace con sus hijos.

Un día, sin saber cómo, soy contratado por el canal de televisión más importante de mi país. Me invitan a formar parte del personal permanente del Canal 13, para despedir a la audiencia cada noche. No estaba solo en esta tarea. Había tres o cuatro sacerdotes católicos, un rabino, y algun que otro pastor evangélico. Estos hombres que formábamos ese grupo éramos gente madura, casi ancianos algunos; yo era un niño en comparación con ellos. Un «pibe» en medio de aquellos señorones. Esto me catapultó delante de la opinión pública de la Argentina y, por ende, a mi congregación.

Cada mes yo aparecía seis o siete veces en la televisión predicando el evangelio por algunos minutos cada noche despidiendo a la audiencia y mandando a los televidentes a dormir con Cristo.

Esto representó un hito importante para mi iglesia, y también para mí como su joven pastor. Importante, porque en aquellos tiempos los medios masivos de comunicación estaban cerrados. Y quiero recalcar, el canal televisivo me pagaba para que yo proclamara las Buenas Nuevas. Yo me quedé sorprendido cómo Dios opera milagros para sus hijos, con tal de realizar su obra. ¡Bendito sea nuestro Dios y Padre celestial!

Todo este montón de vivencias que durante once años experimentamos mi iglesia y yo, nos hizo compenetrarnos tan hondamente, que no iba a ser muy fácil romper nuestra relación. ¡Estábamos tan apasionados uno del otro! Pero Dios tenía otro trabajo para hacer, y era necesario obedecer.

CAPÍTULO 20

UNA DECISIÓN DIFÍCIL

Han transcurrido diez años y estoy en el onceavo de mi pastorado en la Iglesia de Haedo. Hemos trabajado a brazo partido. Hemos llegado a ser una de las congregaciones crecientes de Buenos Aires. Durante este tiempo las victorias del Señor nos han regocijado en grande. La congregación vive un avivamiento. El Espíritu de Dios realiza con libertad su labor en cada integrante de la comunidad. La alegría y el gozo son constantes. La labor evangelística es la nota sobresaliente. La iglesia ha salido a la calle. Los acontecimientos la han puesto en la mente de los bonaerenses, pero también en la nación entera. Puede decirse con justificada razón que es una iglesia con gran éxito.

Sus miembros leales y trabajadores se han dado en cuerpo y alma a servir a su Señor. A pesar de mis constantes viajes para predicar en otros lugares, ellos han llegado a ser autosuficientes. Mis retiros han sido en la confianza de que ellos, un cuerpo de ancianos y diáconos, hacen todas las labores que la iglesia en su totalidad exige.

Vivo para estas fechas un bello romance con mi iglesia. La observo fuerte, bien parada. Su atmósfera es de amor y se respira libremente.

Todas estas cavilaciones me vienen por varios meses en mi onceavo año de pastorado. En variadas oportunidades me angustian, porque me asalta la idea de mi renuncia a mi amada iglesia.

Me resisto notablemente a este pensamiento. Miro a la iglesia como a una hija nacida de mis entrañas. Ha sido lloro mi gemir; mis desvelos en oración. Mi sudor en la enseñanza, en el estudio y en la predicación. Le he concedido los mejores años de mi juventud; toda mi energía. ¡Vamos, hasta mis primeros años de matrimonio, cuando en vez de solazarme con mi esposa e hijos, dispuse ese tiempo para mi grey! Todo lo había dado.

No era fácil abrigar con dulzura la idea. La renuncia se me convertía en una decisión difícil.

¿Cómo puede un padre dejar a su hija? ¿Cómo puede renunciar a ella para no volver a tratarla más? ¿Cómo será posible dejar parte de sus entrañas fuera de sí? Por más que reflexionaba en ello, me parecía imposible aceptar tal pronunciamiento, tal determinación.

Lo hablaba conmigo mismo, con mi esposa y con Dios. No podía abandonar a este pedazo de mi corazón.

Dios trató conmigo personalmente: «Alberto, si tú no sales al llamado del evangelismo, no voy a seguir respaldándote en el pastorado».

Tan tajante señalamiento vino como bomba a mi conciencia. Dios me aclaraba un principio que no volvería a olvidar. Me di cuenta que si yo no renunciaba a la iglesia, ésta comenzaría a ser dañada por mi testarudez. Descubrí con la ayuda del Espíritu Santo, que uno puede tener un ministerio muy bendecido, ser empapado por el éxito, pero si Dios lo llama a otra cosa y uno se cierra a lo nuevo que él desea llevar a cabo, entonces, sería vano creer que Dios seguirá manteniendo su bendición en lo que uno está haciendo. Me dio un susto tremendo, porque no solo no iba a hacer lo bueno que Dios quería, sino que aun lo bueno que yo había construido, el Señor me lo iba a quitar.

No dudé más. Me propuse comunicar mi resolución a la iglesia. Cuando hice notoria la noticia de mi retiro, algunos lloraban;

otros, estupefactos, no lo entendían; y los más maduros aceptaron, diciendo: «Evidentemente, Dios lo ha llamado al evangelismo. Sabemos que es un evangelista. No debemos retenerlo; nuestro pastor tiene que dedicarse a su misión».

Cosa extraordinaria. Aquella iglesia, con sus ojos humedecidos por las lágrimas, comprende sobrenaturalmente la situación, y manifiesta su grande amor en algo que daría tranquilidad a nuestra vida.

Está por demás decir, que mi congregación nunca recibió dinero extramuros para su manutención, y que fue concebida de la nada en un período sin avivamiento en Argentina. Siendo su confianza Dios, supo arrancar al cielo sus tesoros con oración y ayuno, a modo de repartirlos a sus semejantes con pasión. Así lo hacían ahora conmigo.

«Pastor» —me dijeron con voz quebrada por la emoción— «durante un buen tiempo usted seguirá recibiendo el dinero que percibe mensualmente. Usted no se preocupe por venir, nosotros se lo enviaremos adonde nos lo indique».

Quebraron mi último recurso de fortaleza. Hondamente conmovido, no por la dádiva en sí, Dios lo sabe, sino por el desprendimiento generoso de corazones que nos amaban a plenitud. Lloré con cada uno de ellos. Oramos con profundo sentir los unos por los otros. Nos bendecimos a saciedad en el único Nombre que había sido capaz de desarrollar semejante amor de hermanos en la fe de Cristo.

Jamás podré olvidar aquel día, mientras viva aquí en la tierra. Aquella Iglesia de Haedo. Mi desprendimiento. El dolor de mi partida. Y el gozo de un futuro aún sin revelar.

En los meses subsiguientes el Señor me sorprendió por su dádiva. La Iglesia de Haedo, puntualmente, durante dos años enteros, me envió mi salario. Pero estoy al tanto de lo demás. El pastor que toma mi lugar recibe para su manutención y, por aparte, ayuda para obras misioneras en otros lugares de Argentina. Esto me revela que una iglesia latinoamericana, por muy pequeña que sea, nunca es una iglesia subdesarrollada si tiene en su seno la presencia magnífica de Jesús.

Nosotros no necesitamos otros recursos que los que vienen del Señor. Nuestros recursos no vienen de los dólares, ni de las computadoras. Nuestros recursos «vienen de Jehová, quien hizo los cielos y la tierra».

CAPÍTULO 21

ESTADÍA EN CHILE: EL LADO AMARGO

Durante los años 1973 y 1974 hicimos residencia en Santiago, capital de Chile. Aquellos fueron años muy importantes en nuestra vida. Fueron como el queso en medio de las tapas del pan. Antes del `73 habitamos en nuestra patria natal, Argentina. Después del `74, con un breve tiempo de ocho meses en Buenos Aires, hemos vivido hasta el día de hoy, en el Sur de California, Estados Unidos de Norte América.

Desde los dieciséis años de edad, tuve conocimiento de un hombre de Dios que me influenciaría permanentemente en mi vida: Kenneth Strachan, prominente misionero presbiteriano lleno del Espíritu Santo. Sus ideas y su labor en cuanto a la evangelización, fueron saturando mi mente. Más tarde tendría la oportunidad de conocerlo personalmente. Los breves encuentros que tendría con él, dejarían su huella indeleble sobre mi persona. Su «Evangelismo de Saturación», que después se desarrollaría como «Evangelismo a Fondo», vendría a ser como una «revolución en el evangelismo».

Kenneth fue un estratega y un visionario en el campo de la evangelización masiva. Yo me «comía» sus mensajes y sus escritos; estaba al tanto de lo que «Evangelismo a Fondo» desarrollaba en Nicaragua, Costa Rica, Guatemala y en toda América Latina. Los principios elaborados por este hombre de Dios marcarían mi visión básica sobre la iglesia como responsable directa de la salvación de los hombres, a través de la movilización total de los laicos. Mucho de ello lo puse en práctica en mi pastorado donde me resultaba altamente positivo.

«Evangelismo a Fondo» era un movimiento con el cual tenía un contacto directo. Después de la muerte de su fundador, sus dirigentes mantuvieron su filosofía y con ello mi amistad y permanencia. De esta relación salió la invitación a colaborar con ellos en sus proyectos. Cuando renuncié a mi pastorado, me fue natural adherirme a «Evangelismo a Fondo». Mi corazón clamaba por el evangelismo a grandes multitudes.

Se me pidió residir en Chile, dado el saber geográfico y eclesial que yo tenía del país. Por varios años había visitado a la República de Chile. Puedo decir que conocía mejor las tierras chilenas que a mi propio país. Fueron muchas las veces que recorrí su territorio, desde Santiago hasta Punta Arenas, palmo a palmo, particularmente de Concepción a la Isla de Chiloé, extasiándome siempre en sus bellezas naturales. Las ocasiones en que viajaba por el tren trasandino de Argentina a Chile, o volaba cruzando la cordillera, se transformaban en un placer incomparable. Las preciosísimas vistas del cono del Tupungato, un volcán gigantesco que se eleva a una altura de 6.800 metros y, hacia el otro lado del valle, el panorama sobrecogedor del Aconcagua, la montaña más alta del hemisferio occidental.

A principios de 1973 hice mi mudanza, el año que estaba determinado para ser notable en Chile. «El médico metido a presidente», Salvador Isabelino del Sagrado Corazón de Jesús Allende Gossens, era el que comandaba los destinos nacionales de ese país de América del Sur.

Su mandato presidencial, iniciado en 1970, llegaría a su fin en forma violenta. El primer experimento por llevar la democracia hacia el socialismo en América, desembocaría en un golpe de estado el 11 de septiembre de 1973. Aquél fue un tiempo de catástrofe para un sistema político que no funcionó.

Poco antes del golpe de estado a la soberanía chilena, ya se vivían días difíciles. Recuerdo que un día por la mañana me hice acompañar por mi hijo Marcelo, que escasamente tendría unos ocho años, a las oficinas de «Evangelismo a Fondo». Estas se ubicaban en el mismo centro de la capital, frente a la *Plaza de Armas* en el *Portal Fernández Concha*, en el séptimo piso de un edificio del restaurante *Chez-Enri*, donde por cierto aprendí a comer los productos del mar tan famosos en Chile. Los camarones, locos, centollas y las almejas eran riquísimos.

Estábamos mi hijo y yo por cruzar la Plaza, cuando estalla una tremenda balacera. Por todos lados oíamos el traqueteo siniestro de las armas de fuego. Asustados, y en un alarde de preservación existencial nos tiramos al suelo, nos metimos debajo de un automóvil estacionado, para allí esperar que aquella danza del diablo terminara. Desde nuestro improvisado observatorio, vimos a la gente correr despavorida, y oímos gritos de órdenes aviesas y llanto descontrolado. Las escenas eran como las de una película al estilo Hollywood, que durante varios minutos nos tocó mirar, en un estado de suma tensión. Después que terminó el sonido de las armas, que la policía se hizo cargo del orden, y que oímos el ulular de las sirenas de patrullas y ambulancias, salimos temblando de nuestro escondite. Nos dirigimos prestamente a las oficinas con los labios resecos y el corazón que se salía de su lugar. Tremendo susto nos llevamos esa mañana.

Aquello se convirtió en cosa común. Varias veces nos tocó andar cuarenta o cincuenta cuadras para llegar a nuestro hogar, por haberse paralizado la ciudad entera. Era una situación caótica.

Exactamente el 10 de septiembre por la noche, mis padres llegaron procedentes de Argentina a visitarnos. Precisamente en las horas siguientes se produjo el conflicto del golpe de estado en el que al día siguiente perdería la vida en el *Palacio de La Moneda*, el Presidente Salvador Allende. ¡Tremenda bienvenida les di a mis viejitos!

Los días subsiguientes fueron de estar recluidos en nuestra casa. Las pocas noticias que nos llegaban eran de un caos completo. La represión castrense estaba en su máxima actividad; las libertades civiles fueron erradicadas. El toque de queda era una realidad atosigadora que limitaba la libertad humana.

A la semana pudimos salir y quedamos estupefactos ante los cuadros de horror que se veían por todos lados. La ciudad era un desastre. Impactos de bala y cañón se contemplaban por doquier. Los meses siguientes, en variadas oportunidades veíamos, asombrados, en el seno del río Mapocho, los cuerpos muertos de hombres y mujeres flotando en la corriente.

En las laderas del cerro San Cristóbal a cuyos pies estaba nuestra vivienda, aparecían de la noche a la mañana cadáveres, fallecidos de diferentes formas. Se calcula que la represión cobró varios miles de muertos y desaparecidos.

Estos dos años fueron de intensa tensión y peligro. Todo el trabajo de «Evangelismo a Fondo», los proyectos y demás, fueron desajustados. Nada se hizo a cabalidad. Este desorden civil provocó inmensa desilusión y frustración. No obstante, también pudiera decir que fue una escuela que nos enseñó tremendas lecciones en lo personal, en lo familiar y en el ministerio.

Yo venía de un pastorado exitoso, viendo cada día un fluir espiritual constante en la iglesia; de una comunión preciosa con pastores de contextos y persuasiones teológicas diferentes, pero unidos por el Espíritu Santo y por La Palabra de Dios. Ahora esta era una dimensión completamente nueva para mí, donde la separación entre movimientos, concilios e iglesias, era la nota magistral de la iglesia evangélica en Chile. Esta situación vivencial me provocó una intensa desilusión. Comenzó una experiencia nada edificante que me introdujo a un desierto espiritual cuya secuela me transportó a las dudas persistentes, a reinterpretar lo que hasta ahora había vivido y conocido, hundiéndome en profundo pozo. Me sentía únicamente colgado del hilo de la salvación. Esto fue lo único de lo que estaba seguro, de mi salvación. Todo lo demás en lo eclesiástico me causaba vértigo.

En este estado de hundimiento espiritual pude mirar hacia arriba, de donde descendía un pequeño haz de luz divina, y por mediación y fortaleza del Señor pude salir a flote, peldaño a peldaño a mi relación íntima con mi Dios y a vivir nuevamente a plenitud como siervo del Señor Jesucristo.

Me había comprometido por dos años con «Evangelismo a Fondo». Y estos dos años estaban por culminar. No tenía la menor disposición de renovar el contrato. Aunque me rogaron que siguiera con ellos, yo ya había determinado concluir.

En los últimos dos meses de mi estadía en Chile me sucedieron dos cosas que derramaron el agua del vaso. Cuando estaba haciendo maletas, empacando y despidiéndome, recibí una invitación. El pastor Javier Vázquez, persona fina con la cual mantenía una bella amistad, me extendió la invitación para la inauguración del templo que denominarían más tarde la Catedral Evangélica, la Iglesia Metodista Pentecostal de Jotabeche. Jotabeche era la calle donde se situaba, haciendo esquina con la rúa más importante de Chile, la avenida Alameda o Bernardo O'Higgins. El edificio trascendía por su tamaño, su magnífica fachada. Varias veces ocupé el púlpito de esta iglesia con el correr del tiempo.

El día de la inauguración, una multitud de tal vez 20 o 30 mil personas se dio cita en este lugar. Había tanta gente que colmaban la avenida principal. Del interior del país y del extranjero estaban ahí dispuestos a entrar.

Para mi sorpresa y sin yo saberlo, la invitación que traía en el bolsillo de mi saco era especial. Tan especial, que al mostrarla a los edecanes, prontamente me abrieron paso entre la muchedumbre, me condujeron por una puerta que me llevó en directo al interior de la nave del templo. Mi reservado estaba precisamente enfrente del púlpito en primera fila.

Un rato más tarde, arribaron dos grandes personalidades del gobierno de Chile. Uno de ellos era nada menos que el Presidente Pinochet. Lo ubicaron en un asiento, después de un general de su confianza, a mi lado izquierdo. A mi derecha me encontré con el Secretario Ejecutivo de las *Sociedades Bíblicas*, el pastor Isaías Gutiérrez. Tan solo un asiento me separaba del General Pinochet.

Fue una reunión un tanto extraña. El objetivo era la dedicación del edificio. Pero todo el programa se centró en la alabanza panegírica de la persona y las actividades de Augusto Pinochet.

Terminó el evento en un mar de comentarios, saludos, abrazos, risas. Estreché la mano del Presidente con una sonrisa obsequiosa. Y yo, medio bobón, medio tontón, con una mente parsimoniosa en procesos de dimensión política, comenté con Isaías Gutiérrez.

«¿Qué formidable fue todo esto, verdad? ¡Qué bueno estuvo!».

Isaías, airado, no con mi persona porque éramos buenos amigos, sino con lo que habíamos presenciado, contestó: «¡Cómo, bueno! ¿Qué no te diste cuenta, que no hubo ni una oración, ni una lectura bíblica precisamente en la dedicación de un templo cristiano?».

Abrí los ojotes y aquella pregunta, como si fuera un rayo, iluminó mi cerebro. No hacía falta que me dijera más; comprendí la razón del enojo de Isaías. Reflexioné rápidamente sobre el programa, el mensaje, si así se le podría llamar, que dio el Obispo Mamerto Mancilla, y vi, espantado, que todo fue una exaltación al Presidente, y un sinnúmero de promesas con distingo marcadamente político.

Aquella experiencia, como otras que viví en ese país durante esa época, me instruyeron en el terrible y peligroso error que la iglesia comete cuando hace alianza con el poder temporal. Aquel evento tuvo resultados, a mi juicio, desastrosos; y, de paso, me enseñaron objetivamente la profunda verdad del Señor Jesucristo: «Denle al César lo que es del César y a Dios lo que es de Dios» (Mateo 22:21).

Otra vivencia, ahora en el tono jocoso para el que no la vive en carne propia, me sucedió en este lapso en que me despedía de Chile.

En estos días de la inauguración de Jotabeche, me comenzó a doler una muela, ¡qué muela aquella!, pues me dolió tanto, que me obligó a visitar a un dentista.

El médico, un argentino grandote y gordo, ignoro qué razón me dio por la cual no podía extraerla. Me dijo que la única forma de sacarla era rompiéndola. ¡Tosco de aquel dentista! Y yo, tonto, consentí en su «pericia». El hombre, con un hierro y una masa de madera a golpes rompió en pedazos mi muela. Pero sucedió lo increíble: un trozo se incrustó dentro de la encía, y después, por más maniobras que hizo, no logró encontrarlo. Yo veía, azorado, que en su mesita juntó los pedazos, uno a uno; como un rompecabezas formó mi muela y exactamente le faltaba un elemento. Aunque lo rebuscó, nunca lo encontró. Dio por terminada la operación, mandándome a casa.

El dolor no cedió. Esta extracción de muela fue toda una desgracia en mi vida. Me voy a acordar de ese dentista mientras viva. Mi mal duró meses y meses; como diez. Fue en Estados Unidos donde con una pequeña operación, me extrajeron aquel ingrato pedacito de muela.

Con estas experiencias me despedía de mi residencia en Chile. Mi adiós era con sabor amargo. Salía con una desilusión grande, profundamente vacío a consecuencia de mi desierto espiritual y encima me martillan mi muela. Era lo último que me faltaba para salir de Chile con un manto de tristeza, país al que siempre he amado y admirado.

CAPÍTULO 22

ESTADÍA EN CHILE: EL LADO DULCE

Pero no todo fue un árido, no, no, no; yo sería injusto con Chile si lo describiera todo como una experiencia negra y amarga. Fue un período de vida escabroso y estrujador; sin embargo, me enseñó lecciones importantísimas. Distintas cosas muy relevantes, sucedieron en el orden de la Obra del Señor.

Una de ellas fue al atisbar el desorden de la situación eclesiástica: la petulancia, la arrogancia, las divisiones en algunas de las iglesias evangélicas. Realmente, un estado anárquico. Bajo esta confusión, mi esposa Noemí, atisbando con mayor perspicacia aquel halo raro de la iglesia local, me pidió que no la envolviera ni la comprometiera en ello.

Ella se dedicó a organizar grupos de estudio bíblico y de oración en lo que se conoce en la capital chilena como Barrio Alto. Este es un sitio urbano donde vive la gente profesional y de negocios. Gente de recursos económicos dispuestos a bien vivir. Un tipo de personas que no acudía, por lo menos en ese tiempo, a las iglesias protestantes. Los evangélicos los miraban con cierta distancia; y los ricos veían a los protestantes como algo pobre y ridículo.

Los primeros decían que esta clase de gente no deseaba saber nada del evangelio, lo cual no era verdad. Los segundos no querían saber nada con los estereotipos, con las formas anómalas de la iglesia, pero sí tenían hambre y sed de Dios. Qué impresionante fue contemplar a esa gente buscar a Dios con todo el corazón, llegando a ser esta una de las experiencias más lindas que tuvimos en Chile. Noemí formó varios grupos. Yo le ayudaba en el tiempo que me sobraba de mis responsabilidades en «Evangelismo a Fondo». En las reuniones con parejas alcanzamos a muchas personas de la más alta sociedad chilena.

De estos grupos celulares, algunos discípulos jóvenes, muchachos en ese tiempo que cuando los dejamos no parecían tener demasiado futuro, hoy han llegado a ser formidables siervos de Dios y están realizando una tremenda diferencia en la historia de Chile. La familia Mottesi recuerda con mucho agrado el caso de la mamá de Nora, la esposa de un capitán de la marina, gente de alta alcurnia, de varios apellidos, muchas alhajas y casas suntuosas. Ella tenía a su mamá ya ancianita, enferma de un cáncer terminal en la garganta. Las dos comenzaron a concurrir a uno de los grupos de estudio de Noemí. Se convirtieron, entregándose por completo al Señor. La ancianita se dio cuenta al leer su Biblia acerca del bautismo, y deseó obedecer esta ordenanza de nuestro Señor.

Noemí le explicó que no podíamos bautizarla en ese momento porque, aunque yo era un ministro plenamente ordenado, no pastoreaba ninguna iglesia local en especial. Nuestro trabajo era ayudar a las iglesias y no podíamos de ninguna forma saltarnos las disposiciones locales. Le rogó que fuera a una iglesia constituida, que hablara con el pastor acerca de su necesidad de ser bautizada, y después, de ser agregada como miembro de una asamblea de cristianos.

Solícita, acudió a una de ellas, pero le dijeron que no podían bautizarla, a menos que pasara un tiempo allí y tomara las clases de discipulado, las cuales duraban no sé cuántas semanas o meses.

Nora habló con mi esposa Noemí y le dijo: «Mira, mi mamá no va a resistir todo el tiempo que el pastor pretende que acuda a las clases para el bautismo. Estoy segura de ello. Tú y yo sabemos que ella está convertida. Me pregunto, ¿hay algo que impida que sea bautizada? Si tu esposo Alberto pudiera hacerlo, yo estaría muy agradecida con ustedes. Pídele que haga una excepción, aunque no esté pastoreando una iglesia aquí; que tome en cuenta que mi mamá está en sus últimos días de vida».

Realmente me abstenía de hacerlo porque soy muy respetuoso de la iglesia local. Sin embargo, consideré la omisión a la regla. Llamé al pastor. Le hice ver el estado crítico de la ancianita y mi determinación a realizar el bautismo. Él me dijo: «Hazlo, no veo ningún problema, entendiendo que las circunstancias son especiales».

Noemí organizó un grupito de mujeres de la misma posición social de esta familia. Nos fuimos al pie de la montaña, bastante arriba en la ladera, donde un río bajaba con aguas lentas, claras, profundas y, evidentemente, muy heladas. El lugar apropiado por su soledad nos recibió para el bautismo de la ancianita.

Vestidos con las ropas pertinentes al acto, mientras el grupo cantaba, yo me metí en el río. ¡Dios mío! Aquellas aguas que se deslizaban de la alta montaña estaban súper heladas. Sentí de pronto que se me congelaban las extremidades, poniéndose con rapidez morados las manos y los pies. Era un hielo «líquido» que corría. Tuve la duda de hacerlo o abstenerme del bautismo. Pensé: «Aquí seguro se me muere la viejita. Cuando la meta al agua no va a resistir. Pero ella ha insistido tanto, que creo se va a ir al reino de los cielos mojadita». Solo me dije a mí mismo: «Vamos, adelante en el nombre del Señor».

Para abreviar el asunto la llamé para bautizarla lo más pronto posible. Cuando la viejita se mete en el agua, en lugar de permitirme que la bautice enseguida, se pone a cantar; y después se le ocurre testificar a los que estaban en la orilla, de lo que Cristo había hecho en su vida. Yo estaba que me moría de frío. Cuando ella terminó de hablar, la bauticé, y en aquel instante, yo no sé cómo definirlo teológicamente, lo cierto es que la ancianita fue sanada completamente de su cáncer.

Salimos con un gozo indescriptible. Se nos olvidó el frío de los huesos. Fuimos a una casa cercana, de una de las mujeres asistentes. Tomamos té caliente, comimos con alegría, y aquella ancianita vivió por muchos años más, perfectamente sana como un testimonio poderoso de la misericordia de Dios.

Estos acontecimientos fueron el lado dulce y amortiguador que Dios usó, a fin de mantenernos fieles, sin protestar por el ministerio que nos dio para hacer. Era una lección del cielo que jamás olvidaríamos.

CAPÍTULO 23
ASOCIADO A PABLO FINKENBINDER

En la misma nación de Chile surge una variante, una de las más gloriosas de mi vida. Tiempo atrás había tenido el privilegio de conocer a Pablo Finkenbinder, comúnmente conocido como el Hermano Pablo. Aunque ya sabía de él, en el año `71 le conocí personalmente. En ese año, su coordinador de campañas, el hermano Izy Vega, concertó para mí unas reuniones en el Sur de California. Ese tiempo lo viví con él bajo el mismo techo. Nuestra relación creció de inmediato. Su oficina en Costa Mesa fue un lugar placentero para mí.

Durante esos días, Pablo tenía que viajar a México con el objetivo de predicar en dos congresos: uno en Monterrey, y el otro, en la capital, el Distrito Federal. Me invitó a acompañarlo. La idea no me desagradaba, las fechas me caían bien, mis compromisos de predicación estaban a punto de terminarse y, desde México, podría seguir viaje hacia mi país.

Celebrando el congreso de corte internacional en Monterrey, a mitad de un culto veo venir a Pablo y a un americano que se dirigían a mi asiento. Sin más, me imponen manos y Pablo me dice: «Sentimos de parte del Señor que seas tú el que predique. Toma mi lugar».

Yo me quedo como una tabla, mientras ellos oran por mí; mis pensamientos chocan entre sí. Faltaban unos minutos para el llamado al expositor, y a estos dos nobles hermanos se les ocurre que yo sea el predicador.

Tomé mi Biblia, implorando vehementemente la asistencia del Espíritu Santo, y agarré al toro por los cuernos. Creo que Dios les dijo bien. Sentí el ungimiento del Padre y proclamé lo que él me inspiró. Fue una hermosa bendición en aquella oportunidad.

Lo mismo me hizo en el Distrito Federal. Pablo tenía una reunión en una zona aledaña a la capital en un teatro. Estaba tan afónico que me pidió que lo reemplazara en el púlpito.

Durante esos días de tanta comunión con él, me hace la invitación a trabajar en su equipo. Le informo que no puedo, porque yo estaba relacionado con «Evangelismo a Fondo». Parte del `71 y `72 trabajé parcialmente con este ministerio desde Buenos Aires, viajando constantemente a Chile.

En el año `73 en mi residencia en la nación chilena, invitamos a Pablo a una cruzada auspiciada por «Evangelismo a Fondo». En el desarrollo de la campaña comentando la situación eclesiástica, mi desilusión por lo que estaba experimentando, Pablo me reitera su deseo de que yo trabaje en su asociación. Yo estoy ligado a «Evangelismo a Fondo», así que rechacé una vez más su invitación.

Al año siguiente, recibo de Pablo la ayuda financiera para asistir al Congreso de Evangelismo, en Lausanne, Suiza. En este Congreso Mundial recibo bendiciones y conocimientos, y Pablo insiste y remacha su anhelo de que me adhiera a él en su trabajo evangelístico.

Ya mi ánimo estaba propenso a aceptar. La idea estuvo martillando mi cabeza por bastante tiempo, máxime que mi vida pasaba por esa sequía espiritual, llegando a ser la invitación de Pablo como agua fresca en una tarde de verano.

«Evangelismo a Fondo» era carne de mi carne y sangre de mi sangre. Fue lo que me dio la visión del discipulado, la movilización de la iglesia, la evangelización tal como la concibo en la actualidad.

Verdaderamente esa era mi gente, mi familia, con la que convivía con ideales similares; pero desde muy dentro de mí, me sentía como una hormiguita tratando de mover a un elefante que estaba muerto. Yo percibí que Dios, y lo digo con temor y temblor, no estaba en ese momento soplando sobre las estructuras denominacionales. Mis compañeros de «Evangelismo a Fondo» me solicitaban que siguiéramos juntos. Teníamos una relación maravillosa y mi ministerio iba creciendo más y más entre ellos. No obstante, algo me llamaba hacia afuera, algo me apuntaba que Dios no me quería simplemente como un coordinador, como un promotor, como un motivador, sino que él tenía otros planes para mí. El Padre celestial me reclamaba hacia un mundo nuevo, y también a depender únicamente de él.

Acepté por fin trabajar con Pablo. La transición hacia su ministerio fue natural por las reiteradas invitaciones y la hermosa relación amistosa que guardábamos y el profundo respeto y admiración que yo sentía hacia él. Amén de que el ministerio de Pablo se estaba desenvolviendo en un ambiente no-denominacional, vi a su lado un enorme potencial de expansión a mi propio ministerio.

Ya como miembro del equipo del Hermano Pablo volví a residir en mi ciudad natal donde permanecimos ocho meses. Yo viajaba constantemente por América Latina y los Estados Unidos. De pronto vimos que era menester mudarnos al Sur de California, así que tomamos cuanto pudimos introducir en maletas, y viajamos con la familia al gran país del norte.

Ya instalados, comencé a trabajar en las oficinas de Pablo en Costa Mesa, como director del departamento pastoral y como evangelista asociado. ¡Cuánto aprendí con el Hermano Pablo! Solo Dios podrá recompensarle con amplitud. Los secretos de la predicación por la radio, la personalidad de un hombre de Dios, la humanidad de un ministerio y tanto más.

Empero en los últimos meses de los dos años de trabajar con Pablo, se provocó un nuevo proceso de sequía espiritual. Percibí un desencanto en las cosas que hacía. Mis horas en la oficina comenzaron a ser una carga. Aunque mantenía un nivel de trabajo con resultados más o menos apetecibles, yo no funcionaba feliz. Como si hubiera entrado a un congelador que paulatinamente fuera paralizando mis nervios y músculos. Sentía frío espiritual. Mis devociones fueron de más a menos.

Ya tenía el conocimiento de esta forma de vida que se produce en el reino espiritual. Así como en Chile, volví a percatarme de los rigores de entrar a un páramo. Solo, sin fuerzas, desinflado.

Considero que fue la manera cómo Dios me señaló en estas dos ocasiones, que tenía que moverme del punto donde estaba parado. Había otros propósitos para mí. Y me lo indicaba de esta forma. Naturalmente, me fue sumamente aflictivo.

Mi propio ministerio crecía al lado del Hermano Pablo. Como el hijo que madura, que desea buscar su propio destino, que siente que puede desarrollar la aptitud necesaria para manejarse solo, salta al vacío, sin conocer las consecuencias de su intrepidez.

Prácticamente sin recursos, sin contactos en un país de costumbres e idioma extraños, con familia que mantener, dimos el salto de fe. Muy dentro de mí había una certeza de que Dios estaba parado detrás de todo esto, y si él está en el asunto, pensamos, no hay riesgo ni peligro alguno. Él nos llevaría a puerto seguro.

Se nos metió entre ceja y ceja la imagen de fundar nuestra propia Asociación Evangelística. Era una osadía solo pensar esto por tantas limitaciones que teníamos. ¿Recursos económicos? Cero. ¿Relaciones con la iglesia, que sería nuestro potencial? Pocas. Nos parecía una utopía, pero..., renuncié a mi trabajo con el ministerio del Hermano Pablo. Fue en una relación de franca comprensión. Él entendió sabiamente mi futuro. No hubo ruptura ni nada que se le parezca. Todo lo contrario.

El Hermano Pablo, desde el mismo principio de nuestro ministerio, ha sido miembro permanente de nuestra Junta de

Referencia. Sus consejos, su visión, su amor al Señor han permanecido siempre como un flujo continuo de edificación y un modelo a imitar. Pablo ha sido y es uno de mis «héroes» en el devenir cristiano.

Cuando determiné fundamentar la Asociación Evangelística, volvieron las fuerzas, me percaté palpablemente que Dios retomaba su lugar en el centro de mi sistema nervioso. Y me lo confirmaría andando el tiempo, pero, para llegar a eso, antes pasarían varios acontecimientos.

CAPÍTULO 24
EN EL ESTACIONAMIENTO DE UNA IGLESIA

Cuando estaba meditando la idea de establecer mi propio ministerio, un día a media mañana viniendo rumbo a casa en el auto, me sobrevino una zozobra por el futuro de mi familia y mi trabajo ministerial.

Si yo dejo de ser asociado del Hermano Pablo me voy a enfrentar en un país extraño, sin dominar su lengua, sin mucha gente conocida, sin iglesias que me respalden, a una situación económicamente difícil. Y aparte, el inicio de crear la Asociación Evangelística. Con estos pensamientos tuve el deseo de orar.

En el camino encontré una iglesia y me introduje en su estacionamiento. En ese momento no se veía ni un alma deambular por ahí. Solo los pájaros volaban de árbol en árbol. La temperatura la sentí tibia. Ahí en el auto, le decía a Dios: «¿Qué hago, Señor, qué hago?».

Sabía que mi oración salía con angustia. La carga me era pesada.

En el silencio y la soledad de ese estacionamiento, el Señor me habló:

«Yo quiero que te lances a un ministerio evangelístico propio».

Escuché tan claramente la voz del Señor, que me invadió una preciosa quietud. Noté cómo voló la preocupación y el afán, para dar paso en mi corazón a la siempre maravillosa paz de Dios.

Ya no hay dudas. La promesa de Dios me era tan evidente, que salí de aquel solar profundamente gozoso y sereno. Le alabo y le adoro, mientras fluyen gruesas lágrimas de mis ojos.

Yo renuncio a la labor que venía desempeñando con el Hermano Pablo un viernes de las últimas semanas de septiembre de 1976. Con esto se dan por terminados dos años de sostén económico; ahora dependo únicamente de Dios. Una de las formas en que podría agenciarme los recursos para mi familia como evangelista itinerante era justamente predicando en las iglesias donde me invitaran y recibiendo de ellas alguna ofrenda. Aquí se suscita nuevamente el hilo de fe.

Para esta fecha llevo año y medio residiendo en los Estados Unidos y el sueldo que obtenía nos alcanzaba con soltura para todos los gastos familiares; sin embargo, ahora que he dejado el trabajo con el Hermano Pablo para levantar de la nada mi propio ministerio, confío solo en que Dios le proveerá a su siervo.

Para el domingo, dos días después de mi renuncia, tengo una invitación a predicar en una congregación de Los Ángeles, la *Iglesia del Pueblo*, donde pastoreaba el hermano Mike.

Asisto con toda la familia. El servicio, con un buen número de asistentes, se realiza gustosamente. La atmósfera espiritual es grata. Los himnos se han cantado con mucha libertad. He tomado parte en todo el devocional desde mi lugar que me habían dispuesto en la plataforma y, faltando escasamente unos cinco minutos para encaminarme a la cátedra sagrada, intempestivamente oigo una voz declarativa que me dice: «Mira a tu esposa». Obedezco extendiendo la vista a la mitad del auditorio donde Noemí y mis dos hijos se encuentran sentados. Vuelvo a escuchar la misma voz: «Ahora, mira a tus hijos. Examina sus rostros».

Los diviso observando sus caritas, tiernas y dulces, en espera de que papi comience a predicar. Oigo que la voz, en forma sentenciosa y grave, una vez más se dirige a mí. «Tú vas a ser la causa de su desgracia. La decisión que has tomado, llevará a la ruina a tu familia. Tus hijos van a sufrir. No van a tener dinero ni para comer».

Inmediatamente me doy cuenta que es Satanás. No podía haber sido Dios. Él ya me había hablado y llamado a su servicio. El demonio estaba inquieto tratando de molestarme con lo que a mí más me dolía: mi familia.

Desecho en el nombre de Jesús todo este cúmulo de pensamientos negativos y comienzo a exponer el mensaje. El Señor me asiste con su unción dando a su pueblo pan del cielo. Concluyo dejando el lugar al pastor. El comenta que se va a proceder a levantar la ofrenda.

«Bueno, hermanos míos, vamos a recoger una ofrenda misionera, pero quiero decirles, que la dedicaremos a un pastor misionero que acaba de llegar a la ciudad y está de paso por aquí. El hermano Mottesi vive por acá y le tenemos siempre. No le vamos a dar ofrenda esta vez. ¿Está de acuerdo, hermano Mottesi?».

¿Qué podía decir? Esta era mi prueba de fuego. El demonio luego, arremetió de nueva cuenta, comenzando a corroerme las entrañas:

«¡Viste, viste, te lo dije!». Bajé la cabeza y oré a mi Padre Celestial. Esto, y solo esto debería hacer.

El primer domingo en que predico después de mi renuncia. Ahora que voy a depender de Dios, Satanás me tienta y el pastor Mike es usado para examinar la realidad de mi fe. ¿Era Dios o las ofrendas? ¿Qué o quién era realmente mi recurso?

¡Bendito sea mi Padre bondadoso y fiel! Tiernamente me colocaba en la perspectiva correcta. Jamás, jamás nos dejó sin asistirnos. Siempre hubo y sigue proveyendo lo necesario, a modo de que su siervo y su familia no carezcan de nada. Y más aun, con la gran responsabilidad que ponía sobre mis hombros: llevar adelante la *Asociación Evangelística Alberto Mottesi*.

CAPÍTULO 25

LOS PRIMEROS BALBUCEOS

Inicio los trámites para dar personería jurídica a la Asociación. Mientras esto sucede no pierdo el tiempo. Las invitaciones de las iglesias comienzan a llegar, de manera que la agenda se va llenando.

La oficina se encuentra en casa. Nosotros mismos mecanografiamos las cartas y los boletines que eran necesarios enviar. En cada iglesia que visito les hago mención de nuestro proyecto. Les insto a apoyar la obra. Comienzan a llegar los primeros sostenedores de nuestra incipiente Asociación. No dejo de informarles mes a mes del trabajo ejecutado y los proyectos por hacer.

Los hermanos Jorge García y su esposa Marilys se unen a nuestra labor, comenzando a formar un equipo de trabajo. Ellos serán una bendición venida del cielo.

Desde un principio se concibe la idea de que la Asociación incluya siempre a un grupo de hombres de Dios, que crean en nuestro ministerio, que sean sabios y expertos en diferentes áreas; pero, sobre todo, que nos amen tan grandemente, como para decirnos las cosas como un padre a su hijo, a modo de que nos vaya bien y nos ajustemos a los lineamientos de Dios.

En los primeros días de enero de 1977, nos dan la venia oficial para que la *Asociación Evangelística Alberto Mottesi* inicie su labor bajo el marco jurídico de la nación norteamericana. Los primeros recibos para la exención de impuestos de los sostenedores son enviados. Los hacemos con gran alegría.

Las iglesias nos siguen invitando. Nuestra área de trabajo se va extendiendo. Aparte del Estado de California, celebramos campañas en Chicago, en Texas, y en Puerto Rico. El impacto público de las reuniones comienza a ser muy grande y glorioso, al ver a tantas personas entregándose a Dios y encontrando un nuevo sentido para vivir. Un hombre a quien pude guiar a los pies de Cristo y que estaba en ese momento emocionalmente desquiciado, después totalmente transformado y gozoso en menos de dos meses él mismo había ganado a toda su familia para Jesús.

Mientras viajaba hacia un compromiso de predicación en San Francisco tuve una experiencia en el avión. Una voz dentro de mí me dijo lo siguiente: «¿Por qué estás trabajando y trabajando sin descanso? ¿Por qué pides a la gente que te ayude?».

De pronto no tuve control pleno sobre mis emociones. Un pequeño temblor y un calor interno me invadió. La aeromoza me ofrecía algo y la señora que estaba a mi costado deseaba conversar. No pude atenderlas. Era tan fuerte la presencia del Señor en mi ser que, balbuceando en mi mente, sin poder contener el flujo de mis ojos, le contesté: «Señor, tú sabes por qué estoy en esto. Es que siento un fuego metido en mis huesos. Has derramado tu amor en mi alma y no puedo quedarme callado».

Esta pasión es la que me lleva de un lado a otro. De iglesia en iglesia. Con la agenda colmada, sin descanso, por Canadá, México y Puerto Rico. Las experiencias de la gente que se entrega a Cristo, son nuestro consuelo y nuestras fuerzas. El mirar a tantos felices desbordantes de nueva vida, se convierte en el estímulo para no desmayar.

Un día Dios me inquieta para iniciar un ministerio de radio. Yo ya había predicado en radio y televisión en muchísimas ocasiones. Sin embargo, Dios quería que desarrollara un ministerio regular, continuo y permanente. En una noche de octubre del `77 concibo el plan, lo pongo todo en papel y cito a mi Junta de Directores para exponérselos.

La reunión se llevó a efecto y les declaré con mucho entusiasmo:

—Hermanos míos, vamos a entrar a la radio.

—¡Qué bien! —dijeron algunos, como si hubiese dicho una broma a modo de festejar.

Proseguí.

—Para el mes de marzo entrante, en su primera semana estaremos comenzando diariamente en 20 emisoras.

Silencio sepulcral. Nadie abrió la boca. Aunque yo creo que algunos pensaron: «¡Pobre muchacho; seguramente tiene fiebre! Está bien que su trabajo de iglesia en iglesia va creciendo, que gracias a Dios junte el sostén de su familia, pero ¿20 emisoras todos los días? ¡Por favor!». Faltando seis meses, preparé los programas pilotos, aceleré la labor de contactos con las emisoras.

Cuando llega la primera semana de marzo, no entramos en 20 emisoras todos los días, fueron ¡68! estaciones de radio de entrada, las que iniciaron a transmitir nuestro programa: «Usted y Alberto Mottesi».

Fue algo extraordinario contemplar manifiestamente la mano de Dios. Enseguida el número subió a 100, a 200 y a 300 emisoras en varios países, hasta llegar hoy a las 2.000 cada día, en toda la América Latina, Estados Unidos y España.

El trabajo se intensificó. Había noches en vela, grabando 24 programas sin parar. No importaba el cansancio físico y mental que a veces nos agobiaba. En esos momentos de agotamiento veíamos cómo el Espíritu de Dios nos daba las fuerzas necesarias para completar nuestro trabajo.

Este fue otro paso del hilo de fe. De sentir que Dios nos ordenaba ejecutar ese trabajo. De no saber cómo, ni pensar siquiera la manera en que se iba a costear. Simplemente tracé, garabateé algunas directrices confiando en que el Padre me respaldaría. Y les lancé el reto de 20 emisoras, y no fueron 20. Creo que Dios diría algo así: «¡Ahí sí que te equivocaste, Albertito; fueron 68!».

Un día envié una carta a mis sostenedores con el siguiente tenor:

«Hoy quiero compartirles algo sobre el programa radial. Esto es una parte muy importante del ministerio (¡y una parte muy costosa!).

El proceso es más o menos así: Comenzamos escribiendo cada mensaje. Luego vamos a grabar a un estudio en Whittier, California. Son horas de intenso trabajo y oración.

Cuando recibimos las cintas maestras, volvemos a oír todo lo grabado para estar seguros que sea editado correctamente o hacer las correcciones pertinentes. Entonces enviamos esas cintas a otra compañía que nos duplica los casetes que utilizamos cada cuatro semanas. Todo ese material viene a nuestra oficina y aquí se termina de procesar. Pegar las etiquetas. Poner las cintas en cajas. Preparar los sobres con las direcciones y los papeles correspondientes de aduana. Colocar las estampillas de correo. En ese punto, todo está listo para el envío a las emisoras.

Recién acabamos de terminar la renovación de todos los contratos con las radioemisoras. Hemos recibido información muy valiosa sobre el impacto a través de cada estación. Los directores han evaluado nuestra producción y han ayudado con sugerencias. Hemos eliminado algunas emisoras y seguimos agregando otras.

El programa es de lunes a sábado. Los cálculos nos dicen que aproximadamente 15 millones de personas oyen diariamente nuestro programa. Un detalle importante es este: no pedimos ayuda financiera ni damos ninguna dirección en el programa. Nosotros esperamos que el pueblo de Dios colabore para que el programa sea totalmente evangelístico».

¿Sería posible dudar que Dios estaba detrás de toda esta labor radiofónica? ¡Jamás! Día a día se iba engrandeciendo para la gloria de mi Señor.

Un día, viajando en el avión, que es como un automóvil para mí, de pronto se encendieron todas las señales. La voz del capitán sonó brusca y un tanto alterada: «Estamos en una emergencia y debemos volver al aeropuerto de Nueva Orleans». Los siguientes treinta minutos fueron tensos e inacabables. Algunos aparentaban indiferencia. Reían, pero la risa sonaba superficial. Otros entraron en un mutismo impenetrable. Yo, la noche anterior había culminado una gloriosa campaña bilingüe en la *Iglesia Nazarena de El Monte*, California, y había pasado toda la noche en vela trabajando en mi escritorio para dejar arreglados varios asuntos pendientes antes de viajar. Me dolían los párpados de sueño.

El avión no podía aterrizar y girábamos alrededor del aeropuerto. Inusitadamente, cesó el aire acondicionado y todos comenzamos a sofocarnos y a transpirar.

Creo que de tantos viajes aéreos, esta era la segunda o la tercera vez en que pasaba por un sustito así. «Señor» —musité en mi pensamiento, «si ya es cumplido el tiempo para ir contigo, sea como tú quieres. Me da mucha pena por mi familia. Y, además, ¡cuántas cosas hay por hacer todavía! ¡Cuánta gente que no sabe de tu amor! Y nuestros sueños, Señor, ¿quedarán inconclusos? ¿Qué de las cruzadas con que queremos alcanzar a todas las naciones? ¿Y las escuelas de evangelización? ¡Qué impacto tan grande han tenido! ¡Qué necesidad tan grande de entrenar y movilizar a todos los cristianos hacia una vida más profunda y consagrada! ¿Y los institutos pastorales? ¿Y la literatura? La serie de libritos que acabamos de publicar están influenciando más allá de nuestros cálculos. ¿Y la radio, Señor? ¿Te diste cuenta de los cientos de emisoras que están trasmitiendo nuestro programa? ¡Tú hiciste el milagro! ¿Y la televisión? ¿No crees que si lográramos tener un programa continuo de televisión alcanzaríamos a muchos millones más? ¿Te das cuenta, Señor? Mi vida está llena de sueños. Son sueños de servirte, de amarte, de predicar tu Palabra, de parar a la gente en el camino de la vida y decirles que su existir puede ser diferente si se abren al amor de Dios».

Mis ojos se humedecieron. Exclamé por último: «Te amo, Señor. Tú sabes que te amo. Tú conoces todas las cosas... y, está bien».

CAPÍTULO 26
TELEMUNDO: UN HECHO INSÓLITO

Uno de los sueños que acariciaba en los primeros años de nuestro ministerio en la Asociación, era el producir nuestro propio programa de televisión. Este se fue concretando gradualmente. Cuando ya nos dimos cuenta, fue cuando teníamos realizados los primeros programas piloto.

Naturalmente, que Dios nos va preparando con anticipación para las cosas en las que nos desea usar. Al estar delante de las cámaras de televisión, venían a mi mente los momentos en que estando como pastor en Argentina, noche a noche, despedía a la teleaudiencia. Fue un principio de familiarización con estos adelantos técnicos de nuestra época. A partir de esos incipientes balbuceos en el medio televisivo, tuve varias otras oportunidades. Sin embargo, la labor de televisión no se había producido en forma permanente.

Ahora parecía el momento de Dios. Los programas se enviaron a directores de televisión de algunos países que conocían nuestro ministerio. El director de una radioemisora en Cuenca,

Ecuador, nos escribía: «...estamos muy contentos con su programa radial, que tiene gran audiencia e impacto públicos. Quiero informarle que nuestra empresa también es dueña de un canal de televisión y deseamos ofrecerle tiempo gratis para programas televisivos que ustedes nos envíen...».

Realmente, esta era nuestra motivación. Sabíamos del potencial que significa la televisión para la penetración masiva del evangelio. No era fácil. Un obstáculo nos detenía: el alto costo que la programación de televisión significa, y nosotros sin dinero.

A lo sumo, y con gran sacrificio financiero de nuestra parte, podíamos realizar la producción de algunos programas; pero, el costo del tiempo estaba fuera de nuestras posibilidades humanas. Sin embargo, sabíamos que si Dios estaba en el asunto, entonces, nada ni nadie podría atascar la realización de proclamar la Palabra por medio de las ondas televisivas. Por ello, cuando tuvimos los primeros programas de televisión listos y los enviamos a las compañías televisoras que nos abrieron campo gratis en sus programaciones, esto produjo un gran regocijo en nuestras vidas. Veíamos palpablemente cómo Dios abría puertas y su evangelio era anunciado a través de este poderoso medio de difusión.

Seguramente sabrá el gran desgaste físico, mental y económico que absorbía de nosotros este nuevo aspecto de nuestro ministerio. Pero era lo que menos nos interesaba. Los escollos con el poder de Dios se iban desvaneciendo e íbamos descubriendo para nuestra fortaleza espiritual nuevas sendas y oportunidades que jamás soñamos poseer algún día.

Una de las vivencias que templó toda nuestra audacia y la chispa para lograr objetivos en el nombre del Señor, fue lo que nos ocurrió en Puerto Rico, en uno de los canales de televisión más notables de América Latina.

«Telemundo», en la televisión iberoamericana, es hablar de palabras mayores. Una empresa poderosa. El canal más importante de la *Isla del encanto*. Pensar entrar ahí, desear participar en su programación es un sueño, una utopía, cuando no se tiene dinero. Solo las compañías de grandes recursos son bienvenidas. Los tipos como Alberto Mottesi, predicador de calles e iglesias, sin billetes grandes en los bolsillos, se quedan afuera.

Sin embargo...

Un día entré a la oficina del director de programación de dicho canal. Un señor ejecutivo que mira de abajo hacia arriba, detectando a las primeras, qué persona ha tenido la audacia de apersonarse con él. El tiempo de estas personas se mide en oro puro. Así que, si el interesado no proyecta una imagen que deje negocio, está por demás perder el tiempo.

Me escuchó con atención los pormenores de la producción de nuestro programa de televisión. El enfoque a los problemas de la familia y de la ciudad, proyectándolos con soluciones bíblicas y cristianas.

—Mi problema, señor director, es que no tengo dinero para financiar la compra del espacio. Deseo, que «Telemundo» nos lo facilite en forma gratuita.

—¡Por favor, señor Mottesi! ¡Aquí hasta la misa católica paga! Créame —levantó la mano extendida delante de mí y la movió cortando el aire horizontalmente— todos, absolutamente todos, pagan. Es imposible conceder lo que usted me pide. Lo siento, no tenemos espacios gratis.

Insistí, le hice ver el valor moral del contenido de nuestra producción y, además, la necesidad urgente de este tipo de materiales para la sociedad sumida en la depravación, el suicidio, el divorcio, las drogas, el alcoholismo, etc.

El director de programación se mantuvo en sus «trece».

—Lo siento de veras, señor Mottesi, me es totalmente imposible acceder a su petición.

—Entonces, hágame un favor. Vea nuestro material, júzguelo, medítelo y deme la oportunidad de volverlo a ver. Platiquemos nuevamente. Estoy seguro que cambiará de opinión.

—No lo creo. La política de la empresa es tajante. No obstante, nada pierdo con ver su programa. Déjemelo y le prometo mirarlo. Véngase mañana.

Me despedí cortésmente. Aquel ejecutivo me dibujó una sonrisa de padre comprensivo como si me dijera: «Pobre tipo, es un soñador. Está loco si piensa salir al aire sin pagar».

Al otro día llegué puntual a la cita. Hoy parecía diferente el ánimo. Lo vi más agitado. Dando órdenes aquí y allá. Moviendo papeles en su atiborrado escritorio. El teléfono prendido a la oreja.

—Permítame, señor Mottesi, en un momento lo atiendo.

—Pierda cuidado. Lo espero.

Contemplaba su activismo, sus frases metidas en el lenguaje televisivo. Su oficina era un collage de cuadros y fotos con personalidades célebres del medio. Diseños gráficos y calendarios.

—Ahora sí, señor Mottesi. Perdóneme la tardanza. Hay tantas cosas por arreglar, que apenas tengo tiempo.

Sin darme tiempo de expresar alguna palabra comprensiva, prosiguió sentenciando abruptamente:

—Como le prometí, anoche pude mirar su programa. Lo felicito, su contenido es de muy buena factura y mucho profesionalismo, pero no puedo darle tiempo gratis.

—Señor director, es de suma necesidad que la comunidad tenga respuestas a sus problemas. Y la televisión es el medio idóneo para hacerlo. Haga una excepción.

—No puedo, créame, señor Mottesi, mi programación está saturada. Tenemos fila de empresas que desean un espacio. Y no lo podemos dar porque los contratos no nos lo permiten. Perdóneme. Si pagando es difícil, me parece imposible sin dinero de por medio.

Bajé la guardia. Contemplé un escollo imposible de sortear. Había hecho mi mejor esfuerzo, sacando argumentos que pudieran vencer aquella muralla. Pero no había cedido. Me levanté despacio dispuesto a despedirme. Aquel hombre, impecablemente vestido, imitó mi movimiento. Nos dimos la mano. Una mueca de «ni modo» fue lo que me dirigió. Al acercarme a la puerta de salida, cuando estoy a punto de tomar el picaporte, hago un movimiento de media vuelta y le miro fijamente, hablándole con mucha autoridad.

—Usted que es padre —lo supuse por la edad solamente— sabe igual que yo, que nuestros hijos y nuestras familias necesitan urgentemente un programa así.

Seguro que fueron palabras que Dios usó. ¿Qué impacto produjeron en el interior de aquel inconverso? Lo ignoro. Lo que sí vi fue algo maravilloso.

El director de programación inclinó la cabeza, fijó su vista en el cristal de su escritorio. Así estuvo por unos segundos sin moverse. El tiempo se hizo abismal. El silencio en aquella oficina se transformó en un lenguaje de conciencias, donde a los individuos no les es dado penetrar sin menoscabo de la libertad humana. ¿Qué pensó? ¿Qué pensamientos convulsionaron la voluntad férrea de este hombre? ¿Qué cambio debería ver en su plan de programación? ¿Pagar o no pagar? ¿Por qué este predicador ha venido con esta petición? ¿Mis hijos realmente necesitan este programa? ¿Esta verdad podrá ayudar a muchos? ¿Qué dirán mis superiores de una inclusión semejante?

Levantó la mirada y me externó lo siguiente: «Mottesi..., usted tiene razón. El espacio es suyo».

Oír aquellas palabras era como si los ángeles me las hubieran transmitido. Todo aquel momento de tensión emocional esperando el veredicto, se trasmutó en una expresión de sincera gratitud: «Gracias, señor director. Muchas gracias».

Salí de aquella oficina saboreando la respuesta preciosa e inefable de mi Señor. Él lo había hecho todo. Quebranta los corazones. Deja hasta el último instante para que sea más nítido de dónde proceden las cosas. No agotaba mi corazón de agradecer a mi Dios su amor, su bendición y su poder.

Esto era el principio. Ya tenía un espacio gratis de programación televisiva en el canal más importante de Puerto Rico, «Telemundo». Ahora iniciaba la labor de permanencia en el aire.

El movimiento en el calendario de la programación afectó a una periodista que tenía muchos años con un programa de entrevistas. Redujeron en media hora su espacio. La pobre estaba sumamente enojada con el responsable de la programación, conmigo, con el canal, con Dios y con toda la gente. Conscientemente entendía que estaba afrontando una verdadera batalla en el canal y que tenía que hacer algo, a modo de mantener el programa «Usted y Alberto Mottesi» en el cielo de Puerto Rico.

Tuve una ocurrencia.

Lo que voy a narrar es un secreto; nunca lo he contado a nadie. Monté una campaña sin precedente de cartas manuscritas dirigidas al director de programación del canal 2 de «Telemundo». Como tenía muchísimas iglesias amigas mías, distribuí entre todos sus feligreses textos de cartas que podían ser escritas de puño y letra para ser enviadas al canal. Los hermanos en su propio vecindario hacían que otros también escribieran a «Telemundo». Cientos, miles de cartas llegaron en alud a la oficina del director de programación.

«Lo felicitamos por el programa "Usted y Alberto Mottesi"».

«¡Qué buena idea!».

«¡Cuánto tiempo hemos necesitado de un programa así!».

«Gracias, mi familia ha sido notablemente influenciada por este programa».

«Apoyamos con fervor este espacio».

«Alberto Mottesi es un gran predicador. Debe ser mantenido en el aire por mucho tiempo».

«¡Qué bueno! Le han hecho tanto bien a mi familia».

Evité toda la terminología religiosa. Los que escribían eran gente común.

Un día llegué al departamento de programación. Aquí trabaja muchísima gente en una actividad constante. Cuando entro, grande fue mi asombro al ver que todas estas personas, dejando lo que estaban haciendo, se pusieron en pie para saludarme. Parecía que había entrado el general MacArthur y no Mottesi; ya solo faltaba el saludo militar para que se hubiese consumado la escena.

La verdad es que se encontraban en sumo grado impresionados por la avalancha de correspondencia que había llegado a ese departamento. Pensaban que yo era una auténtica celebridad. El director me recibió con un abrazo y una gran cordialidad. Supe más tarde, que la periodista afectada había ido ante el director de programación con bastante enojo a reclamar su horario. Este le dijo: «Mira» —abrió varias cajas mostrándole su contenido—, «aquí está parte de la correspondencia que hemos recibido por el programa de Alberto Mottesi. Aunque tú lo sabes, te lo voy a reiterar. Nosotros, como medio de difusión, nos movemos por lo que el público quiere. Aquí están las pruebas. Alberto Mottesi continúa en el canal».

Permanecimos en el aire por más de un año. Cientos de testimonios veraces resultaron ser el producto de estos programas de televisión. Percibí que cuando uno quiere algo y se esfuerza por lograrlo, a pesar de las trabas, uno lo puede obtener. Máxime si detrás de todo esto está la fe en el que todo lo puede. Mi espíritu había sido templado desde mi niñez en una lucha continua por alcanzar metas que honraran a mi Dios. Ahora él me había respaldado en un hecho insólito para beneficio de gentes quebrantadas en la maldad.

CAPÍTULO 27
NO ESTRENES ZAPATOS
CUANDO VIAJAS EN AVIÓN

En los comienzos de mi ministerio evangelístico en los Estados Unidos me eran muy importantes las relaciones públicas. Era imprescindible conocer a un número mayor de líderes con el propósito de que en algún día futuro surgiera una invitación a predicar en alguna campaña. Así que, cuando a algunos amigos míos, pastores de California, se les ocurre hablar de Humberto Cruz, pastor de una de las iglesias más prósperas del sur de la Florida, me hacen notar que sería importante que lo conociera. De antemano sé que se trata de un hombre ilustre, reconocido. Que su labor ha traspuesto a su área de influencia. No me desagrada la idea. Y se presenta la ocasión en un viaje que tengo que realizar a Puerto Rico. De camino a esta isla caribeña, bien podría detenerme un día en Miami, donde residía nuestro hermano Humberto. Tener el gusto de conocerle y compartir por unas cuantas horas nuestras experiencias, sería notable. Más tarde llegaríamos a ser grandes amigos. En ese momento yo era un perfecto desconocido para él.

Hice los arreglos pertinentes a modo de hacer escala en Miami. Pasaría un día en ese lugar y a la mañana siguiente retomaría mi viaje a la *Isla del encanto.*

El día programado para mi salida tengo la ocurrencia de ir a comprarme unos zapatos. Junto con mi esposa escogemos unos marca Jarman que me sientan muy bien. Ya con mis zapatos nuevos en casa, decido llevármelos puestos. Escojo el pantalón más nuevecito que poseo y contemplo al espejo que es perfecta la combinación.

Como siempre, Noemí me lleva al *Aeropuerto Internacional de Los Ángeles.* Durante el tiempo de espera obligatoria nada importante sucede. Me la paso leyendo y anotando algunos planes para las campañas que se realizarían en Puerto Rico. No noto nada extraño en mi persona que me incomode.

A la hora indicada, abordo un inmenso jumbo jet de *Pan Am.* Mi número de asiento me ubica en la mitad del avión en la sección de los no fumadores. Aparte de mí hay otros pasajeros a ambos lados de mi asiento. Observo que la capacidad del avión iba a ser requerida a su máximo. Una muchedumbre heterogénea en un parloteo sin fin, poco a poco se acomoda en sus sitios respectivos. Siento la sensación de estar metido en una jaula de loros, aprisionado.

Las azafatas nos preparan para el despegue con sus instrucciones de seguridad. Tomamos pista y en unos segundos surcamos raudos aquel cielo azulino sin nubes. La gran ciudad queda atrás con su lío de carreteras para dar paso a la agreste campiña norteamericana.

El capitán del avión nos informa que nuestro tiempo estimado de vuelo será de cinco horas aproximadamente. Bastante tiempo que podría aprovechar perfectamente para leer y escribir notas. Aun unas cartas que debo enviar una vez retornando a la oficina.

Nos atienden con nuestro almuerzo del cual doy cuenta con rapidez. Quiero aprovechar mis minutos de vuelo. Para esto, registro cansancio en mis pies. Como es largo el viaje —pienso— no me vendría nada mal que me quitara los zapatos. Con el vientecito del aire acondicionado, de seguro que me sentiría muy confortable. Al pensamiento pongo la acción y me deshago de mis flamantes Jarman. El olor a nuevo lo percibo. Mis pies sienten el ambiente frío. Ya liberadas mis extremidades, me introduzco en pleno a mis actividades planeadas.

Corre el tiempo con el ronroneo característico del avión. Las demás personas han tomado sus posiciones de descanso. Unos duermen, otros charlan suavemente; los más, miran la película u oyen música con audífonos colocados en sus oídos. De vez en cuando alguno se levanta para dirigirse a la parte trasera del avión donde se encuentra el baño. Las azafatas atienden discretamente a las personas que solicitan sus servicios.

La voz del capitán se oye, sacándonos de nuestro ensimismamiento. Nos indica que estamos a 45 minutos de nuestro destino. «Es tiempo de que me ponga mis zapatitos», me dije para mis adentros. Recojo mis papeles poniéndolos en el portafolio. Coloco la mesita del asiento en su lugar. Y me dispongo a calzarme los zapatos. Con mis propios pies los busco y trato de meterlos sin ayuda de las manos. Experimento una sensación de pies gordos. Hago esfuerzos y no logro introducirlos en los zapatos. Me ayudo con las manos, pero los pies se resisten a entrar. Comienzo a luchar con mayor desespero y veo que todo esfuerzo me resulta vano. Los zapatos se han puesto en sus «trece» y no permiten que unos pies un poquito hinchados, los calcen. «¡Dios mío! ¿qué hago?».

Comienzo a transpirar y me pongo nervioso. Los vecinos se han dado cuenta de mi batalla. Siento una gran incomodidad y decido tomar mis zapatos. Salgo de mi asiento y me dirijo a la parte de atrás, junto a los baños, pensando que allí con más espacio podré maniobrar con mayor destreza a modo de colocarme estos zapatitos.

Allá en el fondo del avión existe una fila grande de gente que espera turno para entrar al baño. En uno de los respaldos de un asiento, procuro volver a mi lucha. Esta se hace tenaz. Definitivamente veo con mucha consternación la tremenda resistencia de mis pies con los zapatos. Yo transpiro. Me limpio la frente que gotea sin mi permiso. Una aeromoza se hace presente.

—¿Qué le sucede, señor?

—Señorita, hace un rato que estoy luchando por meter mis pies en los zapatos y no puedo.

—Déjeme ayudarlo.

Trató aquella amable señorita de colocarme con fuerza uno de los zapatos, sin resultados positivos.

—Considero que con un calzador podemos meterlos —me dijo—. Aunque —pensó unos instantes— aquí en el avión no creo que hallemos uno. ¿Y si lo sustituimos por una cuchara? Puede ser la solución. Permítame, ahora vuelvo.

Se fue la azafata hasta el frente del avión y volvió con una cuchara de aluminio inoxidable. Tratamos de calzar los pies y no fue posible deslizarlos.

Ya para este entonces la gente que tenía a mi alrededor estaba pendiente de mi batalla con los zapatos. La señorita sobrecargo, no encontrando otra cosa que hacer, toma el teléfono y se comunica directamente con el capitán. Le explica mi problema. Él le dice: «Que camine; con eso se le achicarán los pies».

No pierdo tiempo ante la orden. Comienzo a marchar a lo largo de los pasillos del enorme jumbo. Tres y cuatro vueltas de proa a popa. Siento mil ojos clavados en mí, pero no importa, lo valioso en esta hora es que me calce los zapatos. No quiero ni pensar siquiera que deba bajar descalzo del avión, cargando en una mano mis zapatos nuevos. ¡Qué ridiculez!

Cuando llego de nueva cuenta adonde se encuentra mi ayudante a la cual ya se le había sumado otra sobrecargo, entre las dos tratan de ayudarme. Vemos desconsoladamente que el remedio no dio resultado. Procuran usar la cuchara y nada.

Una vez más la primera azafata vuelve a tomar el teléfono, comunicando al piloto nuestra impotencia. Él le responde.

«Si no le sirvió caminar, entonces que corra. Con un mayor ejercicio, seguro que se le achicarán los pies».

Vuelvo a tomar los pasillos del avión. Troto a través de ellos. A la gente que me había visto caminar anteriormente, un tanto extrañada, ahora mi actitud le provocaba alegría. Jocosamente me alientan. Otros, hasta aplauden. Comencé un verdadero show. El rostro está rojo por la vergüenza y perlado por el sudor. El corazón que se me salía de su lugar. Y mis pies, que no cedían a mi esfuerzo de volverlos a su estado normal.

Nos dimos cuenta las azafatas, los que estaban en la fila del baño y yo, que los zapatos no estaban dispuestos a calzar unos pies regordetes y sudados como estaban los míos. Consternado y abatido, con el tiempo de aterrizaje que estaba a punto de anunciarse, se me ocurrió meterme al baño. Hago fila y cuando me toca entrar, quitándome los calcetines, en aquella incomodidad del baño de un avión, meto uno a uno, los pies en el pequeño lavabo bañándolos con agua fría. ¡Bendita solución!

Al cabo de unos minutos, la hinchazón cedió. Pude ver feliz, que los lustrosos zapatos nuevos, por fin estaban colocados en el sitio que les correspondía.

Cuando salí del baño, las gentes miraban mis pies calzados en sus Jarman, y me sonreían amistosamente. Agradecí a las sobrecargos su ayuda y me apresté a aterrizar en el aeropuerto de Miami, dispuesto a conocer al que ahora es mi gran amigo, mi hermano pastor, Humberto Cruz.

Moraleja: Nunca haga el chiste de estrenar zapatos cuando viaje en avión.

CAPÍTULO 28

SENTANDO BASES (1977-1983)

«Trabajad, trabajad, somos siervos de Dios, seguiremos la senda que el Maestro trazó; renovando las fuerzas con bienes que da, el deber que nos toca cumplido será».

Siempre recuerdo este viejo himno de mi niñez. Lo cantábamos con otros adolescentes cuando salíamos a predicar por las calles y plazas de Buenos Aires. Y, de tanto en tanto, el viejo himno viene a mi mente. Y cuando parece que las fuerzas desfallecen, siempre el Espíritu Santo viene a renovarlas. Porque ha sido en todos los años desde que acepté mi llamamiento, un duro batallar, un trabajo sin vacaciones, un continuo ejercicio ministerial buscando con afán a los seres humanos para Dios. ¡Cómo quisiera tener mil vidas para dedicárselas a Jesucristo!

Cuando uno está en el frente de batalla, la perspectiva visual es plenamente completa. Uno sabe de la fortaleza del enemigo, su ferocidad, su inteligencia y sus provisiones. Ante tal conocimiento, se provoca la conciencia de las enormes necesidades para contrarrestar sus fuerzas. ¡Ahí en el frente hemos estado!

Las más de las veces, gimiendo porque nuestras fuerzas son pobres e inútiles ante la magnitud del trabajo. Sin embargo, no es nuestra obra la que debamos realizar con nuestro vigor; es la obra de Dios, para la cual él usa a sus siervos con su poder, para hacer suyos los designios de su voluntad.

Todos estos años de 1977 a 1983 inclusive, fueron de una labor de profundización, yendo y viniendo de iglesia en iglesia. Un ministerio itinerante que gradualmente iba tomando fuerza. Haciendo campañas, seminarios para pastores, programas para la radio y la televisión, campamentos, concentraciones, etc., a manera de hallar libertad para los cautivos de Satanás.

Los primeros meses de la Asociación se realizaron en una oficina pequeña de una empresa ubicada en Westminster, California, y que un amigo, Roberto De Hoop, gentilmente nos prestó. Él también fue una pieza clave para establecer nuestra Asociación y desarrollar nuestro ministerio. Más tarde nos mudaríamos a la casa de Jorge García, quien con su esposa Marilys, llegarían a ser preciosos en el ministerio. Durante los primeros años ellos fueron compañeros inseparables a nuestro lado y dedicaron mucho de sus vidas al Señor a través de nuestra Asociación. El trabajo de oficina siempre ha sido vital. Las primeras cartas dirigidas a la gente interesada en nuestro movimiento fue el inicio de una familia maravillosa de socios entregados a la visión del evangelismo. Los sostenedores de nuestro ministerio han conocido muchas veces nuestra impotencia ante el reto mayúsculo de llevar la obra de Dios sobre nuestros hombros. Pero, también, han gozado con nosotros las grandes maravillas que el Señor ha hecho por intermedio de este equipo. Dios ha usado el corazón dadivoso de los sostenedores para realizar proyectos que, en su principio parecían una locura.

El calendario de actividades fue y sigue siendo un viaje constante. Si comenzamos en el área de Los Ángeles, después se expandería a gran parte de los Estados Unidos, mayormente en donde había las mayores concentraciones de hispanos.

Puerto Rico ha sido mi segunda casa. He llegado a amar profundamente a este pueblo. Mis viajes a la preciosa *Isla del encanto* son frecuentes. Mis primeras campañas en iglesias, trasmisiones por la radio y la televisión, prácticamente fueron en este lugar. Tengo una deuda profunda con el maravilloso pueblo puertorriqueño. De ahí, como si Dios me fuera soltando poco a poco el hilo, fui dirigido a Canadá, al norte de México, Costa Rica, Venezuela, y Honduras, entre otros, hasta lograr la totalidad de los países de Iberoamérica.

En estos primeros años, el ministerio se fundamentaría en el cuerpo de Cristo, su iglesia. Fue en las iglesias de todo tipo donde mi trabajo evangelístico principiaría a cosechar sus frutos. Campañas de evangelismo de tres días, o de toda la semana. Escuelas de evangelización donde enseñábamos el precio a pagar en esta labor. Sacrificante sí, pero notablemente gozoso al saber que estábamos colocando nuestro granito de arena a la disposición de Dios.

El Señor nos enfocó nítidamente en el mundo de habla hispana. Y ¡qué desafío también al empezar a comunicarnos con la gente de habla inglesa!

Recuerdo que la primera vez que prediqué con intérprete, fue en el Norte de California, en una de las iglesias en las afueras de San Francisco. El hermano que me serviría en la traducción del mensaje y yo, teníamos un amigo común que era perfectamente bilingüe. El estaría en la congregación como oyente. Sin duda que él sería un buen juez de la labor de interpretación y evaluaría con todo rigor la calidad del trabajo. Dimos el mensaje. Culminó el servicio y corrimos a él, inquiriéndole entusiasmados cómo había salido el mensaje y la interpretación. Nos contestó muy serenamente: «¡Oh, muy bien! Los dos mensajes me gustaron mucho».

En otra ocasión tuve otra experiencia con la que por poco inicio una guerra mundial en la *Universidad Biola*. He predicado varias veces allí. La primera vez en el gimnasio, ante un auditorio de más de 2.000 alumnos, y donde me fue esencial la ayuda de un intérprete.

Se veía hermoso el lugar. Colmado estaba de rostros de universitarios, pendientes del mensaje. Notaba a las claras el ansia por escuchar las Palabras de Dios por mediación de este argentino. El mensaje fue dramático. Pintaba los paisajes y la narración de la guerra del pueblo de Israel con los filisteos, con frases emocionantes. Nunca pensé en el tremendo problema que se suscitaría con los estudiantes internacionales de la Universidad. En el momento en que estaba la predicación en su clímax, narrando el episodio de David y Goliat, exclamé: «Y el pueblo de Dios luchaba en contra de sus enemigos..., los filisteos».

Mi intérprete tradujo a la concurrencia: «Y el pueblo de Dios luchaba en contra de sus enemigos..., los FILIPINOS».

Aunque han llegado invitaciones de otras culturas y lenguas, tengo muy claro el llamado al pueblo latino. Sé con seguridad, que mi corazón se vacía continuamente en el altar del Señor por lograr cada día más redimidos que conozcan a mi Dios y le sirvan. Sé de los millones de latinos en toda el área Iberoamericana, que necesitan del conocimiento del verdadero Dios. Si a ellos el Señor me ha dirigido, quiero trabajar por ellos, todos los días que yo viva sobre este planeta. Transitando por los caminos selváticos de Tabasco, o por las extensas llanuras de la pampa, o escalando «el techo del mundo» de Bolivia, o las calles pedregosas de Guatemala. «Mientras haya una clase baja, yo pertenezco a ella. Mientras haya un elemento criminal, yo pertenezco a él. Mientras haya un alma prisionera, YO NO ESTOY LIBRE».

CAPÍTULO 29
LOS TESTIMONIOS DE LA ASOCIACIÓN

En Puerto Rico me invitaron a conocer a un hombre que estaba emocionalmente desquiciado. Dios me permitió llevarlo a los pies de Cristo. A los dos meses cuando volví, aquel hombre, ahora totalmente cambiado y gozoso, había ganado para la causa a toda su familia.

Cierta vez, frente al edificio de una iglesia en el centro de Los Ángeles, un joven se me acercó, diciendo: «Hermano Alberto, usted no me conoce. Pero, permítame contarle una experiencia...», y sin darme tiempo de contestarle, prosiguió en tono juvenil y emocionado. «Yo compré una grabación suya hace varios meses. Soy el más cercano colaborador de mi pastor en nuestra joven misión. Una noche, nuestro pastor no pudo llegar a tiempo al servicio e imprevistamente me encargaron la responsabilidad de la reunión. Se acercaba la hora del mensaje y yo no sabía qué predicar. Se me ocurrió, durante el culto y en el tiempo del sermón, poner su mensaje grabado. Aquella noche se convirtieron dos personas, y dos matrimonios, a punto de divorciarse, se reconciliaron públicamente». Conmovido por las palabras de este joven, lo abracé, diciendo: «¡Gracias a Dios por su bendición!».

En otra ocasión, llegó al servicio donde predicábamos un hombre con porte de ejecutivo de una empresa. Independientemente de él, entre toda la muchedumbre de la campaña, estaba una mujer con un vestido estampado, comprado en una tienda de modas de buen nivel. Ambos habían sido matrimonio. Ahora estaban separados y, en esa semana precisamente, recibirían los últimos papeles de su divorcio. Ninguno de los dos tenía conexión con iglesias y ninguno conocía de la presencia del otro en la reunión.

Cuando hice la invitación, ambos aceptaron a Jesucristo. Hicieron la oración del pecador arrepentido y, al darse cuenta, se encontraban frente a frente en el altar. Allí mismo se reconciliaron. ¡Qué lindo fue verles al siguiente domingo en la iglesia, cargando a sus pequeños hijos y sonriendo juntos!

Fue en San Cristóbal, Venezuela. El clima era frío y lluvioso. El lugar de la campaña era un anfiteatro al aire libre. Mal augurio por la constante lluvia. Todo el día no dejó de caer agua. A la hora en que deberían pasar por mí al hotel, se retrasaron mucho en hacerlo. Cuando por fin pasaron y me condujeron a la campaña, las evidencias hacían ver prácticamente la suspensión del evento. El hermano Pedro, quien conducía el carro, se detuvo cerca del lugar, diciéndome:

—Hermano Mottesi, espéreme aquí para que no se moje. Voy a ver si hay alguien y regreso enseguida.

—Está bien —le respondí.

«¡Qué pena!», me dije para mí mismo con tristeza. A los pocos minutos, el hermano Pedro volvió corriendo y con el rostro brillante.

—¡Se hace la reunión, hermano Alberto! Hay por lo menos 500 personas bajo el agua esperando el mensaje.

Yo nunca había visto algo así. Bajo la lluvia pertinaz, 160 personas pasaron al frente. Las lágrimas se mezclaban con la lluvia. Los micrófonos, la Biblia, todo estaba mojado. Yo mismo escurría agua. Esa noche sentimos fuertemente el poder de Dios en medio de aquella gente. En la plataforma, algunos pastores me abrazaban y rompían a llorar. Dios visitaba a San Cristóbal.

En otra ocasión, 50 adolescentes que como grupo se hacían llamar «La Tamburina», con rostros resplandecientes y gozosos estaban listos para participar en nuestra campaña en Country Club, Puerto Rico, donde pastoreaba mi gran amigo y consejero, el pastor Carmelo Terranova. Ellos provenían de Bayamón, y una joven del grupo con expresión brillante introdujo «La Tamburina» diciendo a través del sistema de sonido: «Para mí esta es una noche especial. Siento una inmensa alegría por asistir a esta campaña. Yo recibí el llamado de Dios para servirle bajo el ministerio del hermano Mottesi. Ayer empecé mis estudios en el Seminario».

Yo estaba escuchando, lejos de la plataforma. Mi corazón palpitó fuerte y solo hubo una exclamación en lo hondo de mi alma: «¡Gracias Señor!».

Sin imaginármelo, allá lejos, fuera de la cancha bajo techo del Country Club, se realizaba una fiesta no muy animada. La noche estaba lluviosa, y un hombre solitario se estaba aburriendo. La música de salsa que emitía un aparato de sonido, por momentos se mezclaba en la acción del viento con otra extraña y lejana armonía. Aquel hombre quiso saber de dónde provenía. Salió de la casucha a la intemperie, se orientó, encaminándose a la cancha bajo techo donde se celebraba la campaña. Cuando llegó allí miró a mucha gente. Gente sonriente y dicharachera, que a él le pareció feliz. Entró, sentándose en un rincón semioscuro en la parte trasera.

«¿Qué es esto?» —se preguntó. «¿Dios? ¡Están hablando de Dios!».

Intempestivamente se interesó a cabalidad, comenzando a seguir con suma seriedad el mensaje. Al rato se dijo a sí mismo: «Dios me está hablando a mí».

En el instante de la invitación para aceptar a Cristo, vio que de todas partes bajaba gente hacia el centro del campo de juego. «Esto es lo que yo necesito». Él también bajó. Y allí, frente a aquella plataforma cuadrada de construcción rústica, empezó una nueva vida de alegría verdadera.

En estos años en que pudimos sentar bases, vimos que varias cosas se hicieron cada vez más claras y firmes en nuestra vida y en la de la Asociación: nuestra convicción bíblica y evangelística, nuestra fe en la absoluta virtud de la sangre del Cordero, y en la inalterable Palabra de Dios. Nuestra sujeción al Espíritu Santo y la identificación con el cuerpo de Cristo. Nuestra convicción de vivir y promover la santidad, «sin la cual nadie verá al Señor». Nuestra expectativa por el pronto regreso de nuestro Rey y Salvador. Nuestra total dedicación para la evangelización del mundo, y nuestra decisión de vivir sencillamente usando hasta lo máximo los recursos para proclamar el evangelio. Fue como un credo que fundamentó nuestra visión del ministerio.

En estos primeros seis años de vida de la Asociación, en un fecundo y agotador, pero feliz trabajo, habíamos visto cerca de 75.000 profesiones de fe, con 700 trasmisiones radiales diarias a través de 400 estaciones en 19 países. Nuestro periódico «En Sus Pasos», con 30.000 copias dedicadas a la edificación del pueblo de Dios y el programa de televisión que se distribuía a varios canales en el mundo hispano.

Eran solamente cinco panes y dos peces. Igual que Andrés, hermano de Simón Pedro, muchos pensaron: «¿Qué es esto para tantos?». La multitud se componía de varios miles. La diferencia se produjo cuando los pocos panes y pescados fueron puestos en las manos del Señor: alcanzaron y aun sobraron doce cestas llenas.

¡Eran solamente doce hombres! Algunos de ellos sin ninguna preparación formal. Uno llevaba en el alma la semilla de la traición. Otro negaría a su Señor en el momento crítico. Y todos abandonarían al Maestro, escondiéndose asustados. Sin embargo, cuando el Espíritu Santo los posesionó por completo, ellos sirvieron para cambiar el rumbo de la historia.

Yo estoy en el frente de batalla porque existe un verso en la Biblia en 1 Corintios 1:27-28: «Pero Dios escogió lo insensato del mundo para avergonzar a los sabios, y escogió lo débil del mundo para avergonzar a los poderosos. También escogió Dios lo más bajo y despreciado, y lo que no es nada, para anular lo que es».

Mi corazón salta dentro de mí, diciendo: «Allí encajo yo». Si Dios eligiera a los sabios y los fuertes del mundo, yo quedaría fuera. Pero, alabado sea su nombre, porque él escoge lo que los hombres no escogerían, para que «nadie se jacte en su presencia». Esta es la única razón de mi habilitación para ponerme de pie y detrás de un púlpito, porque existe este versículo de la Palabra de Dios. Si este versículo no estuviera allí, este libro jamás se habría escrito.

CAPÍTULO 30

1984: UN HITO SORPRENDENTE (I)

El domingo 15 de enero estoy de pasada en El Salvador, yendo al otro día a Guatemala. Tenemos planes de realizar cruzadas mayores, y estos viajes me sirven para adelantar detalles de organización. En Guatemala estoy casi una semana. Mi salida, programada para el domingo a fin de llegar ese mismo día a Managua, de pronto, tiene una variante. Más tarde, pastores amigos me reconstruyen los hechos corroborando la protección de Dios.

Mientras permanezco en Guatemala, soy hospedado en un hotel deshabitado. En todo el piso donde está mi habitación, yo era el único cliente. El viernes por la mañana recibo en mi espíritu una impresión de desasosiego, que va aumentándose hasta ser una inquietud que no me dejaba en paz. Decido partir de Guatemala antes de lo previsto.

Cuando estoy en el viaje, estalla un incendio en el piso en que yo estaba hospedado, provocado por dos nicaragüenses que son tomados prisioneros por la policía. Estos tenían la consigna de

atentar contra mi vida. Eran dos sandinistas, que habían salido
de su país para no dejar que el predicador «imperialista» llegara
a Managua. Sin embargo, el Espíritu Santo me había sacado
milagrosamente del lugar de los hechos.

Cuando llego al aeropuerto de Managua, soy recibido por algunos líderes comprometidos con la cruzada. Todos tienen caras
tristes. Hay una gran decepción porque el trabajo de planeación
y organización que ha llevado varios meses, a la víspera de la
inauguración, ha sido cancelado por el gobierno sandinista de
Nicaragua. La Plaza de Toros, con una capacidad de 6.000 a
7.000 almas, podría, en su máxima capacidad, llegar a 10.000 si
se usaran el ruedo y los alrededores, esa Plaza nos fue negada. A
un día del inicio, parece una empresa imposible conseguir otro
lugar. El comité organizador de la campaña, me pone en ante-
cedentes de las razones que han manipulado los sandinistas para
proceder a la cancelación.

«Hermano Mottesi, el gobierno de nuestro país nos ha in-
dicado dos razones poderosas, por las cuales nos han negado el
permiso. Primero, que es usted un predicador anticomunista,
enviado por el imperialismo yanqui, para infectar las mentes
de nuestro pueblo. Segundo, nos indicaron problemas físicos
y técnicos de la Plaza, que pondrían en peligro la asistencia de
la gente a la Plaza de Toros». Los miraba con mucha tranquilidad. Oír su relato no me preocupó mínimamente. Tengo conocimiento que en diez años el gobierno sandinista ha negado
toda manifestación pública de la iglesia nicaragüense. Desde la
cruzada de Luis Palau en el año 1975, la iglesia ha sido oprimi-
da, de tal forma que sus actividades son retraídas a las cuatro
paredes de sus templos.

Ahora que se ha desplegado la publicidad, que se había obtenido la Plaza de Toros, y que todo estaba prácticamente listo para la realización de la cruzada, el gobierno da carpetazo
al asunto, metiendo al comité organizador en un formidable
problema.

Inmediatamente les comento: «Vamos a hablar con la gente
del CEPAD».

El CEPAD es un organismo paraeclesial de tipo ecuménico, muy comprometido con el ala sandinista. Los integrantes del comité, abriendo desmesuradamente los ojos, azorados me contestan.

—Hermano Alberto, no podemos ir con ellos. Son sandinistas.

—Justamente. Iremos a hablar con ellos y ponerles la carga sobre sus hombros.

No muy convencidos de la directriz que les marcaba, fuimos a donde se encontraban los líderes del CEPAD. En las afueras de la *Primera Iglesia Bautista* esperamos al Dr. Gustavo A. Parajón y a Sixto Ulloa. Este último, más tarde sería diputado sandinista.

Allí les explico la situación por la que atravesamos y la necesidad de su intervención directa. Sixto Ulloa toma el teléfono comunicándose directamente con un general, miembro de la Junta de Gobierno. Este lo invita a que vaya a su casa y allí hablarían. Así lo hace. Nos da esperanzas de arreglar el permiso.

Mientras tanto, a cada gente de gobierno que tengo necesidad de ver voy con una periodista que representa a agencias noticiosas seculares, con su cámara de televisión al hombro.

«Yo no quiero de ninguna forma hablar mal de ustedes. Pero esta gente» —señalando a la periodista— «va a contar al mundo entero que el gobierno sandinista ha cancelado la campaña». En esa época, el gobierno estaba pendiente de no tener publicidad contraria. Esto tendría su efecto más tarde.

A las 4:30 de la tarde del día lunes nos proporcionan de nuevo el permiso. La iniciación sería a las 6:00 p.m. Y, además, nos cambian el escenario de reunión: sería en el estadio de la *Universidad Centroamericana*. Sin luz, sin sonido; eso sí, un gran espacio para muchos miles de personas.

Todo había sido planeado por las autoridades. Ante la presión ejercida por nosotros y la presencia de la prensa internacional, decidieron volver a darnos el permiso, pero de una manera que resultara en un completo desastre.

Alguien, vinculado al gobierno, nos explicó más tarde y privadamente, cuál había sido la estrategia: «Si les damos el permiso en el último momento, con un estadio muy grande, van a quedar en ridículo. La gente se dirigirá a un lugar, cuando de hecho será en otro. Tengan la seguridad que empezarán con unas 200 o 300 personas y, posiblemente, terminen con una asistencia máxima de 2.000. Con este número se perderán en la inmensidad del recinto. Así, cumplimos nosotros; les damos lo que nos piden, pero ellos no tendrán ninguna resonancia».

Ciertamente que fue un revuelo de situaciones. La gente que llegó a la Plaza se encontró con la novedad de que era la concentración en otro lugar. Miles de gentes se dirigieron al estadio. Pasadas de las 6 de la tarde iniciamos. Estábamos todos en un estrés, sin poder ocultarlo. Preocupados por la carencia de luz y sonido, alguien encontró por ahí un megáfono y con este nos hicimos oír.

Más de 15.000 personas fue la asistencia de este primer día. Con todas las dificultades y los escollos, este era un número sorprendente. Como sorprendente fue todo lo que siguió.

La luz natural muy pronto nos abandonó. Rodeado por una multitud que hacía esfuerzos por oír el mensaje en aquella penumbra, súbitamente me doy cuenta que dos jóvenes de piel cobriza, con pantalones de mezclilla y camisas ligeras sin abrochar, dejando a la vista su pecho desnudo, con gran agilidad suben a un poste de alta tensión a mis espaldas. Encaramados en las alturas, montados sin ningún aditamento de seguridad, solo confiando en su destreza y fuerza de piernas y brazos, con una navaja rudimentaria pelan cables de electricidad para conectar la luz del estadio. Yo me emociono hasta las lágrimas. Por un instante, todos los que permanecíamos en la semioscuridad mirábamos ese espectáculo maravilloso sosteniendo la respiración por la audacia de estos héroes anónimos. Se me pone la piel de gallina contemplando a estos muchachos, naciendo en mí un profundo respeto por ellos. Aun arriesgando sus propias vidas para solucionar un problema. Ellos con seguridad cuando lleguen al cielo serán recibidos con honores de alto grado. Un recibimiento de fiesta y honor.

Cuando la luz iluminó muy parcialmente el estadio, un grito de emoción escapa de todos los presentes. Ahora sí, con una emotividad que no puedo contener, predico ungido por el Señor. Aquella muchedumbre está hambrienta y yo tengo la responsabilidad de darles el maná bajado del cielo por medio de estos inmundos labios, pero, santificados por mi Dios, ungidos por el Espíritu Santo. Al pedirles sus decisiones por Cristo, corren materialmente. En la atmósfera se respira el olor grato de la presencia del Altísimo. Y dentro de este cuadro para remarcar, todo el asunto ha sido manejado única y exclusivamente por Dios. A él se le ocurre cerrar con broche de oro en esta noche con un milagro. En medio de la gente que ha pasado a hacer patente su compromiso de aceptación de Jesucristo como su Salvador y Señor, mientras hago la oración presentando a los penitentes, a una señora ciega conocida en Managua como tal, le son abiertos los ojos sobrenaturalmente, y sale del estadio viendo. Esta experiencia como una explosión corre por toda la ciudad.

Cada día por delante, la asistencia siguió ascendiendo. El martes, 20.000; el miércoles, 30.000; el jueves, 35.000; el viernes, 50.000; el sábado, 60.000.

Todos los días vivíamos en una expectativa constante. Sabíamos que Dios estaba trabajando. Ya era un hecho que desde el momento mismo en que empezamos, la mano de Dios nos había sorprendido. Todas nuestras expectativas habían quedado por los suelos.

Pensábamos en una concentración ojalá de 10.000 a 15.000 gentes. La historia de la iglesia nicaragüense en los diez años anteriores, lo confirmaba. No había antecedente de reunión pública que rebosara grandes números de auditorio. Aparte, las consiguientes barreras que se habían alzado con el propósito de ridiculizar las tentativas de la cruzada. ¡Dios nos sorprendió! En la reunión final del día domingo llegaron más de 80 mil.

La asistencia rebasó nuestros cálculos primarios. La «placita de toros» hubiese sido un monumento a la impotencia, porque jamás hubiésemos podido proclamar el evangelio a tanta gente que hubiera acudido. Se hubiera marchado a su casa decepcionada por no encontrar lugar para oír. No obstante, Dios truncó los planes maléficos en una hermosísima bendición. El

«Nabucodonosor sandinista» fue usado como siervo de Dios para llevar a efecto sus planes. El gobierno había deseado que hubiéramos quedado en ridículo, en un inmenso espacio con unos cuantos desperdigados por doquier. Pero ahora veíamos asombrados que el *estadio de la Universidad Centroamericana* apenas nos serviría para contener la enorme muchedumbre que estaba a punto de arribar para la clausura. Por otro lado, los consejeros no dieron abasto, cuando el total de decisiones fue de 36.000. Repartimos literatura hasta agotarla a solo 25.000. Categóricamente, no estábamos preparados ni con mucho para el alud de tanta bendición que se nos vino encima en esta semana gloriosa.

Mientras tanto, cada día se movilizaba un mayor número de asistentes al estadio. Durante el transcurso del día teníamos diferentes actividades. Una de ellas fue el *Seminario Pastoral*, el cual llegaría a ser el más numeroso hasta ese momento en la historia evangélica en Nicaragua. Llegaron 650, de los cuales, 462 eran pastores en toda la línea. Vinieron de Puerto Cabezas, Mina Rosita, León, Chinandega, Granada, Masaya, Del Rama, San Rafael del Sur. Algunos comenzaron su viaje el jueves para llegar a Managua el lunes. Hubo quienes viajaron por río y atravesaron montañas. Vinieron también de Jinotega y de Matagalpa, zonas en estado de guerra. Fueron cuatro mañanas gloriosas de avivamiento con la Palabra.

CAPÍTULO 31
1984: UN HITO SORPRENDENTE (II)

Cada tarde, en la extensión del campo del estadio, era como una celebración. Gente por doquier se acercaba presurosa a modo de disponer un buen lugar. Llamaba poderosamente la atención que la mayoría de las personas eran pobres, los necesitados, los de la baja capa social. Sus vestimentas, a las claras los identificaban. Eran gente sufrida. Gente que buscaba un refugio a los años de sufrimiento por la guerrilla atroz que tenía a esta nación en el colapso de la guerra civil.

A pesar de las restricciones gubernamentales, tales como la ración de gasolina dada a cada poseedor de un vehículo, de 20 galones por mes, a la gente no le importó gastárselos en esa semana; no se querían perder ni un solo servicio.

Cuando culminaban los cultos y salía uno a la calle, aquello era un espectáculo digno de anotarse en el libro de los Hechos del Espíritu Santo.

Uno veía los camiones de rediles repletos de gente, literalmente como racimos de uvas colgados a sus costados, y a los choferes orando, no por los individuos que llevaban encima, sino por sus neumáticos, los cuales estaban tan desgastados, que se podían mirar las costillas de acero reflejarse a la luz de las farolas públicas. Rogaban a Dios para que no se reventaran en el camino y así pudieran llegar sanos y salvos a su destino.

Por la ciudad, a eso de las 12 de la noche, cuando en la capital de Nicaragua era sumamente peligroso andar, uno miraba a grupos en las esquinas, hermanos orando por los inconversos que se encontraban de camino a sus casas.

¡Precioso movimiento del Espíritu! ¡Contemplábamos un avivamiento del Señor en Nicaragua! Y no se diga de su protección; millares de ángeles fueron enviados del cielo a trabajar horas extras a favor de sus escogidos.

El viernes por la tarde llegan al estadio en varios camiones, y en espantosa tremolina y en actitudes hostiles, las llamadas «turbas divinas». Estos hombres formaban un grupo paramilitar de choque, disciplinados en la violencia en apoyo al gobierno sandinista. Una de sus características era que llevaban en las muñecas, amarradas con cadenas cortas, bolas de hierro con puntas afiladas, con las que, si se lo proponían, podían en cuestión de minutos derribar un edificio entero. Otra cosa que los identificaba plenamente era su ferocidad, ya probada en anteriores situaciones. Como aquella cuando el Papa visitó Managua. Con abucheos y gritos desbarataron la reunión pública que tuvo. Estos sujetos fueron los que hicieron acto de presencia en la cruzada nuestra, no precisamente para escuchar el evangelio del amor, sino para desplegar órdenes de echar por tierra al precio que fuera, lo que el gobierno sandinista por la vía legal ya no podía controlar.

Iniciábamos el servicio con un canto congregacional. Cuando los ujieres afuera ven que llegan los camiones y descienden las «turbas divinas», se dan cuenta exactamente de lo que pretenden hacer. La gran avenida que da acceso al estadio, se colma de esta gente blandiendo sus bolas de hierro, y dispuesta a entrar en acción con gran gritería.

Todos los ujieres, urgidos por el momento, se toman de las manos cerrando el paso de acceso al interior del estadio. Aprietan sus ojos y comienzan a orar. ¡Impresionante y conmovedor! Un instante en que se deciden destinos. De una oración estrujante y salida del alma, dependen miles de vidas, entre ellas, la mía.

Hubo cientos de testigos oculares de lo que sucedió a continuación.

Súbitamente, se hizo un silencio aterrador. Las «turbas divinas» callaron, se pusieron firmes y tensas. Y en un mutis, sin abrir bocas comenzaron a subir a sus camiones. Encendieron los motores y se alejaron para no volver jamás.

¿Qué fue lo que pasó? ¿Por qué cambiaron sus intenciones? ¿Quién dio órdenes de retroceso? ¿Por qué todos, como un solo hombre, sin oírse órdenes de mando, subieron en silencio a sus camiones?

En vida jamás lo sabremos. No había duda, para todos los que permanecíamos en el estadio, que Dios nos había protegido como en el antiguo tiempo, cuando volvía locos a los ejércitos invasores haciendo que se mataran entre sí.

¡Qué noche tan emocionante y henchida de gratitud a Dios! Él nos había salvado de las turbas malditas, digo «divinas».

El gobierno ya no podía detener nada de lo que estaba ocurriendo. Dios les había sorprendido también a ellos. Pensaron en colocarnos en el ridículo, pero nunca les pasó por la mente que era otro quien realizaba sus planes a su modo.

El domingo fue un concierto de fiesta espiritual, de una algarabía que desbordaba a la gente en un íntimo sentir de la presencia de Dios. Prediqué y conducido y dirigido por él, invité a clamar por la paz en Nicaragua. Abrí mi Biblia con absoluta solemnidad. Una de esas ocasiones en que uno toma la Palabra de Dios con esmerado cuidado, como si fuera un frágil pétalo, que al contacto de la mano sin cuidado se pudiera romper. Leí, ante una muchedumbre de 80.000 almas, de pie, llenando cada huequito de las gradas y terreno de fútbol del estadio de la universidad: «Las armas con que luchamos no son del mundo, sino que tienen el poder divino para derribar fortalezas» (2 Corintios 10:4).

En el mensaje les hice entender lo que es nuestro Dios, lo que nos ha dado en Jesús y lo que ha puesto a nuestra disposición para el enfrentamiento de la maldad.

Al final, después del llamamiento, abrí por segunda vez el Sagrado Libro. Con voz quebrada leí, después que mencioné las calamidades en las que la guerra hunde, no tan solo a Nicaragua, sino a cualquier nación de la tierra: «Si mi pueblo, que lleva mi nombre, se humilla y ora, y me busca y abandona su mala conducta, yo lo escucharé desde el cielo, perdonaré su pecado y restauraré su tierra» (2 Crónicas 7:14).

Con voz potente y pausada, hice énfasis en el versículo 15: «Mantendré abiertos mis ojos, y atentos mis oídos a las oraciones que se eleven en este lugar». Y les insté a clamar a Dios. Toda la multitud se puso de rodillas para orar por la paz de Nicaragua y de Centroamérica. En las gradas, en el campo, en la plataforma, en todo sitio del estadio no se veía a nadie de pie. Un gemido portentoso de un pueblo en desgracia, de almas que han perdido a seres queridos por las balas de la guerra fratricida, del sufrimiento que acarrea la miseria, el dolor, la enfermedad. Conscientes de que la existencia pende de un hilo, que el mañana puede ser una promesa demasiado cara a la realidad que se está viviendo. Se toma de este clamor a su Creador con las últimas fuerzas del alma y deja escapar una oración sentida, inmensamente nutrida en el crisol del sufrimiento.

¡Ochenta mil personas orando, gimiendo, clamando! ¡Sobrecogedor el cuadro! Un clamor que partió los aires de Centroamérica. Un gemir que se insertó en los oídos de Dios para cambiar la historia de Nicaragua. Y no tan solo de ese país, sino de la iglesia y de mi persona también. De allí en adelante, ya no volvimos a ser los mismos.

Ante formidable postración donde los corazones se identifican con su Dios, se terminan las pasiones; las soberbias caen al suelo; los egoísmos se hacen trizas; las vanidades dan pie a la humildad sencilla y sincera.

Cuando aquella multitud de rostros bañados de sus propias lágrimas, aclarándose los ojos se pone de pie nuevamente y yo con ellos, lo primero que miro a mi costado donde termina el terreno de la universidad, franqueado por una alambrada lindando con un colegio católico, a varias monjas con sus hábitos blancos, brincando con sobrada emoción, gritando vivas y mandándome besos. Esta escena por siempre la recordaré. ¿Qué sintieron? ¿Qué les hizo prorrumpir en esta alegría? ¿Por qué me mandaban besos? Yo no lo sé. Pero el Espíritu Santo es el soberano de las vidas. Lo único que sí me quedó en la conciencia, es que cuando Dios se mueve en los corazones, no hay prejuicios que le resistan, ni tradiciones que le obstaculicen. Él es el Señor de las vidas.

En esta cruzada, preciso es decirlo, Dios me mostró fehacientemente que él puede tocar a naciones enteras, y que si bien la población total de un país no se va a convertir, debe haber un cambio en la mentalidad de la iglesia. Nuestro Dios es capaz de impactar y transformar la historia y la vida entera de una nación.

Cuando reviso en mis recuerdos la cruzada `84, veo una marca, un hito sorprendente en mi vida y en mi ministerio. Miro con nuevos ojos lo que Dios quiere realizar conmigo. El año 1984 marcaría la línea divisoria de un ministerio itinerante de iglesia en iglesia, a un ministerio a ciudades y naciones enteras.

CAPÍTULO 32

EL SALVADOR `84

Tres semanas de frutos espirituales infinitamente difíciles de contabilizar. Solo en el cielo se podrá conocer. La *cruzada El Salvador `84* vendría a ser otra cruzada que dejaría huella no tan solo en el equipo que me acompañó, sino en la iglesia salvadoreña y en el país entero.

Con tiempo se había organizado. Tendríamos un *Seminario Pastoral*, una *Semana de la Familia*, y la *cruzada Evangelística*. Los dos últimos días de agosto y el primero de septiembre se realizó el Seminario Pastoral en el Tabernáculo del *Instituto Bíblico Bethel*, de las Asambleas de Dios con 755 pastores representando a 16 denominaciones evangélicas, llegando a ser el Seminario Pastoral más numeroso hasta ese momento en la historia de El Salvador. La asistencia continua sobrepasó los 1.100 de asistentes a las conferencias, los talleres y las reuniones plenarias. Dios usó poderosamente al equipo, el cual enseñó no con teorías, sino con experiencias vividas en el campo.

Durante estas dos semanas de intensa labor antes de la cruzada, había varias cosas que nos inquietaban. Una de ellas, y quizá la más preocupante, era las acciones de la guerrilla en contra del gobierno. Se anunciaba la mayor ofensiva de toda aquella guerra en proceso. La república de El Salvador, en los cuatro últimos años había sufrido la muerte de 30.000 salvadoreños en su guerra interna. Tan solo a 35 kilómetros de la capital, una montaña estaba infectada de guerrilleros, hasta ese día imposibles de controlar.

Para el inicio de la cruzada, el gobierno salvadoreño imponía estado de sitio en varias zonas de la capital. La guerrilla había amenazado al transporte público; por lo tanto, se indicó que durante esa semana los medios de transporte tenían que retirarse de circulación a las 8 de la noche. La guerrilla había tomado varias emisoras a modo de hacer llegar sus comunicados. Era un estado de tensión. Para más, se había desatado un fortísimo temporal, resultando que miles de familias tuvieron que ser evacuadas. Durante la semana varias bombas fueron explotadas en la capital, elevando la inseguridad de la gente para transitar pacíficamente por las calles. Con todo este cúmulo de adversidades dio inicio la campaña.

Cada tarde la asistencia subió, hasta que el domingo pudimos contemplar una multitud de 50.000 salvadoreños abarrotar el *estadio Nacional Flor Blanca*. En cada invitación a aceptar al Señor, se notaba el hambre espiritual de la gente. Linda Pritchett nos acompañó con su equipo para trabajar con los niños. Se habilitó un local a tres cuadras del gimnasio. Más de 3.000 niños escucharon el evangelio en esa forma tan especial de Linda, al usar la ventriloquía y el león «Miguelito» haciendo la delicia de los pequeñines. El día domingo desfilaron en el estadio, el cual estaba lleno. Dieron tres vueltas mientras 50.000 personas les saludaban con sus pañuelos en alto. Fue un momento muy hermoso de vibrante alegría con que el Señor nos obsequió.

Ese mismo día, sin saberlo yo, alguien tenía la encomienda de asesinar al predicador.

Un individuo de tez morena, ennegrecida por la exposición diaria en el campo. Con indumentaria resaltando una prenda de vestir blanca, caminaba en la parte más alta del estadio Nacional. Fue visto por el pastor César Augusto Ayala, quien alcanzó a percibir dos pistolas semi ocultas debajo de su guayabera. Inmediatamente se hizo acompañar de un ujier, y los dos comenzaron a seguir a prudente distancia a este hombre. Detectaron nerviosismo en él mientras descendía al campo de fútbol y rondaba la plataforma del predicador.

El pastor Ayala y el ujier no hicieron nada por detenerlo porque supieron que era un guerrillero y que posiblemente hubiese varios diseminados dentro de la muchedumbre. Si ellos hubieran actuado deteniéndolo, quién podría suponer lo que se hubiera iniciado.

Mientras tanto, no lo perdían de vista. Al lugar que se dirigía, lo seguían con cuidado y discreción, dispuestos a que si aquel guerrillero sacaba sus pistolas con pretensiones violentas, ellos estaban listos a echársele encima para detenerle.

Yo predicaba con denuedo la forma en que el Señor deseaba terminar con tanta violencia nacida en el corazón del hombre y darle una vida de paz, de victoria, de felicidad en él. Aquel hombre, con su nerviosismo girando a la plataforma, de pronto se detuvo frente al predicador como petrificado por alguna fuerza invisible. Quedó inmóvil, escuchando. En su cara se vieron lágrimas que le corrían por sus mejillas. Cuando yo hacía el llamamiento para aceptar a Cristo, este hombre pasó al frente. Entregó su corazón al Señor. Allí mismo el consejero que se le acercó, fue el depositario de las dos pistolas que traía encima con la idea de liquidar al predicador por mandato de la guerrilla. No sabía este guerrillero que un Guerrillero más poderoso que él, el Señor Jesucristo, lo tomaría y lo convertiría en una nueva persona. Más tarde me lo presentaron, y yo, en lo interno de mi ser glorificaba a mi Señor por su preciosa protección. Qué duda cabe. El ejército del cielo había bajado a proteger a los suyos.

Cuando me despedía de la gente que me saludaba y me abrazaba, me presentaron a aquel guerrillero, contándome los propósitos que le habían llevado a la cruzada. Lo abracé y le dije con una sonrisa de afecto: «Bienvenido al reino de Dios».

CAPÍTULO 33
SOBRESALIENTE 1985

Desde el momento mismo cuando terminamos los trabajos desarrollados en la *Primera Conferencia Pastoral Hispana*, celebrada en Pasadena, en marzo del `84, comenzamos a trazar los planes para llevar a efecto el *Congreso Hispano de Evangelización*, como una continuación de *Amsterdam `83* y una preparación para *Amsterdam `86*. Recuerdo que al comité les hice saber que lo llevaríamos a cabo en la *Catedral de Cristal*, pareciéndoles una locura. Que era muy cara, que no nos la podrían alquilar, etc., etc. El comité deseaba algo barato por las pocas finanzas, como el *Olimpic Auditorium,* un lugar repleto de ratas y cucarachas. Les hice saber que pondríamos todo de nuestra parte, con tal de realizarlo en un lugar digno.

Así fue. Pudimos contratar la *Catedral de Cristal* para la celebración de este Congreso del 14 al 18 de octubre de 1985. Todo nuestro ministerio se enroló en este magno evento.

Mientras se acercaban las fechas programadas y como siempre, hubo otros acontecimientos. En la Semana Santa yo estaba predicando en Miami. Allí oí el siguiente relato: «He sido una prostituta» —así me dijo de sopetón y drásticamente aquella muchacha de rostro tan joven. Tenía asida de la mano a una pequeña niña de cara angelical. «Pero anoche, cuando usted predicó, la palabra llegó muy profundo a mi vida y me entregué a Jesucristo. Antes sentía dos fuerzas dentro de mí: una que me inclinaba al mal y otra que lo hacía al bien. Siempre triunfaba la fuerza del mal. Ahora no siento en mí esa fuerza del mal».

Prosiguió en su mismo tono de voz dulce, con marcado acento emotivo, contándome una experiencia que había tenido esa mañana.

«Al levantarme, no tenía ni siquiera un poco de azúcar para poner en un vaso de agua y ofrecerle a mi hija. Llamé a una antigua compañera de profesión, tratando de que me prestara 10 dólares».

Su compañera le respondió.

—Preciosa, esta misma noche te los consigues fácilmente en la calle.

Contestó mi interlocutora con ánimo resuelto. —¡No! Jamás volveré a eso. Ahora mi vida le pertenece a Jesucristo. Mi cuerpo es templo del Espíritu Santo.

«Sin embargo» —me siguió refiriendo—, «el hambre comenzó a hacerse sentir». Ella tomó un carrito viejo de su hijita, salió a la calle y logró venderlo por 10 dólares.

Tres días más tarde llamó vía telefónica, al programa radial donde yo estaba ministrando en vivo. Sin dar su nombre narró a la audiencia su testimonio. Lo que más me impresionó fue cuando dijo: «Desde que me entregué a Jesucristo, me siento como una mujer virgen».

¡Qué hermoso es cuando el Señor cambia las vidas! Para ver esto es que queremos vivir.

En julio del `85, Billy Graham celebró su cruzada más grande sobre territorio americano. Fue en el *estadio Anaheim*, en el sur de California, y yo fui invitado para dar un breve mensaje antes de la predicación del Dr. Graham.

Esto representaba para mí y el ministerio algo sumamente importante. Primero, porque el Dr. Billy Graham es uno de mis héroes desde mi juventud. Segundo, porque se abrió la oportunidad de que nuestro ministerio fuese puesto en ojos y oídos de casi toda la nación norteamericana. Fue un formidable honor, muy significativo.

En ese *estadio de Anaheim*, con un lleno impresionante de personas allegadas de una infinitud de condados, una gran parte del público era hispano y se pudo, a través de transmisores, dar la interpretación de todo lo dicho en inglés al español instantáneamente. En el centro mismo del estadio pude sentarme cerca del Dr. Billy Graham. De sus propios labios pude oír palabras de aliento para nuestro ministerio. Después, antes del mensaje, tomé el lugar de la cátedra anunciando a los presentes el próximo *Congreso Hispano de Evangelización*, prometiéndoles que sería el más grande que se haya celebrado en los Estados Unidos.

«Tendremos allí 2.000 líderes hispanos» —expresé con visible emoción ante la multitud. «Nosotros esperamos que el congreso provoque la escalada evangelística más grande de nuestra historia. Una de las metas es alcanzar a dos millones de hispanos para Cristo en los Estados Unidos».

Concluí diciendo en medio del aplauso del público: «Yo tengo una firme convicción: el destino del mundo hispano no está en manos de políticos, no está en manos de militares o guerrilleros. El destino está en manos de la iglesia de Jesucristo».

La imagen de las cruzadas en Nicaragua y El Salvador en el '84 se hizo fresca y vital en mi mente. Esta otra presentación hizo notoria nuestra labor ante millones de gentes diseminadas a lo ancho del territorio estadounidense. Los medios masivos de comunicación al instante dieron la noticia. Y yo quedaría con un grato honor de haber sido invitado por el Dr. Billy Graham, mi héroe, mi hermano mayor en evangelismo.

Después de este acto ministramos durante siete días en ciudades españolas: Madrid, Valencia y Barcelona.

El ciudadano español, por lo general es muy cerrado a todo lo que les llegue de afuera de su país. Una tarde cuando predicaba en un parque público, una voz dentro de mí decía: «Esto no va a funcionar; el español es diferente. La mayoría de los pastores españoles no piden profesiones públicas de fe...». Pero cuando empecé a hacer la invitación, con ánimo declaré dentro de mí: «El español será diferente, pero mi Señor Jesucristo es el mismo aquí como también en América Latina».

¡Y claro que funcionó! ¡Muchas personas comenzaron a pasar al frente entregándose a Jesucristo, llorando! También en España Jesucristo es el Señor.

Celebramos enseguida dos *Seminarios Pastorales* de relevante nivel. Uno llevado a efecto en Santo Domingo, República Dominicana, del 1 al 4 de agosto, con una asistencia fluctuante entre 900 y 1.000 líderes. Fue catalogado como «el evento más importante en la historia cristiana de la República Dominicana». Al término del Seminario, por unanimidad invitaron a nuestra *Asociación Evangelística* a dirigir una cruzada Nacional en ese país para abril del siguiente año.

El otro evento tuvo repercusiones históricas a nivel de la unidad del cuerpo de Cristo. Fue en septiembre del 3 al 7 en Bogotá, Colombia.

Pasarían los meses, y aun la realización de nuestra cruzada del `86 allí, y puedo señalar lo que dicen y testifican públicamente. Lo he escuchado yo, lo han oído otros, y lo han escrito también; que como resultado directo de nuestro trabajo en Colombia, las dos máximas organizaciones evangélicas con historia de muchísimos años, decidieron fundirse en una sola estableciendo lo que ahora se llama CEDECOL, que une a CEDEC y ACECOL, y están trabajando como una sola organización.

¡Qué gran privilegio fue para mí, durante septiembre de este `85, tan lleno del Señor en nuestras vidas, que el ministerio «Puertas Abiertas» me invitara a predicar en la celebración de tres congresos llamados *Centro América: Te Amamos*, en Guatemala, El Salvador y Costa Rica. Qué honor me fue viajar con el equipo presidido por mi amigo Héctor Tamez, y que incluía a un personaje tan legendario como el Hermano Andrés, conocido como el *Contrabandista de Dios*. Fueron días de gloria llevando esperanza a una Centro América en ese entonces tan ensangrentada.

Como actividad sobresaliente de este año llegaría el *Congreso Hispano de Evangelización*.

Ya llevábamos varios meses de intensa labor administrativa. Así que, ahora llegaba el tiempo de Dios.

Yendo por la supercarretera de oeste a este, cerca del *estadio de Anaheim*, en Garden Grove, se puede admirar un edificio majestuoso completamente transparente, y que es uno de los escenarios más bellos del mundo. Le han llamado la *Catedral de Cristal*. En ese lugar, con 2.079 registrados y otros 1.000 de participación parcial, el sueño se hizo realidad.

Los asistentes vinieron desde partes lejanas de Estados Unidos, Canadá, Puerto Rico y el norte de México. También contamos con delegaciones de 24 países, cuyas banderas flanquearon a ambos lados de la plataforma de honor, durante esos cinco días completos.

Como presidente del congreso hice la presentación del *Pacto de Los Ángeles `85*; otros presentaron los saludos y telegramas, entre ellos el del Presidente de los Estados Unidos, el señor Ronald Reagan. El lanzamiento de lo que esperábamos sería el *Primer Congreso Internacional-Hispano para la Evangelización del Mundo*; la solemne celebración de la Cena del Señor; y, por último el servicio de clausura cuando al concluir de predicar mi mensaje, el altar y los pasillos se colmaron con una multitud de los líderes asistentes quienes pasaron a renovar su compromiso con el Señor.

Sobresaliente el escenario; majestuosa la presencia de Dios. Un senador mexicano, llorando me abrazó y me dijo: «Vine al Congreso como un político. Me voy como un siervo de Jesucristo». Y así a todos, en alguna forma, el Espíritu de Dios nos renovó, nos cambió, para ser mucho más eficaces en su obra.

CAPÍTULO 34
GRANDES CRUZADAS EN 1986

Llegamos un día antes de lo programado a nuestra cruzada en Panamá, que sería del 16 al 23 de marzo de 1986, en medio de un ambiente social convulsionado. El día que arribamos, explotaron seis bombas en la capital panameña. Una de ellas frente al hotel donde estábamos hospedados, destrozándole la mano a una mujer.

Estos acontecimientos fueron muy extraños y fuera de lo corriente en ese país. Esa noche fueron saqueados y destruidos decenas de comercios. No había gasolina. Se veían largas filas por doquier. Había muy poco transporte en la ciudad y diferentes gremios sindicales se mantenían en huelga.

Durante los cuatro o cinco primeros días previos a nuestra visita, el gobierno amenazó con instaurar estado de emergencia, lo cual implicaba la suspensión del derecho de reunión.

Un nicaragüense que me encontré por aquellos lares, me dijo: «Hermano Mottesi, yo estuve en su cruzada en Managua. Parece que el Señor lo lleva siempre donde hay problemas». Yo solo le sonreí y lo abracé con amabilidad.

Iniciamos el domingo 16 en el *Gimnasio Nuevo Panamá* con una asistencia de 3.000. Esta fue ascendiendo conforme transcurrían los días, llegando a 10.000 asistentes en la plaza frente al *Palacio Legislativo*. Pocos días antes, este escenario fue sitio de manifestaciones violentas. Ese domingo, toda aquella muchedumbre le decía a su país que Jesucristo es el único que puede producir la paz.

La siguiente cruzada se verificaría en Santo Domingo, la República Dominicana. Fueron tres semanas de desafiadora labor.

La cruzada en Santo Domingo fue de seis días; cuatro bajo lluvia torrencial, aunque se suponía ese era tiempo seco, en el estadio Olímpico. Cómo llegaríamos al hotel, que inmediatamente dos empleados con dos enormes secadores nos seguían, secando el área por donde caminábamos.

La primera noche llegamos al estadio bajo fuerte lluvia. A pesar de esto se registró una asistencia de 10.000 personas. Así iniciamos. El cielo era una catarata sin término acompañada con una incesante descarga de truenos y relámpagos. Uno de ellos cayó sobre el estadio y fue absorbido inmediatamente por un pararrayos, chamuscando a algunos que estaban en las tribunas, sin consecuencias que lamentar gracias a Dios.

Yo nunca había visto descargarse tanta agua. Eran cortinas incesantes como si toda la fuerza de la naturaleza se hubiese desatado en contra de lo que estábamos haciendo. La escena era realmente macabra. La luz había sido cortada por un rayo. El estadio y la gente se iluminaban periódicamente, a capricho de los relámpagos, cuya luz platinada permitía por unos instantes vernos.

Si está lloviendo tempestuosamente, yo predico bajo el agua torrencial. Se vaya quien se vaya, yo permanezco firme en pie mientras haya uno que me escuche, que esté atento a la palabra, que tenga hambre y necesite de Cristo. Yo me quedo predicando en cualquier condición climatológica.

Desde ese momento electrizante para mí, pude trasmitir a la gente mis sentimientos. Y aquella gente se quedó, y en los días venideros aumentando en número, cantaban como locos, oraban como locos y recibían la locura de la Cruz con profunda sinceridad. ¡Qué conmovedor cuando hacía el llamado! En el campo inundado, con el cielo desencadenado, los rostros eran bañados también con aguas salidas de los ojos, representantes del sentir del alma.

Una vez que terminamos en República Dominicana, volé a la oficina en Los Ángeles. Mi vida es intensa. El ritmo de la agenda repleta de compromisos nos lleva a España en mayo del `86. A esa España con su gente bravía.

La nota sobresaliente en Madrid fue la reunión evangelística. Para entender en su correcta perspectiva lo que pasó, hay que recordar que en esta ciudad existían en ese momento unas 60 congregaciones y unos 3.000 evangélicos en toda la ciudad y sus alrededores. Se repartieron un millón de invitaciones.

Por primera vez los protestantes usaron el *Palacio de los Deportes*, que, además, se consiguió ¡gratis! Simplemente el costo del alquiler y el sonido hubiesen sido entre los 15 y 20 mil dólares. En ese lugar bello y confortable tuvimos una gran asistencia para lo que es la vida evangélica de España. Contamos a 2.750 personas. Como 400 de ellas pasaron al frente respondiendo a la invitación, 169 personas lo hicieron por primera vez.

Cuando nos disponíamos a retornar, el *Consejo Evangélico de Cataluña* nos invitó para celebrar una cruzada en Barcelona. No han tenido nada semejante en los últimos 15 años. Nos venimos con un pensamiento de que en España comenzaba a amanecer un nuevo día. Dos días después de regresar, el 21 de mayo, recibo por teléfono de Argentina la noticia de que «mi viejita» acababa de partir a estar con el Señor. Con el corazón en la mano arreglo mis maletas, y me conduzco a mi patria natal. Estoy en su sepelio junto a mi padre, que cuenta ya 81 años de edad. Lo sentimos verdaderamente, pero a la vez somos fortalecidos por nuestro Dios. Su sierva Esther había dejado un hermoso testimonio de amor.

Es tal el encadenamiento de las actividades programadas que, para acontecimientos de orden personal como lo que fue el deceso de mi madre, solo se tiene el tiempo preciso para guardarlo en el corazón y proseguir, como si nada hubiese pasado, y esto no por una falta de sentimientos. Amé a mi madre como el que más y honro su memoria como el que más; sin embargo, la continuidad del ministerio nos conduce rápidamente a vivir el día programado.

Más tarde celebramos la cruzada en Ensenada, Baja California, México, si no la más grande, sí fue una de las más lindas. Aquí vimos operar de manera muy nítida la gracia maravillosa del Señor. Llegó a ser el evento más grande en la historia de la ciudad.

Cada noche contemplamos en operación el amor del Señor por los perdidos. Cómo olvidar escenas conmovedoras como aquel grupo de adolescentes llorando, hondamente quebrantados al costado de aquel púlpito rudimentario. O aquellas dos mujeres prostitutas entregando sus vidas a Jesucristo. O el impacto que recibí al leer una de las tarjetas de decisión que sobresalía por su dramatismo: «Hoy iba a suicidarme, pero en esta noche he decidido que mi mente nunca más estará al servicio de Satanás; mi mente desde hoy le pertenece a Jesucristo».

A la par celebramos otras actividades adicionales. Noemí, mi esposa, ministró en una reunión de damas a 200 mujeres. Yo prediqué en un desayuno para la clase dirigente de la ciudad. Acaso unos 150 individuos estuvimos en el *Hotel San Nicolás*. Aquí es donde vemos cómo el Señor prepara todas las cosas para que podamos darle la honra y la gloria al final de los sucesos.

En este desayuno dos miembros del gobierno estatal, el Secretario y la esposa del Alcalde se rindieron al Señor. En ese momento nunca imaginamos lo que nos ayudarían para deshacer los entuertos del diablo.

Cuando nosotros llegamos a Ensenada, se había montado toda una campaña publicitaria de desprestigio en contra de la cruzada. Llovió un bombardeo de la prensa mexicana en contra de los evangélicos diciendo que los misioneros son instrumentos de la CIA para cambiar la cultura del país. En esa semana de campaña, los periódicos informaban que el gobierno mexicano había expulsado del país a un grupo de 49 evangélicos, entre ellos a 14 misioneros. Y para acrecentar el asunto, en todo el territorio mexicano desde toda la vida se ha confundido a los evangélicos con los Testigos de Jehová, diciendo que las iglesias protestantes no respetan los símbolos patrios tales como la bandera y el himno nacional.

Cuando mediaba la cruzada, un hermano metido en la política, nos dijo que el gobierno había decidido cancelar el evento, pero que los amigos que habíamos hecho en el desayuno, gracias a Dios, cuando los personeros de gobernación llegaron con su orden, dieron una contraorden que invalidó su acción. Dios nos había dado la respuesta a nuestro problema antes que sucediese.

Por otro lado, ante la versión publicitaria se nos ocurrió demostrar lo contrario. Linda Pritchett trabajaba simultáneamente con nosotros en la campaña con los niños. Tuvimos la ocurrencia de comprar mil banderitas tricolores. Pedimos prestada de la Alcaldía la bandera nacional. Y pudimos conseguir la banda de música de la policía de la ciudad, invitando a las autoridades a asistir a la reunión de clausura. Con estos elementos nos preparamos para el último día de la cruzada.

¡Qué emocionante! Hay veces cuando Dios nos permite ser protagonistas de hechos increíblemente lindos.

Todavía uno no tiene tiempo de digerir un episodio, cuando ya estamos sentados participando en el Viejo Mundo, en Holanda, en el congreso de *Amsterdam `86*. Cerca de 10.000 obreros del Señor, procedentes de 174 naciones. Más tarde la ONU declararía que este evento fue el que ha reunido a más naciones de la tierra en toda la historia, entre eventos internacionales de cualquier tipo, religioso o secular hasta ese momento. ¡Qué trascendente fue esta reunión! Nosotros asistimos dirigiendo seminarios para los 1.700 asistentes hispanos. Fue una experiencia rica en comunión, compañerismo y desafíos evangelísticos.

Otro acontecimiento señalaría otra hoja en *Los Hechos del Espíritu Santo* en este año. La *cruzada Cali 450 Aniversario* nos dejaría recuerdos indelebles.

La celebramos desde el 29 de agosto hasta el 5 de septiembre en esta ciudad colombiana que en otro tiempo fue el corazón de una economía ganadera teniendo la gracia y la generosidad de la naturaleza de todas las ciudades construidas a lo largo de los ríos. Hoy festejaba su 450 aniversario de fundación con amplias muestras de su folklore y desbordante alegría.

Desde el primer servicio la gracia redentora de Cristo fue abundante, a pesar de que hubo poca asistencia en el estadio Panamericano de fútbol; fueron 10.000 en total los asistentes.

El concejal de la ciudad, el señor Claudio Barrero se entregó a Cristo, diciéndome con temblor en su voz cuando se despedía del lugar: «Señor Mottesi, por mucho tiempo evité esta decisión, pero hoy me fue imposible resistir y le entregué mi vida a Jesucristo».

Era ya la media noche. Los encargados del estadio deportivo tenían que apagar las luces, pero todavía a esa hora, había grandes grupos de jóvenes cristianos discipulando a los recién convertidos, orando por ellos y por un avivamiento en su país.

No hay ninguna duda, esta cruzada de Cali volvía a desafiarme a redoblar los esfuerzos en pro de la evangelización masiva. No hay tarea pequeña que no sea altamente recompensada por nuestro Dios. Todo lo que vi en este año eran brotes, aquí y allá, de avivamientos del Espíritu Santo con sus grandes manifestaciones. Creo que vale servir a este Dios. ¿Lo crees tú también así?

CAPÍTULO 35
EXPLOSIÓN EVANGELÍSTICA

A las alturas de 1987, el trabajo evangelístico es intenso, agotador y demandante. El versículo del Salmo 71:3 fue nuestra oración: «Sé tú mi roca de refugio adonde pueda yo siempre acudir; da la orden de salvarme, porque tú eres mi roca, mi fortaleza».

Los últimos meses, la carga del ministerio fue tan fuerte que humanamente desfallecíamos. El Señor vino a nosotros con esta palabra que refrescó y renovó nuestro ser. Este año lo comenzamos con intensa paz y fuerzas nuevas. De principio, la agenda se encontraba a cabalidad para todo el año.

ARA Jesucristo, «Ahora Jesucristo», era el lema escrito en catalán que en caracteres de gran tamaño permanecía incólume al frente de una muchedumbre reunida en una de las imponentes salas de las Reales Atarazanas, sitio turístico de alto relieve en Barcelona, España.

Este edificio de patrimonio nacional y que data del siglo XIII, fue el astillero donde se construyó la *Santa María*, con el que

Cristóbal Colón descubriría América. En este recinto de tradición añeja, se celebró nuestra cruzada y que el *Consejo Evangélico de Cataluña* auspició.

Tengo que reiterar que la población evangélica en España es muy diminuta: el 0.1% en ese momento, ¡la décima parte de un uno por ciento! Pero aunque este país es predominantemente católico, la verdadera religión de los españoles es el escepticismo. 353 personas por primera vez hicieron su decisión por Cristo.

Además de las reuniones de la cruzada, ministré a pastores. Mi esposa Noemí lo hizo también en la *Concentración Femenina* de unas 350 mujeres, y Linda Pritchett celebró una cruzada de niños a la que asistieron 1.920 niños, de los cuales 70 hicieron su decisión en entrevistas personales. Tengo que remarcar la personalidad del ciudadano español. Se hace sumamente difícil evangelizarlo debido a su orgullo y a su espíritu bravío, que le hace mirar por arriba del hombro a los demás. Sinceramente, yo fui con temor y temblor. Conocía del desprecio que guarda el español por el latinoamericano, y más aun, pastores de allá trataron de convencerme de que no pidiera expresiones públicas de fe porque ellos no estaban acostumbrados a estos «entusiasmos espirituales». Sin embargo desde el primer momento yo pedí profesiones de fe y fue impresionante ver a decenas de españoles pasar al frente y entregar sus vidas a Cristo.

Hubo muchísimas cosas significativas durante mi estancia en Barcelona. Por la primera vez permitieron que un evangelista estuviera en la radio en vivo, contestando llamadas del público.

El periodismo nos fue muy favorable. Los principales periódicos publicaron reportajes. La agencia EFE, órgano español oficial de noticias, destinó a un periodista para cubrir nuestra visita: un ex-sacerdote católico, decepcionado con la iglesia. Esto no lo supe hasta el último día de campaña. El domingo que cerramos con 5.400 asistentes que colmaron el recinto con olor a siglos, el periodista se me acercó al tiempo que yo subía a la plataforma, diciéndome: «Señor Mottesi, permítame saludarle ahora porque cuando usted termine su homilía, seguro que le rodeará mucha gente y no me será fácil estrechar su mano».

Me saludó afectuosamente, prosiguiendo: «Quiero que sepa que yo soy un ex-sacerdote de la iglesia católica. Estaba a cabalidad decepcionado con la iglesia y la fe de Jesucristo. En esta semana en que he estado cerca de usted cubriendo mi cometido periodístico, la fe ha vuelto a brillar en mi alma. Nuestro encuentro ha hecho un gran impacto en mi vida. Muchas gracias por su visita a Barcelona».

El siguiente paso fue la ciudad de Miami que representó en su momento un fuerte desafío a nuestro ministerio. Este lugar conocido como un centro de tráfico de drogas, tiene uno de los más altos porcentajes de crimen en los Estados Unidos, y muchos de los hispanos allí están muy influenciados por antiguas religiones africanas.

Esto no impidió que predicáramos el poderoso evangelio desde la plataforma flotante del *Miami Marine Stadium* en Key Biscayne. Es un estadio cuyas tribunas todas miran al mar. Desde ellas, muy atrás se ve el perfil de los grandes edificios de Miami. La plataforma es una enorme extensión de madera flotando separada más o menos un metro y medio del concreto y de la tierra firme.

Fueron seis noches de ardua proclamación desde la apertura, con la asistencia del Alcalde de la ciudad. 22.400 individuos asistieron; 2.200 decisiones se registraron. Celebramos conjuntamente un *Seminario de Liderazgo*, un *Desayuno Bilingüe*, Linda Pitchett con una *Concentración de Niños* y una de jóvenes en un parque local.

La nota que prevaleció en los servicios fue de alta adoración. Steve Green nos acompañó con su privilegiada voz, conduciéndonos al mismo altar de Dios. Un coro unido y cantantes locales enmarcaron el ambiente espiritual. Una noche un joven vino hacia mí y me mostró el cuchillo de doble filo que usaba para robar y matar. Ahí mismo, se acercó a la barandilla y arrojó el arma al mar entregando su vida a Jesús.

Las dos semanas previas a la cruzada, los periódicos de toda la nación, incluyendo Miami, mostraron noticias de muy malos y pésimos testimonios de líderes evangélicos. Consciente de la tristeza de muchos, me dirigí al periodismo representado allí esa noche:

«Yo tengo la impresión de que las noticias que a ustedes les interesan son aquellas que al apretarlas producen un chorro de sangre, o aquellas que están llenas de basura y escándalo. Señores periodistas, quiero decirles algo: no todas las noticias son malas. También hay buenas noticias. No todo es sucio. Hay cosas que son puras. No todo es corrupto. También hay evangelistas honestos y pastores que sirven con integridad a la comunidad».

Cuando terminé de declarar estas últimas palabras salidas de mi corazón con autoridad de Dios, la multitud como un resorte se puso de pie y estalló en una gran ovación.

Muchos rostros estaban bañados en sus propias lágrimas. Otros reían con sinceridad. Y los más, aplaudían con gran fuego. Como una ola de rica bendición nos cubrió impartiendo un ambiente de solemne espiritualidad. Dios usó ese momento derramando su bendición en la cruzada.

El 11 de julio pisé tierra colombiana, para estar en este país hasta el 28, repartido en dos cruzadas: una en Medellín, y la otra en la capital, Bogotá.

La primera la realizamos en el bello lugar conocido como *Parque de las Banderas*, donde 15.000 personas se decidieron por Cristo. Y la segunda, la hicimos en el *Coliseo Cerrado El Campín*. Hubo 10.000 decisiones allí.

Héctor Pardo, Presidente de la Confraternidad Evangélica Colombiana, nos externó sus sentimientos: «Después de muchos años de desconfianza, esta cruzada ha traído un hermoso espíritu de unidad. Los pastores de Bogotá habían perdido interés en el evangelismo. Creo que esta cruzada nos ha preparado para mayores cosas en el futuro».

En agosto dirigimos seis seminarios pastorales en Puerto Rico, Bolivia y Guatemala. Y cabe destacar un comentario sobre Bolivia. Este era uno de los dos países latinoamericanos en donde a la fecha yo no había ministrado. Sin embargo, por causa de nuestros queridos amigos bolivianos Samuel y Melvy, íntimos de nuestra familia y de la Asociación, habíamos llegado a amar.

Bolivia, con 186 años de vida como República, ha tenido 86 gobiernos. Es el segundo país más pobre de América Latina y uno de los principales productores de drogas. Es también uno de los países con el porcentaje más bajo de evangélicos en el continente.

Celebramos cuatro seminarios de liderazgo. En Santa Cruz, Cochabamba, Oruro y La Paz. De los 1.100 líderes bolivianos participantes, la gran mayoría eran pastores.

El Señor cuidó de la salud de todo el Equipo a pesar del intenso trabajo, cada día desde temprano en la mañana hasta muy tarde en la noche. En dos de las ciudades ministramos a unos 12.000 pies de altura, unos 4.000 metros. Es increíble cómo esto influye sobre uno. Cuando viajábamos de Cochabamba a Oruro, a 15.600 pies de altura, (5.200 metros de altura), en la soledad de la alta montaña se rompió el eje del automóvil que nos transportaba. Gracias a Dios solo fue el susto. ¡El Señor estuvo con nosotros!

Tijuana, la ciudad mexicana de más rápido crecimiento; el centro más grande de corrupción en toda la frontera y el paso más frecuentado de indocumentados hacia Estados Unidos en busca de esperanza, también fue escenario de una bendecida cruzada.

CAPÍTULO 36
EN EL MONTE DE LA TRANSFIGURACIÓN

Bajo esta dinámica continua del Espíritu Santo de Dios, 1988 llevaría su propio sello forjado en el cielo. Febrero y marzo se me fueron como agua en una constante labor en Puerto Rico, Texas, California, Washington DC, y la Florida. Fue un tiempo de responsabilidades.

En mayo fuimos parte de un evento histórico: la *Concentración Washington para Jesús*. Ya en 1981 había tenido el privilegio de predicar en dos eventos de *América para Jesús*. Uno en el *Orange Bowl*, de Miami, ante 12.000 hispanos; y otro en el Parque Grand, de Chicago, frente a 20.000 personas. Nuestro amigo el Dr. John Giménez seguía con su pasión de movilizar al pueblo para interceder por la nación; así que ahora estábamos celebrando *Washington para Jesús*; posiblemente la reunión cristiana más grande en los Estados Unidos. ¡Qué privilegio y responsabilidad me concedió el Señor de predicar ante más de un millón de personas de todos los trasfondos étnicos, reunidos en la capital de este país y frente a muchos millones más que seguían la transmisión en vivo por televisión.

Lo sobresaliente de estos meses fue mi ida al Seminario Precruzada en Colombia. Lloré como un niño cuando 125 jóvenes habían respondido afirmativamente al llamado radical para dar sus vidas al ministerio. Tres hermosos lugares de la costa colombiana: Cartagena, Santa Marta y Barranquilla fueron los escenarios de los Seminarios de Liderazgo que llevamos a efecto.

Otros seminarios pastorales y concentraciones hicimos en la segunda semana de abril en Argentina. Fue extenuante nuestro trabajo. Comenzábamos los seminarios a las 8 de la mañana y nos daban las 11 de la noche despidiendo a la gente. Agotados, pero felices de obrar la voluntad de nuestro Rey.

Volví a la oficina para presidir las sesiones del Comité Ejecutivo del *Congreso Los Ángeles '88*. Después Arizona, Washington DC., y nuevamente llego a Colombia.

Era una noche tibia con un viento ligero del Mar Caribe. El coso taurino de la ciudad de Cartagena impacta por su capacidad de tribunas, pero más por sus arcos en la cúspide que rodea a toda la Plaza de Toros y que lo hace bello.

En lo alto, perdida entre la aglomeración, una joven de facciones hermosas le recriminaba a su amiga que la había invitado a asistir a la cruzada.

—¿Por qué le tuviste que contar mi vida al predicador?

—Yo no le he dicho nada —contestó sorprendida su compañera—. Ni siquiera he hablado con él.

—¡Sí —insistió la joven quien se dedicaba a la prostitución—, «seguro que le referiste de mí, porque él me está hablando directamente a mí; está revelando cada detalle de mi vida!».

La muchacha meretriz colocó su rostro entre las manos y sobre sus rodillas, no pudo más, y rompió a llorar. Durante toda la terminación del mensaje estuvo en un llanto; cuando extendimos la invitación ella vio un rayo de esperanza que podría cambiar su vida. Se levantó limpiándose el rostro, descendió por las gradas hasta el centro mismo de la arena, y allí entregó su corazón a Cristo.

Dos días más tarde, una consejera nos la trajo personalmente. Mi esposa Noemí y yo la abrazamos, y oramos por ella.

Esta moderna María Magdalena fue una de las 11.236 vidas que tomaron una decisión por Cristo durante la cruzada en Cartagena.

A esta ciudad le siguió Santa Marta, con sus 5.500 decisiones, y terminamos en Barranquilla con 3.700 personas determinadas de una vez por todas por el Rey de reyes y Señor de señores.

Hacia fines de mayo estuve dos días bajo cuidado intensivo en un hospital y luego debí tomar otros diez días de descanso. Aunque soy una persona totalmente sana, el exceso de trabajo y el no descansar ni lo más mínimo durante muchos meses, quebrantó mi salud.

Fue un curso de tiempo muy bello, de encuentro conmigo mismo y con mi Señor. Fue como una preparación anímica, física y espiritual para entrar de lleno a los trabajos del *Congreso Los Ángeles `88*.

Dos años de fuerte labor administrativa: viajes continuos por toda América Latina, Canadá, la Unión Americana, Puerto Rico, y el norte de México, principalmente motivando a los líderes a la asistencia al congreso.

Así iba surgiendo el Comité Ejecutivo que incluyó a personas tan distinguidas como Norman Mydske, Daniel De León y Juan Carlos Miranda entre otros. Y no menos importante la Oficina Ejecutiva, que incluía a un ejército de obreros, algunos de tiempo completo y muchos que voluntariamente servían al Señor. También aquel grupo de mujeres y hombres, varios profesionales entre ellos, que vinieron desde Baja California, México, una semana antes del inicio del congreso; dormían en colchones sobre el piso de las aulas de una iglesia en Santa Ana, y día y noche sin descansar, prepararon mil y un materiales que íbamos a distribuir entre los congresistas. Qué fabulosa la ayuda de nuestros amigos Dan Nuesch y su esposa, y de David Enríquez Navarrete, que especialmente vinieron desde Argentina y México respectivamente, para unirse a nuestra oficina en los preparativos del congreso.

Sí, es cierto; un gran milagro que el Señor hizo posible en la semana del 25 al 29 de julio, cuando 6.316 líderes participantes vinieron de los rincones más apartados de nuestro planeta, representando a 46 países donde encontramos obra cristiana en español. Todos bajo un mismo techo, el del *Centro de Convenciones de Anaheim*, cerca de Disneylandia.

Este *Congreso Internacional para la Evangelización del Mundo Latino: Los Ángeles `88*, fue una continuación de los Congresos de *Amsterdam `83 y `86*, donde fue concebido, enriquecido y fortalecido por la visión de Billy Graham, quien tuvo a bien auspiciar estos congresos «sui generis» en la historia del evangelismo mundial.

Cuando surgió la idea de llevar a cabo un congreso de tal magnitud, nunca me imaginé su trascendencia. Sería la versión en español de lo que fueran *Amsterdam `83 y `86*. Afortunadamente Dios me dio gracia para que la *Asociación Evangelística Billy Graham* fuera co-auspiciadora de tan magno evento. En cierta ocasión, el hermano Mydske externó en una reunión del comité que la *Asociación Billy Graham* hace algo o ayuda a otros a que lo hagan, pero que nunca ha puesto su nombre junto al de otro. «En este caso, es la primera vez que lo estamos haciendo», dijo.

El lunes 25 a las 8 de la mañana comenzó el desfile de hermanos para inscribirse, recibiendo sus materiales e información pertinente que usarían durante la semana de actividades. ¡Qué gran expectación!

A manera de bienvenida, les hice llegar cuatro sentimientos que me había provocado la organización de este congreso: 1) Un sentimiento de gratitud al Señor primeramente, y después al Dr. Billy Graham y a su equipo, muy especialmente al Dr. Norman Mydske, por su apoyo moral, estratégico y espiritual. 2) Un sentimiento por lo que el Señor hará en tantos siervos suyos que vienen cansados, sobresaturados de trabajo, seguro que Daniel 10:9 sería una realidad. 3) Un sentir de pedir perdón a los jóvenes porque la vieja guardia no ha sabido entenderlos en su justa dimensión para el logro de sus ideales. Y, 4) Un sentimiento de profunda actitud de consagración a nuestro Dios, viniendo a la fuente, comprometiéndonos con su obra y renovando nuestro pacto con Él.

Ante esta perspectiva de objetivos, con temblor y temor como nunca antes lo había experimentado, me acomodé a las 7 de la noche para la apertura en el podio para los invitados.

¡Vaya noche de bendición! El acontecimiento era para quedar grabado indeleblemente en la memoria. Hubiesen sido más de 9.000 personas, si las reglas del sistema de bomberos de la ciudad no hubiesen prohibido a la gente estar de pie en el centro de convenciones. Se cerró el lugar cuando los inscritos tomaron su sitio. Más de 2.000 personas quedaron afuera. Tuvieron que contentarse con mirar el evento por televisión en circuito de sistema cerrado, con una pantalla gigante que instalamos en un auditorio adyacente.

La crema y nata del evangelismo mundial reunida en un solo lugar. Las banderas de tantos países participantes daban un marco preciosísimo. Vinieron mexicanos que sirven al Señor en Tokio, Japón; de África; de toda Europa; solo de España vinieron ¡169! Grandes delegaciones de toda América Latina y de Norte América.

El panorama visto desde el frente era asombroso. Después de tantos desvelos, por fin se comenzaban a escuchar las primeras notas al piano de nuestro hermano Bill Fasig. La trompeta de Tony Hernández resonó a todo lo ancho de aquel recinto que se empezaba a convertir en un rinconcito de cielo.

Con voz emocionada hice la declaratoria de la apertura del Congreso:

«Declaro oficialmente abiertos los trabajos de este *Congreso Internacional para la Evangelización del Mundo Latino: Los Ángeles `88*, en el nombre del Padre..., en el nombre del Hijo..., y en el nombre del Espíritu Santo».

Al otro día, de martes a viernes, se trabajó el Programa General de Enseñanza, que incluía 23 seminarios y 139 talleres de la más variada temática. Desde la evangelización de los niños hasta la forma práctica de realizar encuestas, pasando por una infinidad de áreas cruciales de la vida del individuo que necesita para ser obrero aprobado a los ojos del Señor de la mies. Cada mañana a las 8 en punto 5.000 participantes comían literalmente las enseñanzas compartidas.

La agenda, siempre repleta, no nos permitió saborear más este platillo de reyes. Teníamos que bajar del monte de la transfiguración. No podemos dar cuartel. Satanás no duerme. Nosotros tenemos la importantísima labor de predicar las Buenas Nuevas del Reino, y el Espíritu Santo de amor añadirá, solo él, a los que han de ser salvos y engrosar así las filas de los hijos de Dios. ¡A él sea la honra y gloria por siempre!

CAPÍTULO 37

SE EXTIENDEN LOS BRAZOS

Al entrar al año 1989 vi que este tendría tintes diferentes a los pasados. Ya desde su inicio en enero, nuestra junta de directores aprobó algo que bullía desde tiempo atrás en mi corazón. Una declaración de fe y misión. Una carta abierta donde están redactadas en forma breve y sencilla nuestras creencias y convicciones.

Esto marcaría el color de este año. Una verdadera labor de equipo. La Asociación no tenía ni podía soportar una carga financiera para sostener a mucha gente asociada de tiempo completo. Esto había sido para mí una preocupación constante. Sabía de la necesidad de más gente en el equipo, mas no tenía dinero para sostenerlos. No obstante, en este año Dios comenzó a crear un equipo con dos variantes: un grupo reducido dependiendo de la oficina; y otro satélite, de diferentes regiones del mundo, que en el momento de necesidad acude poniendo su corazón, su ministerio y sus recursos.

Así fue cómo en Honduras realizamos una sorprendente campaña para el Señor. Ya en febrero, el equipo viajó a este país para realizar el trabajo primario con el liderazgo. Yo, por la primera vez en la historia de nuestra Asociación, no acudí. El Equipo trajo magníficos resultados. Para marzo en que se celebraría la gran campaña, varios evangelistas asociados se encargaron cada uno de un lugar específico: Choluteca, La Ceiba, Comayagua y otros pueblos recibieron al Equipo.

Cárceles, colegios, grupos de mujeres, autoridades, niños, jóvenes, profesionales, batallones, refugiados, en la calles, en los mercados; aun se atendieron a necesidades físicas. Médicos y enfermeras llevaron salud a la gente y medicinas gratuitamente. Era nuestro *Proyecto Esperanza* en acción. Fue todo un éxito este involucrarse de tantos hijos de Dios satisfaciendo las necesidades de tanta gente hondureña.

El impacto fue glorioso. Gobernadores y alcaldes fueron alcanzados. 30.000 hondureños hicieron profesión de fe. Y vaya si no, ante la entrega y devoción de este equipo que Dios conjuntó. Aun 53 salvadoreños vinieron a ayudarnos y en testimonio personal dirigieron a 2.385 personas a un encuentro con Cristo en las mismas calles. Obviamente, el Espíritu Santo no perdería esta disposición humana para rescatar a miles para su gloria.

Sabía ahora que el Señor me estaba dando otros brazos para extender su evangelio. Proseguí con numerosas campañas en Filadelfia; en Brownsville, Texas; en la Plaza de Toros de Reynosa, México; Puerto Rico; en mi tierra natal Argentina; y, lo más sobresaliente, Nicaragua.

Lo que deseo recalcar es que Nicaragua significó otra marca sobresaliente de la gracia de nuestro Dios. Él siempre nos tiene preparado algo inusitado y nos deja sorprendidos de su maravilloso poder.

Si en el `84 tuvimos una campaña tan difícil por la falta de libertad, algunos años después el ambiente era de polarización y ebullición política. Para los días de septiembre, octubre y noviembre, los meses en que teníamos programado el Seminario de Liderazgo y la campaña Masiva, era tiempo de proselitismo político por las anunciadas elecciones para el siguiente febrero del `90. Por cierto, llegaron a ser las más transparentes de la historia nicaragüense.

El espectro religioso también habíase tornado. En 1979 solo el 7% de la población indicaba su adhesión protestante. Hoy en el `89 era de un nada despreciable 20%. Esto mostraba a las claras que los políticos no podían de ninguna manera ignorar a grupo tan representativo. Los líderes nicaragüenses al pedir los permisos correspondientes no tuvieron ningún problema. Las autoridades mismas se dispusieron a aligerar todo trámite. Dijeron que si Alberto Mottesi no tuviese visa que no se preocupara, que venga, y aquí mismo se la concedemos en el aeropuerto. ¡Cuánto habían cambiado del `84 a la fecha!

El Seminario se realizó en el *Centro de Convenciones César Augusto Silva*, un confortable edificio en la misma capital nicaragüense.

Dada la demanda de asistencia, se tuvo que dividir a los líderes en dos tandas: la de los mayores, esto es los pastores; y la de los líderes juveniles. Los primeros 1.250 pastores entraban a las 8 de la mañana y salían a las 5:30 de la tarde. Los 1.250 líderes de jóvenes se introducían a las 3:30 y se iban a las 8:30 de la noche. Mientras los pastores asistían a su última plenaria, los jóvenes al entrar iban directamente a los talleres. Fue un seminario con un alto nivel de unción dirigido por 16 miembros de nuestro equipo.

En la sesión inaugural estuvo presente el ministro de la presidencia, René Núñez Téllez. Más lo sorprendente fue la clausura.

En un momento en que me escapé al hotel para descansar por unos minutos en medio de jornadas tan agotadoras, recibí la llamada del diputado Sixto Ulloa, diciéndome: «El Presidente te quiere saludar. Dentro de una hora irá al Centro de Convenciones donde él tiene una oficina».

Volé hacia el Centro de Convenciones. Sentimos que no solo debíamos saludarnos personalmente. También queríamos ponerlo frente al auditorio. El programa se cambió.

El sábado 30 de septiembre a las 2 de la tarde hizo su aparición el Comandante Daniel Ortega con su guardia personal, su comitiva y un sinnúmero de reporteros tanto nacionales como extranjeros. La cobertura radial la habíamos tenido por medio de *Radio Ondas de Luz*, durante 12 horas diarias del evento en vivo y este acontecimiento no sería la excepción.

La emoción del momento se palpaba. El Centro de Convenciones a su máxima capacidad. Los reflectores y las cámaras de los reporteros no dejaban de plasmar sus placas y escenas. Los 2.500 pastores y líderes juveniles de Nicaragua en sus respectivos asientos, siendo testigos de lo que Dios hace para su gloria.

En la plataforma, el Presidente de la nación con su casaca de militar y su expresión de rostro circunspecto, se sentó en medio; a sus costados, su servidor y parte de nuestro equipo.

Cuando me toca a mí dar el mensaje, ya en la primera frase la congregación se pone de pie gritando alabanzas al Señor. Hablo a los pastores sobre el señorío de Cristo y a la mitad de mi sermón, cuando estoy metido fogosamente en mi presentación, oigo una voz imperativa en mi interior, clara como el agua: «¡Date vuelta, mira directamente al Presidente y predícale a él!».

Si lo hubiera pensado, seguro que me hubiese paralizado y enmudecido allí mismo. Todos los medios de publicidad imaginables estaban en esa plataforma como centro único de atención. Televisión, radio, prensa y miles de ojos presentes. Era una verdadera locura lo que se me estaba pidiendo. Pero no reflexioné, sino que actué de inmediato. Sin dilatar un segundo. Sin saber lo que iba yo a decir di la espalda al gran auditorio. Señalé con el dedo índice a la persona del Primer Magistrado de la nación y dirigiéndome a él fijamente, le dije:

«Señor Presidente, nosotros sabemos, y no somos tontos, que nuestra empobrecida y ensangrentada amada patria grande, la América Latina necesita soluciones económicas y políticas. No somos tontos, lo entendemos; pero con todo nuestro corazón sabemos, ciertísimamente sabemos, que la solución no vendrá ni de la derecha ni de la izquierda, ni de la Casa Blanca, ni de Moscú, ni de La Habana. Señor Presidente —aquí remarqué cada palabra—, la solución vendrá por regresar a Dios, por servir a Dios, por amar a Cristo».

Todo el recinto a una se puso en pie profundamente emocionado y una explosión de aplausos y aclamaciones se dejó escuchar por largo rato.

El Presidente cambiaba de color en su rostro. Se veía plausiblemente incómodo sin saber qué hacer. Por un lado su postura oficial y por el otro, el hombre tocado en su espíritu.

Supe que tenía que hacer algo. Hacer un paréntesis del sermón y acercarme a él. Así lo hice. Me acerqué y le dije: «Señor Presidente, permítame orar por usted». El asintió con un ligero movimiento de cabeza.

Cerramos los ojos y oramos. El Comandante Ortega bajó los ojos sin cerrar y escuchó nuestra oración. Yo oré no solo por el Presidente. Oré también por él como esposo, como padre; en fin, como persona. Al término volví a mi lugar y proseguí con mi homilía. La terminación fue espiritualmente exuberante.

CAPÍTULO 38
EL COMIENZO DE LA NUEVA DÉCADA

El Congreso de las lágrimas en *Amsterdam* `83, marcó indeleblemente nuestras vidas para vastas obras que dignificarían el poder de nuestro Dios. De hecho, ya no fuimos los mismos después de aquel acontecimiento mundial y evangélico.

La tan nombrada *cruzada de Nicaragua* `84, cuyo final creó un hito histórico, no tan solo para el país, sino para nuestro propio ministerio. Nuevamente, en el año `86 en Amsterdam, quisimos abrevar las mieles que solo Dios puede conceder, en una reunión internacional hecha con el objetivo de capitalizar lo realizado en el Congreso pasado del `83. ¡Cuántas lenguas y razas unidas por un Pentecostés!

Asimismo la culminación de la cruzada en *El Salvador* `84; y en Cali, Colombia, en su 450 Aniversario de su fundación; y en Miami en el `87; Barcelona en el mismo año; y el Congreso Hispano llegando a ser todo un acontecimiento en Los Ángeles, California; y ...

Todo un año de preparación. Un comité organizador que supo administrar todo el potencial que tuvo en sus manos. Cada seminario, cada reunión pastoral. Las pre-campañas hechas con la meta de llegar plenos a esta campaña en Villahermosa la capital de Tabasco en México. La propaganda. La organización del material humano; desde las hermanas que barrieron la plaza y cocinaron para el equipo, el médico que atendió las emergencias, el fotógrafo, el camarógrafo, los músicos, los ujieres, los consejeros, las secretarias, los encargados del sonido, computación y transporte, hasta el coro, cumplieron perfectamente su deber encomendado. Todos hicieron que esta cruzada hubiese cerrado con broche de oro.

Progresivamente el ministerio se ha ensanchado, haciéndose cada vez más complejo y demandante.

El 1990 y el '91 tienen su propia fisonomía de un trabajo continuo donde vemos concretamente que sin el Señor no somos nada. Su poder y su gracia son las fuentes de donde nuestra alma halla la razón de nuestro ministerio.

Durante la década de los '90 se me adelanta mi equipo a Colta, Ecuador, donde se realizaban Seminarios de Liderazgo como preparación para nuestra cruzada con el pueblo quichua. Yo predicaba en El Salvador ante 10.000 personas en la concentración *Jesucristo nuestra paz*. Mientas ministro, en el estadio sobrevuelan helicópteros tipificando los días más crueles de la guerra.

Luego bajo una lona vieja miles de quichuas amontonados en un campo de fútbol oyeron el mensaje de la cruz. Al pie del Chimborazo, la montaña de nieves permanentes en la sierra del Ecuador donde vive el pueblo quichua, una de las tribus más pobres, tristes y marginadas de América Latina, el Maestro de Galilea llegó con su regalo de amor.

Después fuimos a Puerto Rico y allí nos reunimos con siervos altamente preparados espiritual e intelectualmente. Vimos panorámicamente la visión de las naciones ensangrentadas y empobrecidas del mundo que necesitan con urgencia al pan de vida.

Con fuerzas renovadas volvimos a los polvorientos caminos de México con una amplia gama de trabajo misionero en varias ciudades: Parral, Torreón, Ciudad Juárez, Veracruz, Monterrey, Villahermosa. Como siempre, cada sitio lo visitamos dos veces, una avanzada de preparación para el liderazgo y luego la realización de la cruzada.

Al finalizar 1990 nos hallamos envueltos en dos eventos preciosos: una cruzada en varias ciudades de la provincia de Mendoza, Argentina, con 17.550 decisiones. Y el otro evento fue en Villahermosa, México. Fue una combinación de ministerio a líderes y proclamación pública.

Cruzada Tabasco `91. ¿Cuántos fueron salvos? En vida jamás lo sabremos. Aunque se llevan estadísticas, los números finales solo serán un pobre reflejo de una realidad inmensurable. Cada miembro del comité y del equipo se perdieron en sus respectivas responsabilidades. Todos hacían con denuedo lo que les correspondía. Llegó el momento de decidir: había que cerrar las puertas de acceso por la avalancha de gente que llegaba. El escenario estaba repleto. Era fascinante contemplar a más de 30.000 personas formando un maravilloso calidoscopio. Se informó a través del sonido, a la gente que seguía llegando, que hiciera uso de la pantalla gigante que estaba afuera montada a un costado del coso taurino. Adentro no cabía un alma más.

Observando con ojos ávidos los actos de toda aquella multitud, como un relámpago vinieron a mi mente los instantes culminantes de los grandes eventos que Dios nos ha permitido vivir.

Entramos al año ´91 viviendo la guerra del Golfo Pérsico con un sentimiento creciente de incertidumbre y confusión. La ola ingrata de una recesión económica mundial abarcando más países de los que uno se puede imaginar. Y los valores morales en uno de los niveles más bajos. Para ese tiempo y con 48 años de edad y 30 de ministerio, nunca había visto un mundo tan listo para la cosecha como en esta era. Por ello no me desanimo. Todo lo contrario.

La primera semana de febrero visitamos Costa Rica, con experiencias que guardo en el corazón. De ahí pasamos a Guatemala, donde ministré en la semana de dedicación del nuevo auditorio de *Fraternidad Cristiana*.

Una de esas noches acompañado de mi amigo el pastor Jorge López, fuimos a la residencia presidencial donde tendríamos una cena con el entonces Presidente de Guatemala, el Ing. Jorge Serrano Elías y su familia. Aunque ya lo conocía de antes de que tomara ese lugar, voy a su encuentro vestido formalmente. Con los brazos abiertos, casi al grito, me dice: «¡Alberto! ¡Gloria a Dios! ¿Cómo estás?».

Él rompe con toda posibilidad de distancia entre posiciones de poder humano y nos entregamos a una velada formidable.

Con esta experiencia se concibe y da a luz el *Proyecto 500* o *América 500 Años Después*.

Es una visión de alcanzar a los no alcanzados. A los monstruos sagrados de cada nación, a la pequeña elite de gobernadores, de ricos, de intelectuales. Aquellos que jamás irían a una iglesia, mucho menos a una cruzada pública, pero que también son hombres de carne y hueso con las mismas necesidades espirituales.

Este año '91 incluye otros dos acontecimientos importantes. Mi papá, don José, a la edad de 86 años fallece en los brazos de mi hermano Osvaldo. Fue una ocasión para el encuentro de toda nuestra familia allí.

Nosotros no podemos aminorar la marcha. No hay tiempo de lunes pastorales ni de vacaciones. El diablo no duerme, nosotros tampoco debemos dejar tiempo sin predicar las Buenas Nuevas a fin de arrebatar vidas perdidas con quienes estaremos en el cielo para siempre.

Iniciaba el '92 cumpliendo 30 años de mi ordenación al ministerio y celebrando el décimo quinto aniversario de la Asociación.

A mediados de ese año comenzamos a trabajar con la cruzada más grande de toda nuestra vida: *Proyecto 500* o *América 500 Años Después*.

Este era un intento por alcanzar a gente como presidentes, senadores, diputados. Si ellos se convierten al Señor, nosotros creemos que podríamos ver mucho más rápido un cambio en la historia del mundo. 1992 era un año importante para el Continente Americano. Se cumplían 500 años del «Descubrimiento o Conquista de América», y las celebraciones se aprestaban por doquier. Quisimos aprovechar este acontecimiento para que en actos conmemorativos pudiéramos atraer líderes cívicos y políticos de la élite de cada país y predicarles cara a cara. Celebramos 28 banquetes de gala con la presencia de 18.000 líderes del mundo político, gubernamental, académico y de negocios en las ciudades principales del continente. Marcó un antes y después no solo en la vida de nuestro ministerio sino también en la historia cristiana del mundo hispanoamericano.

Con los años, el Proyecto 500 fue mucho más allá de lo que habíamos soñado.

CAPÍTULO 39
BAJO AUTORIDAD

«¿De qué abominación eres tú?», le preguntó el niño a su compañerito de clase. El muchacho equivocó los términos. Lo que quería preguntarle era el nombre de la denominación a la cual pertenecía.

Hay iglesias denominacionales, conciliares e independientes. No me ubico en ninguna de estas definiciones. Creo que la mejor expresión para definir nuestra ubicación en el cuerpo de Cristo es que somos interdependientes. Ningún miembro del cuerpo de Cristo puede decirle al otro: «No tengo necesidad de ti», bajo ninguna circunstancia.

Gracias a Dios hemos visto un enorme cambio en cuanto a esto en la iglesia latinoamericana. Todavía quedan bastantes «llaneros solitarios», e incluso unos pocos «tira bombas», juzgadores de los demás. No saben que cuando desprecian a una parte del cuerpo de Cristo, están clavando un puñal en el corazón de Dios.

Nuestra *Asociación Evangelística* se siente parte de un todo, que es la familia de Dios. También creemos que esto incluye una tremenda responsabilidad. Debemos ser cartas abiertas frente al Señor, su pueblo, y aun frente al mundo que escudriña a los siervos de Jesucristo.

Una de mis preocupaciones desde el inicio de la Asociación era la transparencia del área administrativa. Ha sido un camino arduo de recorrer. En 1991 tomé la decisión de dejar la presidencia de mi *Junta de Directores*. Ya desde tiempo atrás venía meditando seriamente este paso. A mi junta le sorprendió esta decisión. La razón fundamental es el desear tener una administración modelo. Sabía que si yo dejaba la presidencia, ya no tendría la máxima autoridad en los negocios de la Asociación, ni mi familia siquiera. Así podría crear un modelo de excelencia, que fuese totalmente transparente para el uso de los dineros sagrados de Dios. Solo acepté tener voz en las reuniones de nuestra Junta de Directores, pero no voto.

Una vez le pregunté a un hombre cercano a Billy Graham, cuál era el secreto de su éxito. Sin titubeos me contestó: «El saberse rodear de hombres fieles e idóneos que le aconsejan y le ayudan en su ministerio».

Considero que en el manejo de un ministerio debe haber una combinación de lo divino y lo humano; de la unción espiritual y la administración humana, lo cual resulta en un ministerio sólido para servir al Señor y alcanzar al mundo.

Hoy tenemos una *Junta de Directores* que tiene la última palabra en los negocios de nuestro ministerio. Algunos son anglosajones y la mayoría son latinos. También tenemos lo que llamamos *Consejo de Directores de Departamentos*. Hay años en que se ha reunido más de veinte veces. Yo mismo me anclé al consejo y decisiones de este grupo.

Los libros contables de nuestro ministerio están abiertos y cada tres meses profesionales externos a nuestra organización los examinan. Esto es una exageración. Pero preferimos ser exagerados en dar cuentas, en ser claros, en vivir bajo autoridad, que en un independentismo que solo revela la carnalidad del ser humano y el infantilismo religioso.

Más crece el ministerio, más avanzan los años, más creemos en la interdependencia en el cuerpo de Cristo. Creo que tenemos que enfrentar una situación de nuestra cultura evangélica latinoamericana. Hay en muchos, metido en el corazón, el espíritu de un cacique, un espíritu independiente y una hambruna de poder y reconocimiento.

Es casi increíble cómo se buscan títulos y posiciones que adornen nuestras vidas. La autoridad en el ministerio no proviene del que me llamen «apóstol, profeta, evangelista o doctor». Hoy aparecen apóstoles por doquier sin tener las credenciales bíblicas del apostolado cristiano. También se pueden conseguir doctorados a muy bajo precio. Esta es una de las mayores vergüenzas de la iglesia hispana. Sin ningún proceso académico serio, por unos pocos dólares, te ofrecen un doctorado. En realidad, el doctorado y su importancia están en relación directa a la universidad que lo esté otorgando. Como líderes cristianos sentimos vergüenza de aquellos que buscan estos reconocimientos sin seriedad académica y por las organizaciones dedicadas a este negocio.

Nuestra autoridad en el liderazgo cristiano no proviene de los títulos que uno tenga, ni de la fuerza o prepotencia de cacique que desempeñe. Nuestra autoridad espiritual está en relación directa a nuestra sujeción al Señor y a sus autoridades visibles. Nuestra autoridad está en relación directa a nuestra humildad. Cuanto más grande sea el ministerio, más entregado, más manso, más solícito con los demás, más abierto al consejo de otros debe ser el siervo de Dios.

La grandeza de un ministerio no depende del carisma sino del carácter del ministro.

Desde el inicio de la Asociación, su base de sustentación son mis preciosos sostenedores. Nuestro ministerio es un trabajo de fe y Dios ha provisto a mujeres y a hombres que sostienen la obra. Realmente, los grandes logros han sido posibles por el canal de bendición que Dios ha dispuesto para hacernos llegar los recursos.

Llegué a pensar que Dios solo contestaba oraciones en inglés. Los enormes proyectos de nuestros hermanos anglosajones, sus presupuestos tan grandes... Y nosotros, los hispanos… que siempre nos faltan 0.10¢ para completar el peso, ¡ni siquiera el dólar!

Pero él me enseñó que es bilingüe. Que contesta la oración de cualquiera de sus hijos, en cualquier idioma y en cualquier parte del mundo.

¡Tenemos tantas pruebas de su respaldo! Aquella vez cuando alguien con el que nunca nos habíamos visto, nunca me había oído predicar, al saber de nuestro *Proyecto 500 Años Después*, la celebración que hicimos por los 500 Años de la Conquista de América y que nos abrió la puerta para compartir la cosmovisión cristiana con miles de líderes de los gobiernos, académicos, empresarios, nos envió un cheque de $100,000.00.

Cuando soñamos con el proyecto de los *Centros Internacionales de Escuela de Evangelistas*, en nuestra carta mensual a los queridos donantes, incluí una nota: «Con 5,000 dólares podemos iniciar una Escuela en alguna parte del mundo». Una donante, creo de $20 mensuales nos llamó y nos contó su experiencia. Después de leer la carta, la arrojó al basurero. Una voz le dijo: «¿Por qué tiraste la carta? Ve y recógela». Ella fue obediente, pero al ir a recoger la cartita, esta ya estaba en el fondo del basurero. Solo pudo rescatar un pedacito del papel; justamente donde estaba la frase: «Con 5,000 dólares podemos iniciar una escuela en alguna parte del mundo». Y el Señor le dijo: «Siembra esos $5,000.00 y plántame una escuela en España». Así que, se pudieron hacer los viajes exploratorios y dar los primeros pasos para abrir una escuela allí. Lo mismo nos pasó con otra donante en relación a África.

Y cuando Oscar Merlo, nuestro Decano, estaba gestionando cómo establecer la infraestructura académica electrónica, la cotización más económica que encontró fue de $75,000.00. No quiso decirme nada, solo oró. Entonces llamó otro desconocido desde Argentina. Él acababa de hacer el mismo proyecto para la *Universidad de Puerto Rico* y la *Universidad de República Dominicana*.

—Me enteré lo que están buscando —le dijo a Oscar—. El costo del programa es de $75,000.00.

—No tenemos ese dinero, pero permítame compartirle nuestro sueño —le respondió Oscar.

Luego del relato apasionado, se hizo un silencio. Fueron segundos pero parecieron horas. Este precioso ser humano volvió a hablar y dijo: «Les instalo gratuitamente el programa».

¿No es Dios el que provee? ¿No es él quien sostiene su obra? Él también habla español.

En nuestro ministerio nunca hicimos algo porque tuviéramos el dinero. Hicimos las cosas porque Dios nos pidió hacerlas y luego vino el dinero.

Cuando Dios le dijo a su pueblo que cruzaran las aguas, que el mar se abriría, me imagino que la inmensidad del océano era imponente y al meter los pies en el agua, se sentía fría. Pero Dios había hablado. Y se atrevieron, y el mar se abrió.

Así hemos actuado siempre. Le creímos a Dios y él siempre fue fiel.

CAPÍTULO 40

GRANDES CRUZADAS DE
LA ÚLTIMA DÉCADA

¡Cuántos recuerdos vienen a la mente! ¡Cuántas emociones tan bellas a través de los años!

No hay libro que pueda relatar las experiencias de centenares de cruzadas evangelísticas. Algunas pequeñas, otras multitudinarias y todas llenas del gozo de su presencia.

Se me agolpan las ideas y los recuerdos. Por ejemplo, en el año 1995 la cruzada en Santiago de Chile. El bello parque O'Higgines escenario de grandes celebraciones nacionales se llenó con una multitud hambrienta del Dios de los cielos. Las más de 7.200 decisiones por Cristo sobrepasaron la capacidad de los consejeros para atenderlos.

Hay cosas que suceden en las cruzadas que jamás, humanamente hablando, nos atreveríamos a hacerlas. Pero cuando el Espíritu Santo tiene todo el control, acontecen experiencias poderosas.

Recuerdo en esa cruzada haber llamado a criminales huyendo de la justicia y siete de ellos se entregaron a Cristo. Recuerdo la noche del viernes cuando llamé a traficantes de drogas a renunciar a la profesión y poner la vida bajo la autoridad de Dios y una docena respondió.

Recuerdo otra noche cuando muchos pasaron al frente, dejando en la plataforma cuchillos, pistolas, sobres con drogas, amuletos que representaban sus ataduras con hechicería y satanismo. Y hasta cosas insólitas como la pareja de novios que llegó a la última reunión con sus vestidos de bodas. «Ya terminó nuestra fiesta de casamiento. Queremos seguir celebrando en la cruzada antes de partir a nuestra luna de miel», dijeron.

Quizás una de las cruzadas atípicas fue la de Cali, Colombia. Yo vi a Jesús caminando por las calles de esa ciudad. «Cali sos vos» nació en el corazón del gobierno de la ciudad. Preocupado por la tristeza, depresión, drogadicción, violencia, alcoholismo, la enorme cantidad de hogares destruidos y, en ese momento, un 29% de desempleo.

El gobierno, junto a la empresa privada, los industriales, el pueblo cristiano, los rectores de universidades, los medios masivos, entre otros, lanzaron este movimiento para la recuperación de esta ciudad. Fue en agosto de 1998 y el estadio Pascual Guerrero, uno de los más grandes del continente, se colmó.

Durante la cruzada tuvimos amplia distribución gratuita de ropa, alimentos y medicinas en las áreas marginales. Tuvimos una central de llamadas con doscientas líneas telefónicas, que durante las 24 horas atendieron las necesidades de la gente. Más de 5.000 universitarios visitaron seis veces los casi 500 mil hogares de la ciudad. Llevaron seis libritos. Uno por mes presentando valores para la familia. Nunca como en Cali, vi que la comunidad secular volteara para mirar a la iglesia y pedirle su ayuda.

¡Qué emocionante recordar la cruzada del Valle de Sula en Honduras en junio del 2003! Tuvimos que usar un enorme terreno en Choloma, un suburbio de San Pedro Sula la ciudad industrial de ese país, porque ya en anteriores cruzadas los estadios habían sido insuficientes.

La multitud estaba de pie. Una noche cuando estaba listo para orar por los que habían pasado al frente aceptando a Cristo, sentí una voz diciéndome: «No ores. Todavía falta alguien más. Todavía falta el jefe de una pandilla. Es un criminal escapando de la justicia. Dile que hoy le doy su última oportunidad». Repetí estas palabras al pueblo y la gente empezó a orar y la música empezó a tocar. De pronto, un movimiento en el extremo lejano de la multitud. Un grupito abriéndose camino ente la gente y un susurro llenando el ambiente y diciendo: «El monstruo, el monstruo». Se referían al jefe de una pandilla, que seguido de siete pandilleros, se abría paso entre la gente para dar la vida al Señor Jesús.

Cuando terminó la reunión me lo presentaron. Estaba lleno de tatuajes y cadenas. Sus ojos se notaban inflamados de tanto alcohol y drogas. Pero pasó bañado en lágrimas y así me dijo: «¿Cree usted que un Dios tan santo puede perdonar a un criminal como yo?».

Lo abracé, le pedí perdón por los males que la sociedad le pudo haber hecho. Lo adopté como a un hijo y lo introduje a una relación personal con Dios.

Pasaron tantas cosas preciosas en esos días. Por ejemplo, recibimos un correo electrónico relatando lo siguiente:

«Mi nombre es Armando Muñoz, soy un periodista hondureño y trabajo para el periódico más importante de mi país, diario *La Prensa*, el cual se edita aquí en la ciudad de San Pedro Sula.

Una mañana del pasado mes de junio, el jefe de redacción me mandó a que fuera a cubrir una actividad en donde usted iba a estar predicando para empresarios, alcaldes, diputados, políticos y periodistas. Cuando escuché su predicación en el Centro de Convenciones de aquí de San Pedro Sula, fui impactado por el mensaje que usted pronunció con la fuerza del Espíritu Santo, y aquella mañana de ese viernes, hice mi mejor negocio: acepté a Jesucristo como el Señor y salvador de mi vida.

En la noche de ese viernes, usted comenzaba el primero de tres días de una cruzada evangélica en la ciudad de Choloma, donde congregó a más de doscientas mil personas. Hoy, por este e-mail, quiero darle las gracias por haberme llevado hacia Jesucristo.

¡Gracias, muchas gracias! Quiero que sepa, Dr. Mottesi, que aquí tiene en mí a un hermano y amigo que jamás lo olvidará. Guardo conmigo la grabación del mensaje que usted predicó porque quiero un día mostrársela con gran amor a los hijos que el Señor me regale. ¡Gracias Dr. Mottesi! ¡Gracias!».

Recuerdo la última noche de esa cruzada, el ambiente estaba saturado de la presencia de Dios; muchos lloraban confesando sus pecados. En el momento en el que oré por la salvación de la gente declarando la gracia divina y los requerimientos del Dios Santo, sin que nadie las tocara, cuatro prostitutas cayeron al suelo llorando y cuatro pandilleros en otro sector del campo, también llorando, cayeron al suelo arrepentidos por sus pecados.

Ese mismo año recuerdo la cruzada en Maracaibo, Venezuela. Fue la Celebración de Pentecostés 2003 que el pastor José Inciarte, hoy en la presencia del Señor, celebraba anualmente.

El estadio Pachencho Romero desbordó. La primera noche más de cuarenta mil asistieron, muchos miles quedaron afuera sin poder entrar.

Recuerdo a aquella señora que se me acercó y me dijo: «Hace veinticinco años me entregué a Cristo durante una de sus predicaciones. Mis cuatro nietos son profesionales y están en el ministerio». ¡Qué gozo ver los frutos del ministerio!

Después de aquella primera poderosa cruzada en Managua, Nicaragua durante el 1984, volvimos allí en el 1989 y más tarde en diciembre del 2004.

En esta última ocasión fue cálido el tiempo con el presidente del país Ingeniero Enrique Bolaños. También desafiante la oportunidad de hablar en el pleno de la Asamblea Nacional del gobierno que, durante cuarenta y cinco minutos, me escuchó exponiendo el evangelio.

Nuestros asociados celebraron ciento cincuenta pre cruzadas en casi todos los municipios del país. Entre los evangelistas fueron varios estudiantes de nuestra escuela de evangelistas.

En comarcas remotas los jóvenes enfrentaron los poderes del infierno y varios brujos se convirtieron. En la cruzada final, aunque los cálculos locales fueron mayores, creemos que la asistencia fue de doscientas mil la última de las tres noches. Unas quince manzanas de la Plaza de la Fe estaban totalmente saturadas de una multitud de pie durante más de cinco horas. La respuesta a la invitación a aceptar a Cristo desbordó todo cálculo y preparación.

También recuerdo con cariño la cruzada en El Salvador en diciembre del 2006. Fue en El Cafetalón, un enorme terreno abierto. El presidente del Comité Timón, el pastor Mario Vega, expresó: «Cada noche se entregaron a Cristo cantidades sin precedente de personas». Recuerdo el testimonio de dos policías cristianos que reconocieron a uno de los criminales más buscados por la justicia. Dos meses antes había escapado de la prisión de Cojutepeque con otros veinticinco peligrosos criminales. Lo vieron de rodillas con su rostro en la tierra llorando, junto a otros ocho «mareros», entregando su vida a Jesús.

El Comité Timón dio un informe destacando que en las tres noches tuvimos una asistencia acumulativa de casi trescientas mil personas.

Un momento cumbre de esa cruzada fue el reconocimiento que nuestro ministerio le hizo al Dr. Pablo Finkenbinder conocido mundialmente como el Hermano Pablo y a su esposa Linda. En ese momento ambos tenían 85 años y 65 de ministerio, muchos de ellos en El Salvador. Recuerdo haber hablado de él en ese momento como «mi héroe, mi modelo, mi padre, mi amigo».

Cómo resumir tantas experiencias durante las cruzadas. Tal vez me gustaría destacar algo. Obviamente, siempre en nuestras cruzadas tenemos música, alabanza y adoración. Qué gratitud tenemos a algunos de los adoradores más conocidos que nos acompañaron en varios de esos eventos. Hombres como: Jesús Adrián Romero, Marco Barrientos, Marcos Witt, Grupo Rojo, Danilo Montero, Jaime Murrell y otros. Todos fueron de tanta inspiración y su participación fue vital. Sin embargo, lo que me gustaría enfatizar es que aunque los tiempos han cambiado y estilos o modelos de cruzadas pueden ser transformados, sigo creyendo, como nunca antes, en el poder de la Palabra predicada de Dios. ¿No dice él mismo que la gente será salva por la locura de la predicación?

¡Qué peligro tan grande por tratar de adecuarnos lo más que podamos al tiempo, quitarle la preeminencia a la predicación del evangelio!

Sigo creyendo en el poder absoluto de la Palabra de Dios. ¡Qué ejemplo tan grande ha sido para mí el evangelista Billy Graham! Su clásica expresión: «¡Así dice la Biblia!», caracterizó una época que no debe pasar jamás.

Gracias a Dios por todo el atractivo que podemos utilizar a través de videos, música, luces, etc., pero nada tan importante como abrir la Palabra, compartir la verdad y llamar a la gente a poner sus vidas bajo el señorío de Cristo. Mientras viva lo seguiré haciendo con todo mi corazón.

CAPÍTULO 41
HAITÍ 2001

Aunque son centenares de cruzadas, sentí que debía dedicar un capítulo solo para una muy singular: la que celebramos en la República de Haití en julio del 2001.

Normalmente para que celebremos un evento así debe venir una invitación de un grupo amplio de líderes cristianos de una región. En el caso de Haití, Dios nos había hablado muy fuertemente y creo que fue la única oportunidad en que nuestros coordinadores fueron y golpearon la puerta de los ministros de allí para poder organizarlo.

En dos o tres ocasiones, diferentes personas sin conexión entre ellas nos habían dicho que habían recibido Palabra de Dios en cuanto a que teníamos que ir a Haití. Así que, cuando nuestros coordinadores fueron, citaron al liderazgo cristiano principal de la nación.

Estaban reunidos en la sede de uno de los concilios evangélicos y la reunión era totalmente privada cuando de pronto alguien golpeó la puerta. Era un sencillo pastor del interior de la República.

Él no sabía de nosotros ni de la presencia de nuestro equipo allí. Tampoco tenía noticias de esa reunión que se estaba celebrando. Entró a la sala y dijo: «He caminado desde mi pueblo dos días enteros sin parar. El Señor me dijo que lo hiciera y que al llegar aquí les dijera lo siguiente: "Los embajadores de Cristo que les están visitando hoy, vienen en nombre de Dios y lo que ellos traen es voluntad divina"». Nuestros coordinadores me contaron que todos los líderes presentes cayeron de rodillas con un temor por la manifestación tan clara de Dios respecto al proyecto.

Tuvimos a cargo de nuestros asociados, cinco cruzadas en el interior. Algunos de nuestros evangelistas, no lograron bañarse durante una semana y otros regresaron con infecciones y problemas físicos.

Hace 200 años «los padres de la patria» dedicaron Haití a Satanás. El 14 de agosto de 1991, el presidente Arístides volvió a consagrar a Haití a Satanás. Gran número de miembros del gobierno, en ese entonces, practicaban la brujería. En la primera noche de la cruzada, en la capital, se fue la luz. Las plantas eléctricas que instalamos para solucionar esa clase de problemas, no funcionaron. Llovió copiosamente y la camioneta donde viajaba acompañado de varios médicos fue chocada en la carretera obscura. Por cierto, los médicos de Puerto Rico que me acompañaron en esa ocasión, jugaron un papel vital. Cada día atendieron a casi mil enfermos.

«Rompí a llorar», dijo uno de los doctores. «Cuando se nos acabaron las medicinas. Solo podíamos orar por los enfermos y esperar un milagro». «Varias veces sentí que me desmayaba», dijo el evangelista Antunez de Honduras que nos acompañó. «El olor de la gente enferma era espantoso».

Otro de los evangelistas que estuvo allí dijo: «No teníamos luz ni agua donde nos hospedábamos. Los hermanos juntaban algo de agua para bañarme. El agua tenía olor a muerto, pero Dios nos guardó. Muchos días solo comimos una banana y un pedazo de pan».

Algo que tipifica el ambiente que descubrimos allí fue lo que nos contó Jean David Larochelle, un joven haitiano sirviendo a

Cristo en Ecuador, y quien fuera nuestro intérprete al creole y al francés. Antes de convertirse, él usaba como plato para la comida un cráneo humano dado vuelta. En un largo e inspirado poema, escribe: «Haití, mi patria amada, ¡cuánto te amo! Te he visto sufrir y llorar. He pasado por los basureros de tus ciudades. Haití, la historia te olvidó. Haití, mi patria amada, ¡cuánto te amo!».

Dios me había hablado acerca de dedicar a Haití a Jesucristo. Y una de las noches envuelto en la bandera haitiana lo hicimos con toda la pasión con que lo podíamos hacer. Recuerdo que pedimos por el gobierno, rogamos que el presidente se convierta a Jesucristo y también pedimos por la niñez y la juventud. Mientras la presencia de Dios se hacía sentir entre toda la gente, muchos estaban de rodillas, profundamente quebrantados en *Champ de Mars*, una enorme plaza en Puerto Príncipe, la capital del país.

Una cantante haitiana, residente en Canadá y muy amada en Haití, estando en Canadá sintió que Dios le pedía ir a Haití y no sabía exactamente para qué. Llegó al país con su pastor y se dio cuenta de la cruzada y todos entendimos que Dios la había movido para ser parte de este evento. Ella cantó en ese momento de dedicación: «A Dios sea la Gloria».

El día siguiente era el gran final. La gente estaba llegando de todas partes para la conclusión de la cruzada. Estábamos por empezar, cuando un abogado, miembro de la Iglesia del Nazareno que trabajaba en el Palacio de Gobierno con su teléfono celular en la mano me dijo: «Me acaban de llamar del Palacio Presidencial para avisarme que el presidente Arístides está enviando su fuerza más violenta de choque para destruir esta reunión». Alguien lo escuchó y al rato mucha gente sabía lo que estaba pasando. Algunos me decían: «Cancelemos la reunión». Otros me decían: «Que la reunión sea muy corta; predique solo 5 o 10 minutos». Pero Dios me decía: «Te traje para predicar. Predica todo lo que te he entregado».

Yo no soy valiente, y casi no podía creer lo que escuchaba cuando oí la grabación de mi mensaje que esa tarde salió en vivo por una cadena de estaciones de ese país. Públicamente le dije al presidente del país que lo que él había hecho, dedicar a Haití a

Satanás, era causa de tanta desgracia y miseria para su nación. En el mensaje le exhorté a arrepentirse y entregar su vida a Jesucristo.

Cuando apenas estábamos comenzando la reunión llegaron muchos camiones repletos de los facinerosos enviados por Arístides. Rodearon la enorme plaza. Traían en sus manos gruesas cadenas y botellas de licor. Mucha de nuestra gente, ancianos y niños, estaban temblando por lo que podía pasar. Recuerdo que yo ya estaba predicando con mi intérprete a mi izquierda, cuando un pastor, atrevidamente se me acercó y en mi oído derecho dijo: «Pare de predicar, esto va a ser un desastre». Otra vez, la voz de Dios dijo: «No tengas temor sigue predicando».

Cuando hicimos la invitación de entregar la vida a Cristo, centenares de los violentos enviados por el presidente tiraron sus cadenas y botellas de licor al suelo y de rodillas, quebrantados, entregaron la vida a Jesús.

¡Cómo no servir al Señor! ¡Qué glorioso es predicar el evangelio! ¡Qué poderoso es el Espíritu Santo! ¡Qué razón tenía Carlos Spurgeon, gran predicador inglés, cuando decía a sus estudiantes: «Si Dios les llama a predicar el evangelio no se rebajen a ser reyes de Inglaterra».

CAPÍTULO 42
EL MUNDO MUSULMÁN

Cada ocasión de predicar el evangelio es un verdadero desafío. Sea que lo hagamos ante cien personas en una pequeña congregación o ante un millón, como nos ha tocado hacerlo, o en cruzadas evangelísticas cuando las asistencias rebasan las doscientas mil personas. Las rodillas siempre tiemblan y el sentido de incompetencia siempre está presente. «Para esto quién es suficiente», preguntaba el apóstol Pablo. Lo glorioso es que él agrega: «Nuestra suficiencia viene del Señor».

Aunque la verdad que predicamos siempre es la misma, lo central del mensaje nunca cambia. Sin embargo, cada lugar a donde vamos tiene características particulares que afectan la preparación del mensaje para ese pueblo.

Cuando vino la invitación para celebrar la primera cruzada evangelística pública autorizada por el gobierno en Turquía, sentimos que Dios estaba detrás de esto. Continuamente recibimos invitaciones de muchas partes del mundo y por muchos años nos resistimos a recorrer el planeta. Nuestro enfoque siempre ha sido América Latina y Dios honró que nos concentráramos en nuestro continente, bombardeándolo con el amor de Dios a través de radio, televisión, artículos y las cruzadas evangelísticas. Sin embargo, la oportunidad de ir a un país musulmán cautivó nuestro corazón.

Dedicamos mucho tiempo a leer acerca de Turquía. Un país con setenta y dos millones de musulmanes y solo unos tres mil cristianos evangélicos. Tratamos de entender algo su cultura, qué cosas deberíamos evitar para no dañar al pequeño pueblo cristiano de ese país. Realmente creemos que en cada lugar debemos contextualizar el mensaje, pero nunca fue tan urgente para mí como en el caso de esa nación.

Entre las personas con quienes nos relacionamos, intercambiamos correos, recibimos mucho material escrito y celebramos conferencias telefónicas, una fue Juan Sarmiento, líder de un movimiento cristiano al mundo musulmán. Para conversar acerca de las últimas recomendaciones teníamos una cita antes de nuestro viaje, y él nos pidió permiso para incorporar en la conferencia telefónica a Doris Torres, quien fue misionera por siete u ocho años en Turquía y temporalmente estaba en California antes de regresar a su campo misionero. Nos pareció formidable la idea y en la conversación hablamos de muchas cosas, también oramos y recuerdo una de las palabras finales. Doris dijo: «Creo que el gobierno turco se está cerrando. Hay una tendencia de los más extremos para llevar al país a un radicalismo islámico. Probablemente, hermano Alberto, esta es una pequeña ventana de oportunidad que se abre. Quiero pedirle algo: ¡Por favor, predique la Palabra!».

Comenzamos nuestra visita a Turquía en octubre del 2010 con un retiro a puertas cerradas con los cuarenta misioneros latinoamericanos que trabajan allí. Fue en un hotel cerca de la ciudad de Éfeso. También asistieron varios líderes turcos y líderes latinos de doce países que estaban considerando servir al Señor en algún país musulmán. Prediqué allí, en cada ocasión, con mi corazón quebrantado. Este pequeño grupo de obreros es un grupo de gigantes del evangelio.

Conocí a un evangelista turco a quien su familia lo abandonó cuando se convirtió a Cristo. También supe de otra evangelista iraní que cuando se convirtió a Cristo sus tres hijos la abandonaron. Me sentí tan torpe y tonto por la clase de cristianismo que vivimos en occidente: tan superficial, tan egocéntrico.

Luego pasamos a Estambul para el evento evangelístico. Una ciudad con veinte millones de habitantes y solo mil cristianos repartidos en pequeñas congregaciones.

En los eventos asistió el máximo líder musulmán, también los Ministros de Asuntos Religiosos de los gobiernos de Turquía y de España, el Director de Derechos Humanos del gobierno local, líderes políticos, los Cónsules de Estados Unidos, Inglaterra, España y Holanda. Recibimos varios saludos incluyendo el del Primer Ministro Turco. Al día siguiente, todos los periódicos dijeron: «Gobierno turco reconoce iglesia evangélica».

El pastor Carlos Madrigal, oriundo de España, quien fuera mi intérprete allí, dijo: «Cuando llegamos hace veinticinco años, solo habían treinta creyentes. Las reuniones eran en casas y frecuentemente ponían a los cristianos en la cárcel. Las iglesias se levantaron sobre un lago de sangre de los mártires».

Jon Kregel, ex jugador de fútbol del Barcelona y del Cosmos de Nueva York, dio un poderoso testimonio. Por cierto, se paró vestido con la camiseta del Barcelona. Es que los turcos son muy futboleros. Mi amigo Pedro Eustache, solista de muchas películas de Hollywood incluyendo La Pasión de Cristo de Mel Gibson, quien me acompañó para la ocasión, estaba presentando una majestuosa interpretación musical. Faltaban pocos minutos para dar el mensaje y yo estaba luchando espiritualmente sentado entre dos hermanos de nuestro equipo. Dirigiéndome a estos dos les dije: «¿Cómo responderán los turcos al mensaje de un latinoamericano con un intérprete: Levantarán la mano como hacemos en otras naciones para indicar su decisión por Cristo? ¿Se animarán a pasar adelante?».

Realmente estaba intentando definir los últimos toques a mi presentación que ya venía en pocos minutos. ¿Qué debo hacer Señor? De pronto, las palabras de la hermana Doris vinieron como cataratas a los oídos de mi corazón: «Predique la Palabra. Predique la Palabra».

Presentar a Cristo como Señor es algo ofensivo para los musulmanes. Lo consideran un profeta pero niegan que él sea Rey de reyes y Señor de señores. Ésa fue mi primera declaración. Fue el énfasis más grande de mi mensaje. Sabíamos que tendrían que estar presentes espías del gobierno pero mucho más fuerte era el sentido de urgencia que llenaba nuestro corazón. Ya no pensábamos en nuestras buenas relaciones públicas con los turcos ni en cualquier cosa que circunstancialmente podría afectarnos. Era como la misionera dijo, tal vez solo una pequeña ventana que se abría y con una pasión como pocas veces en mi vida prediqué el señorío de Cristo.

Expliqué muy claramente cómo es la conversión. Incluso les pedí, como siempre lo hago desde hace muchos años, que miembros de iglesias evangélicas no pasen al frente. Fui más cuidadoso que nunca en la invitación y, qué emocionante ver a centenares de turcos bañados en lágrimas reconociendo a Cristo como Señor de sus vidas.

Sí, la preparación para cada ocasión es de enorme importancia. El mensaje no cambia, pero es muy diferente presentarlo en ciudad de Guatemala, París o a grupos indígenas de los Andes. Enfocarlo de acuerdo a las características del grupo al que queremos alcanzar es fundamental. Sin embargo, hay un punto sin retorno. El momento cuando el predicador se arroja en las manos del Espíritu Santo y tendrá que responder a él, solo a él por su fidelidad como heraldo del evangelio.

Pocas semanas después de Turquía fuimos a Tegucigalpa, Honduras, en diciembre de 2010. Fue nuestra tercera cruzada en Tegucigalpa. Otra vez, el estadio Nacional no alcanzó, la multitud desbordó y la respuesta de aceptar a Cristo fue gigantesca. Durante los diferentes eventos asistió el Presidente de ese país. El Presidente del Congreso de la Nación, el Alcalde de la capital, Jueces de la Corte Suprema, Senadores de la república. Fue un soplo del Espíritu Santo sobre esa región del mundo. Tan diferente. Tan cálida la recepción, tan amoroso el espíritu latinoamericano de respuesta a Dios.

CAPÍTULO 43

CUANDO DIOS TIENE EL CONTROL

¡Cuántos inicios de campañas tranquilos, apacibles, perfectamente programados y con hermosos resultados! ¡Ojalá fueran siempre así! ¡Pero no! Ha habido principios de cruzadas cuando yo hubiese querido desaparecer ante la plena efervescencia del mal, circunscribiendo cada uno de los propósitos a realizar. Oposiciones frenéticamente satánicas. Recuerdo la cruzada en la República Dominicana, en medio de una noche tenebrosa con una tormenta de agua de diluvio y relámpagos como jamás he visto en mi vida, sin luz eléctrica, y predicar así, empapado hasta los huesos, con la Biblia escurriendo y a puro pulmón.

También en Nicaragua, en uno de sus momentos más intensos de su tensión política debido a su guerra intestina. Donde las dificultades fueron sobradamente espectaculares, pero, así también fueron los resultados victoriosos. Con el tiempo, este suceso evangelístico ha llegado a ser un hito, una marca histórica, no tan solo para el país de Nicaragua, sino para mi propio ministerio.

En Venezuela, donde se había suspendido el otorgamiento de visas a predicadores y misioneros, pero, faltando unas horas y teniendo todo preparado para la campaña, «milagrosamente» nos concedieron el permiso respectivo.

Cuando prendieron fuego al hotel en el que yo estaba hospedado, en Guatemala, en un acto rigurosamente terrorista. O, como en El Salvador, también en plena guerra fraticida, cuando en toque de queda la guerrilla anunciaba su mayor ofensiva, explotando bombas en la capital por doquier. Aun así, el poder de Dios se agigantó para mostrarnos quién es el que conduce los destinos de las naciones.

Hechos increíblemente emocionantes; horas alegres y felices, horas probablemente angustiosas. «Una cosa sí es certísima: el reino de Dios no tiene obstáculos ni fuerza contraria que lo venza».

Bajo este tenor eufórico de mis pensamientos, ha brotado espontánea la alabanza de mi corazón a Jesús mi Señor, exaltándole y glorificándole. Paulatinamente, el sueño me vence; y se dibuja una sonrisa en mi boca, producto de la conciencia de saber que estamos en la voluntad de Dios. ¡Aleluya!

¡Qué sorpresas gloriosas tiene el Señor! Celebrábamos una campaña evangelística en Guayaquil, la ciudad portuaria de Ecuador. Líderes cristianos de Quito, la capital, lograron hacer arreglos para que me presentara y hablara en el pleno de la Asamblea Nacional. Esto es algo inédito que ya me ha estado sucediendo en varios países de América Latina.

Así que, una mañana muy temprano, de noche todavía, con una veintena de pastores de Guayaquil tomamos el primer avión hacia la capital. Nos dieron recepción como si fuera un presidente. Nos subieron a Noemí y a mí a una limosina, y mientras la policía motorizada con sonidos estridentes abría camino para nosotros entre el tránsito de la ciudad, yo medio me encogía en el asiento. Es que la gente en las calles saludaba a nuestro paso pensando que iría allí algún famoso del arte o de la política.

Cuando llegamos al Palacio de Gobierno, un pastor con cara muy larga nos estaba esperando.

—Todo está cancelado.

—¿Qué pasó? —le preguntamos.

El Presidente del Congreso hizo uso de su poder de veto y dijo que un evangelista no hablaría en el pleno del Congreso de la nación.

—No te preocupes —le dijimos—. Busca un lugar donde el grupo pueda ponerse a orar.

Noemí y yo decidimos sentarnos en el pequeño sector para el público desde donde veríamos el desarrollo de la Asamblea, las discusiones, los insultos, los votos.

Mientras tanto, el diablo comenzó a decirme: «Qué mal va a quedar tu reputación, por todas partes sabían que hoy ibas a predicar en la Asamblea Nacional. Vas a quedar como un tonto».

Es el momento cuando un evangelista debe decidir entre preocuparse por su propia fama o radicalmente confiar en el Dios de los cielos que lo llamó, apartó y abre puertas en su nombre.

De pronto, algo inusitado pasó allí. El Presidente del Congreso dijo: «Me siento mal. Me estoy descomponiendo y creo que tengo que ir de emergencia al hospital». En esa circunstancia, el Vicepresidente tomó la dirección de la Asamblea.

A los cinco minutos, un Senador levantó la mano y dijo: «Vuelvo a poner sobre la mesa la moción de invitar al evangelista Mottesi a que entre y nos entregue su Palabra». La Asamblea votó afirmativamente por unanimidad, y a los pocos minutos este evangelista estaba ocupando el estrado delante de los máximos líderes de ese país y proclamando el nombre que está sobre todo nombre y delante del cual se doblará toda rodilla y toda lengua confesará que Jesucristo es el Señor.

Cuando descansas confiadamente en el Dios que te llamó, él enviará diarreas sobrenaturales a tus enemigos y los confundirá.

CAPÍTULO 44
LOS PRESIDENTES DE LATINOAMÉRICA

Se llama San Vito. Es un reducto italiano en medio de la centroamericana Costa Rica. La cruzada allí fue realmente gloriosa. Durante esos días la pizzería Mama Mía fue nuestro centro de operaciones. Allí celebrábamos encuentros y tomábamos decisiones pertinentes. Por cierto, comimos allí la mejor pizza del mundo, mejor que la de Roma, Buenos Aires o Nueva York.

Volvíamos hacia San José, la capital, en el automóvil de Sixto Porras, Director Continental de Enfoque a la Familia cuando de pronto dije:

—Me gustaría hablar con el Presidente Rodríguez.

—Habría que hacer una cita y eso toma un tiempo antes de conseguir la entrevista —contestó Sixto.

—¡Es que siento que tengo que hablar ahora con él!

Sixto se sonrío y dijo:

—Es imposible hablar con un Presidente cuando a uno se le ocurra. Además por aquí no veo un solo lugar donde conseguiríamos un teléfono para hacer el contacto.

—Detente, detente aquí —le dije.

Era una sencilla pulpería de campo. A regañadientes, detuvo el automóvil.

En efecto el pulpero tenía un teléfono que rentaba a los interesados en usarlo. Le dije:

—Sixto, ahora es tu turno, llama y hazme contacto con el Presidente.

Con una sonrisa medio incrédula, tomó el teléfono y llamó al Palacio Presidencial. Lo hicieron esperar mucho tiempo.

—Te dije —insistió Sixto—, esto no funciona así.

De pronto apareció la voz de la secretaria privada del Presidente anunciándole que el presidente estaba listo para conversar conmigo telefónicamente.

Pasamos largo rato hablando, tal vez cerca de dos horas. Fueron momentos de compartir la Palabra, profetizarle, orar por él, comentarle sueños. Realmente algo indescriptible.

Cuando le preguntamos al pulpero cuánto le debíamos, él tenía sus ojos desorbitados. No podía casi creer lo que había visto y oído. «¡No, no me deben nada. No me paguen nada!».

Antes de ser electo presidente, en tres ocasiones Rodríguez había asistido a eventos nuestros en su país. Claro, era candidato. En eso momento ya era presidente y seguramente no iba a tener tiempo para los cristianos, decían algunos. Pero sí, él no solo contestó aquella llamada. En julio de 1999 su país iba a honrar a uno de los hospitales más antiguos de la nación. Él fue quien sugirió a los directivos del hospital: «Inviten como conferencista al evangelista Mottesi». Y el evento fue coordinado por la oficina de protocolo de la presidencia, cantó el coro de la Universidad Central y había unos 400 médicos presentes. Solo cuatro o cinco pastores habían llegado, que a último momento se dieron cuenta de mi presencia en la reunión. No era un evento cristiano, era un evento del gobierno que honraba a esa institución, y fue el mismo Presidente quien me introdujo para dar la conferencia. Son cosas realmente inolvidables.

Por cierto, como solo sabemos hablar de Jesús, eso fue lo que hice presentándolo como el sanador por excelencia y también allí extendimos la invitación de reconocerlo como el Señor de la vida, y docenas hicieron profesión de fe.

Otro presidente, por cierto del mismo país, que se comportó de manera semejante fue don José María Figueres. Durante los dos años previos a su elección tuvimos una intensa relación. Ahora estábamos celebrando un gran día de clamor en La Sabana, un enorme parque cerca del centro de la capital del país. Y habíamos dicho que el Presidente Figueres estaría allí.

Toda la prensa escrita y televisiva dijo que no era verdad. El Presidente junto con el Vicepresidente y su respectivas familias, ese sábado por la mañana, estarían lejos de allí en medio de sus vacaciones.

Varios miles llenaban los terrenos de La Sabana. La multitud estaba adorando a Dios con mucho fervor y ya era mi tiempo de predicar. De pronto, en un extremo de La Sabana se escuchó un ruido enorme. Es que un helicóptero estaba aterrizando allí. Era el helicóptero presidencial. En medio de los vítores de la gente, el Presidente y su esposa, con el Vicepresidente y su esposa, subieron a plataforma y me abrazaron. «Te dije que vendría y aquí estoy», me dijo Figueres.

Tenemos pasión por compartir la gracia de Dios con los líderes de las naciones, y establecer redes de amistad con ellos es algo vital.

Por cierto, hablando de estos dos ex presidentes costarricenses recuerdo que siendo los dos candidatos estaban visible y públicamente peleados, a un nivel, como dicen algunos, que no se había visto en ese país. En esos días celebramos uno de nuestros desayunos de alcance allí en San José y los dos llegaron. Cada uno con su séquito se sentó en un extremo diferente del salón que estábamos usando.

El ambiente se puso un poco tenso. De pronto, en medio del mensaje que estaba dando, sentí fuertemente que debía llamar a los dos candidatos al frente y convocarlos a la reconciliación. Así que, le pedí a Figueres y a Rodríguez que pasaran al frente, y en ese momento el ambiente se puso mucho más tenso. Se ubicaron, uno a mi izquierda y otro a mi derecha y les dije: «Antes que cualquier cosa, Dios. Antes que cualquier partido político, la patria». Ellos se dieron la mano y aquella foto histórica salió en primera plana de muchos periódicos al otro día.

En el curso de los años he tenido la bendición de estar con personas connotadas. Logré obtener una entrevista con el Presidente de Chile, Eduardo Frei, cuando yo apenas tenía 23 años de edad. También con el Presidente del Senado de Bolivia, que hace las veces de Vice-Presidente de la República, y después con el señor Víctor Paz Estensoro, presidente de este último país. En mi vida he tenido la bendición de entrevistarme con una veintena de presidentes.

En un encuentro histórico, que ya relaté, pude dirigirme al Presidente Daniel Ortega en la República hermana de Nicaragua.

Por otro lado, aunque me consideraba su amigo antes de su resonada elección, para mí fue gratísimo pasar una velada de cinco horas, compartiendo sueños para América Latina, con el Presidente de Guatemala, el Ingeniero Jorge Serrano Elías.

Estos son algunos ejemplos de personas que, por sus actividades de suma concentración de poder, se encuentran solos. Cierto, están, aparentemente, rodeados de un ejército para cuidarlos; no obstante, para caminar entre el común de los ciudadanos, tienen que ocultarse o, definitivamente, no hacerlo. Ellos son un reto para mi ministerio. Posiblemente sean, desde mi propia visión, las personas más necesitadas de apoyo espiritual.

Creemos profundamente que la iglesia tiene que ser un elemento de reconciliación. ¡Qué vergüenza que en varias naciones del continente tenemos iglesias oficialistas e iglesias de la contra! ¡Qué vergüenza tan grande! Jamás debemos permitir que la política se meta dentro de la iglesia. En nuestras bancas deben adorar como hermanos los de la izquierda y los de la derecha, los ricos y los pobres, los profesionales y los analfabetos. Cristo es el único que puede lograr esto, y cuando la iglesia pierde esa capacidad deja de ser iglesia. No importa que cante himnos, que tenga grandes y exuberantes experiencias místicas. Si no es un elemento de unidad nacional, pierde su carácter.

Sí, queremos llenar a los políticos con el evangelio. Sí, queremos transformar la cultura con los valores de la cultura del reino de Dios. Creemos en la separación de la iglesia y el estado, pero creemos también en la profunda relación entre Dios y la nación.

En estos años establecimos relaciones con presidentes, gobernadores, alcaldes. En algunos casos hemos entrado a sus casas y compartido momentos maravillosos con sus familias. Obviamente si describiéramos esas situaciones perderíamos la confiabilidad de ellos. Pero sí descubrimos una apertura formidable de la clase política y gubernamental hacia el evangelio de Jesucristo.

Por cierto, compartiendo estos testimonios con un amigo, él me expresó: «Pero, esos países son más chicos que el partido de La Matanza (distrito de Buenos Aires, Argentina, que es como un condado o departamento)». Exactamente en menos de un mes después de esa declaración, yo estaba predicando en el Salón Rojo del Palacio de los Pinos al lado del presidente de México, (una de las naciones más grandes e importantes del mundo) el Licenciado Salinas de Gortari. Compartimos los nopales de su propio plato y prediqué ante 700 líderes clave de ese país.

CAPÍTULO 45
AMÉRICA LATINA Y LA EVANGELIZACIÓN
DE LOS LÍDERES

¿Qué nos ha pasado? ¿Qué cosa hemos hecho mal? ¿En qué nos hemos equivocado? ¿Por qué, si la iglesia cristiana en América Latina ha crecido tanto, América Latina está como está? Nuestra realidad latinoamericana nos duele a muchos. El 70% de nuestros hermanos latinoamericanos están desamparados. En Bolivia, por ejemplo, cada 24 horas, 250 niños mueren por desnutrición.

América Latina es la región más violenta del mundo y la mayoría de los crímenes permanecen impunes. La corrupción sigue siendo «el personaje» número uno en círculos políticos y de gobierno.

¿Por qué la brecha tan grande con nuestro vecino del norte? En 1820 el producto interno bruto de México era cuatro veces más grande que el de Estados Unidos. En 1820 el producto interno bruto de América Latina era 12.5% mayor que el de Estados Unidos.

Cuando se fundó la Universidad Harvard en Boston en 1636, ya teníamos ocho universidades casi centenarias en América Latina. Hoy, ninguna de nuestras universidades aparece entre las 100 mejores del mundo.

¡Y qué quebranto en la familia! En Argentina, por ejemplo, en 1974 el número de madres solteras era el 23%. Hoy supera el 50%.

Sí, hemos visto un gran crecimiento numérico del cristianismo. Sin lugar a dudas, en nuestro continente podemos decir lo de Cantar de los Cantares 12:11-12: «Porque he aquí ha pasado el invierno, se ha mudado, la lluvia se fue; se han mostrado las flores en la tierra, el tiempo de la canción ha venido, y en nuestro país se ha oído la voz de la tórtola» (RVR1960).

No cabe la menor duda que se terminó el invierno espiritual. No dudamos que estamos disfrutando la primavera del amanecer de un gran avivamiento. Pero… ¿por qué no hemos visto una transformación en nuestra cultura? Es que la Iglesia, como escribió el sociólogo suizo Christian Lalive D'epinay, ha sido *El Refugio de las Masas*. Los desposeídos hallaron en nuestras congregaciones, dignidad, honor, familia, fuerza para vivir. Pero no tuvimos la fuerza para cambiar nuestra sociedad. Libertamos a individuos endemoniados, pero ¿qué de las estructuras sociales llenas de demonios?

Si vamos a cumplir el mandato de «ir y hacer discípulos a todas las naciones» (Mateo 28:19), entonces tenemos que alcanzar a los que dirigen nuestras naciones. Los gobernantes, los políticos, los académicos. Los que establecen las leyes, los que producen el arte, hoy tan corrompido, los que tienen las llaves para irrumpir en nuestra cultura.

Alma por alma, todas son iguales. La de un carpintero y la de un senador de la república, la de un lustrabotas y la de un juez de la Corte Suprema. Pero en términos de influencia, la diferencia es sideral.

Corea del Sur pasó de ser el anteúltimo país más pobre del mundo, ha convertirse en una de las once economías más fuertes del orbe, la tercera del sudeste asiático. ¿Qué pasó? La iglesia se hartó de la corrupción política. Hoy, el Parlamento formado por 300, ya tiene 130 evangélicos. De 300, con 130 evangélicos más 70 católicos, no hay ley corrompida que pueda ser aprobada.

Obviamente hay otros elementos clave para la transformación de nuestras naciones. Por ejemplo, el papel vital de la intercesión. En África hay un poderoso río de intercesión.

En Uganda en 1992, el 33% de la población estaba infectada de SIDA. El promedio de vida en Uganda era 45 años. La iglesia comenzó un poderoso movimiento de intercesión. Diez años más tarde, el 33% de enfermos de SIDA bajó al 10%.

Pero hoy quiero enfatizar este aspecto fundamental para la transformación: la evangelización de los líderes. El amado Dr. Bill Bright, fundador de la cruzada Estudiantil y Profesional para Cristo, solía decir que no podemos declarar evangelizado a un país, si no alcanzamos a sus líderes.

Sin embargo, a pesar del cuadro moral del continente, yo tengo esperanza. Creo que este es nuestro tiempo. Un día le tocó a Inglaterra; Alemania ya tuvo su momento estelar. Estados Unidos jugó un papel vital. Recientemente Corea del Sur experimentó una poderosa transformación y desarrollo. El próximo territorio de avivamiento y transformación, se llama la gente de habla hispana.

Y para que esto suceda habrá que descubrir nuevas fronteras misioneras. No solo India, las naciones islámicas o la selva del Mato Grosso en Brasil. También en nuestras naciones, en la arena política y de gobierno, el arte, el mundo académico, los centros de poder a donde también hay que brillar para Jesús.

Necesitamos evangelistas-misioneros con la mente del Reino de Dios que vayan a cambiar esas esferas de la vida.

Evangelización que transforma comunidades implica la presentación del mensaje del señorío de Cristo hasta las últimas consecuencias. Incluye la mentalidad del reino que ingresa al mundo para gobernar, para transformar. Demanda una estirpe de testigos que están marcados por la cruz, están muertos para sí mismos, cargan siempre la toalla y la palangana con agua, son humildes como el Cordero, y saben, no tienen dudas, que «toda rodilla se doblará y toda lengua confesará que Cristo es el Señor».

¿Será tarea de superdotados? ¿Será el emprendimiento de súper ungidos? ¡No! Es el trabajo de todos.

Probablemente alguien estará pensando, ¿yo hermano Alberto? ¡Sí, tú eres una de las mujeres, uno de los hombres que tiene que hacer su parte! No importa si solamente tenemos unos pocos panes y peces. Si los colocamos en las manos del Hacedor de milagros, nuestros pocos recursos alcanzan para alimentar a una enorme multitud.

Viene a mi mente el testimonio de un joven que marcó la historia. William Wilberforce no era candidato para nada. Su padre murió cuando él tenía 9 años de edad. Su salud fue muy frágil incluyendo la vista muy corta. Casi toda su vida necesitó un corsé de hierro porque su columna vertebral no lo sostenía. Tal vez era candidato para un refugio de desvalidos.

Sin embargo, cuando se convirtió, sintió que el evangelio tenía que ser aplicado a cada esfera de la vida y en ese entorno no podía ser soportada la vil esclavitud que se practicaba en las Islas Británicas. Él decidió que abolir la esclavitud sería la meta de su vida.

A los 21 años de edad fue escogido como el Parlamentario más joven de las Islas Británicas. Muchas veces creyó que la meta ya se alcanzaba pero los poderes detrás del enorme negocio de la esclavitud de entonces lo detenían. Sin embargo, él no se detuvo en su empeño. Había una majestuosa y santa determinación en la vida de William Wilberforce.

Le tomó 40 años de lucha. Tres días antes de partir con el Señor, la vil esclavitud fue abolida para siempre en las Islas Británicas incluyendo Estados Unidos.

Dios no nos mira con los ojos con que evalúa el mundo. Él percibe ahora lo que tú puedes llegar a ser en el futuro si te determinas a trabajar con él para la salvación de los perdidos y la transformación de las naciones.

CAPÍTULO 46

EL SENTIDO DEL HUMOR

Algunos piensan que los predicadores somos personas muy serias, que no bromeamos. Se equivocan.

Considero que el buen humor debe ser un ingrediente que nunca debe faltar en un equipo de trabajo. Jamás he pensado que el predicador debe ser de cara alargada, mustia, de manos entrelazadas en actitud de santo patrono, con mirada perdida en el empíreo. No. La verdad es que debemos ser capaces de demostrar una personalidad tocada por el Espíritu con una actitud gozosa, radiante, evitando con dominio propio los excesos. Aptos para discernir el momento que se vive, con una madurez porfiada en la experiencia diaria del vivir constante en el Espíritu.

Hubo una tanda de buenos chistes que nos hicieron reír hasta las lágrimas. A varios de mis hermanos podrían diplomarlos en chistología con notas de excelencia. Bueno, hasta yo puse mi granito de arena, recordándoles algunos vividos realmente y otros fantasiosos.

Recuerdo una de las cruzadas en Villa Hermosa, Tabasco, México. Era la última noche y habían traído una pintura de la selva tabasqueña para usar como fondo y tomarnos así varias fotografías allí. El cuadro medía por lo menos tres metros de ancho por dos metros y medio de alto.

Cuando llegó Danilo Montero, quien nos acompañó en ese evento, me vino «un espíritu de picardía».

—Mira Danilo, este cuadro te lo trajeron de regalo —le dije—. El hermano que lo dejó aquí dijo que lo pintó su hija y la ilusión de ella es que lo tengas en tu casa o en tu oficina.

—No bromees Alberto —me contestó—. Esta enorme pintura no puede ser para mí.

Después del final en la Plaza Monumental, Danilo se fue a comer con jóvenes, y yo con pastores. Al regresar al hotel me volvió aquel «espíritu». Pregunté en recepción si el Sr. Montero estaba en su habitación y me dijeron que no. Así que tomé lápiz y papel, y escribí una nota: «Querido hermano Danilo Montero: Soy el papá de la muchacha que con tanto amor le pintó el cuadro. La ilusión de ella es que usted lo tenga. Mañana estaremos temprano en el aeropuerto para ayudarlo a subir el cuadro al avión». Y envié a un botones a tirar la nota bajo la puerta del cuarto de Danilo.

Cuando Danilo regresó al hotel y leyó la nota, su tecladista que estaba con él, dijo que, demudado su rostro, Danilo se sentó en la cama y expresó: «Entonces no era una broma de Alberto. ¿Qué hago con ese monstruo de pintura?».

A la mañana siguiente ya se acercaba la hora de salida del avión y Danilo no aparecía. Cuando llegó, mirando hacia todas partes, preguntó:

—¿Dónde están?

—¿Dónde están, quienes?

—¡La gente del cuadro!

Ya no aguantamos más y rompimos a reír.

«¡Mira, un siervo de Dios haciendo esas bromas!».

Sí, vivimos muy a alta velocidad y con grandes responsabilidades, pero no faltan esos momentos de risas, de chistes que nos dejan una sonrisa por largo tiempo.

Danilo Montero «tomó venganza». Fue durante la cruzada en Cancún, México. Al terminar el evento siempre hay detalles que atender. Normalmente una despedida del Comité Organizador con una cena muy tarde. Si es posible tomamos el primer avión aunque el descanso nocturno sea solo de dos horas. Cuando el vuelo es después del mediodía siguiente, nuestro anhelo es descansar un poco. La jornada siempre es extenuante.

Era la madrugada y al entrar al cuarto con Noemí, nos esperaba allí una nota: «Querido Pastor Mottesi: yo me convertí en una de sus cruzadas. Era una monja. Seguí su consejo y formé una familia. Tengo 17 hijos». En este punto, exclamé: «¡Que bárbara, se tomó en serio lo de la maternidad!».

«Mañana a las 7:00 a.m. —prosiguió la carta— estaré allí en el hotel con toda mi familia para saludarlo». Firmaba: «La ex monja, hermana Tibursia».

¡Dios mío! —exclamé— ¡Nos arruinó la noche de descanso!

Luego de prepararnos para recibir a «la hermanita» y esperar en vano, al ir al desayuno fuimos recibidos por las risas de Danilo y toda su banda.

¡Qué bien la pasamos! ¡Qué saludable es el buen humor! Con razón la Revista Selecciones tenía una sección de chistes llamada «La Risa: remedio infalible».

Te tengo otra historia. Fue una situación embarazosa. Subí en Monterrey, México al avión de *American Airlines* y me senté en la primera fila, en asiento del pasillo. Como te podrás imaginar llevo millones de millas voladas con American, lo que representan muchos millones de kilómetros. Así qué, el programa de viajero frecuente me da reiterada y gratuitamente acceso a primera clase.

La cabina se había llenado, de repente una ejecutiva subió al avión y me dijo en alta voz: «Señor Mottesi, usted hoy es el pasajero número 60, y American Airlines está cumpliendo 60 años. Sonría. Se ha ganado este presente». Sin decirme ¡agua va!, puso en mis manos una botella de vino y me tomó una fotografía. La gente a mis espaldas aplaudió. La mujer se fue dejándome el vino como regalo.

Mientras viajábamos y hojeaba la revista de American Airlines, una voz me empezó a decir: «Esa foto la van a publicar. Te imaginas, miles van a ver al evangelista con su botella de vino». Un estremecimiento corrió por mi cuerpo.

Durante 15 días pensé en este lío hasta que me animé a llamar a American Airlines y preguntar.

«Ojalá me atienda una empleada cristianas», me dije a mí mismo. Sabía que en el *Executive Platinum Desk* trabajaban dos mujeres cristianas. Incluso una creo se convirtió bajo nuestro ministerio.

Cuando le expliqué lo sucedido, Blanca Sepúlveda rompió a reír. «Deme el día y el número de vuelo», me dijo. Me dejó esperando diez o quince minutos. «¡Problema resuelto!», exclamó. «La foto fue borrada de los archivos». Recién entonces respiré aliviado.

Experiencias cómicas, embarazosas, que nos brindan esos momentos de alegría que recordamos siempre.

CAPÍTULO 47

ELLA

Fue amor a primera vista. Cuando por primera vez cruzamos miradas, la suya me llegó hasta la profundidad del alma. Desde aquel primer encuentro en los parques de Ezeiza, en Buenos Aires, entre noviazgo y matrimonio ya pasaron más de 50 años. ¡Es toda una vida!

Me da pena ver cómo parejas se marchitan. No solo hay divorcios y quiebres por doquier, sino que aun, matrimonios que permanecen juntos lo hacen solo como una formalidad. Perdieron el brillo, se les apagó la luz, la batería que producía el amor se les terminó, solo viven juntos bajo un techo pero no disfrutan la sinfonía del amor.

Para nosotros, después de más de 50 años juntos, estos son los mejores días de nuestra vida. Somos más amigos que nunca antes. Platicamos más que nunca antes. Sentimos que la sinfonía de nuestra relación está tocando su nota más alta.

Una tarde me doy cuenta que dispongo de unos largos minutos. Los dedico a poner en orden mis maletas. Selecciono el traje que usaré por la tarde. Palpo que una de las bolsas interiores está abultada. Meto la mano y, de inmediato, me encuentro con una gratísima sorpresa de mi esposa.

Aunque a estas alturas no debería ser una sorpresa, porque Noemí, en cada viaje que hago se las ingenia para colocar un detalle escrito de su propio puño, unas líneas en que me manifiesta la apertura de su corazón y su amor hacia mi persona. Sí, viene el texto consabido y, además, se le ha ocurrido poner una rosa roja en la parte media de la carta. Me conmueve su gesto. Leo con detenimiento sus palabras, como si las oyera con su timbre de voz inconfundible. «Querido Alberto: Nuestro amor es y debe seguir siendo como esta rosa. ¡Perfecta rosa! Te quiero mucho y estaré orando cada día por vos. Cuídate mucho. Quien te quiere, Noemí».

Permanezco unos instantes extasiado. La rosa la llevo a mis labios y deposito un beso sobre sus pétalos, como si se lo estuviera dando a la mujer que Dios me ha dado, la que ha venido a ser la perfecta mujer para mi vida. Cada día que pasa, nuestro amor se fortalece. Tantos años de matrimonio son suficientes para constatar la base en que hemos construido nuestro hogar: nuestro precioso Salvador y Señor, quien ha sido nuestro guardador y sostenedor.

Desde el comienzo de nuestro amor siempre estuvo la iglesia, Dios y el ministerio. Realmente después del Señor, Noemí ha sido una ayuda super extraordinaria.

Noemí ama muchísimo al Señor y a su obra. Recuerdo que estando ella embarazada de nuestro segundo hijo, a pesar de sus molestias y empujando el cochecito con nuestro primogénito, salía a las calles de Buenos Aires a repartir folletos y volantes de invitación. Actualmente es pieza clave en el ministerio de la Asociación.

No ha sido fácil, es cierto. Un llamado como el mío implica una tremenda carga de sufrimiento para la familia. Las constantes ausencias, si no son atenuadas por una fuerte comprensión y la confianza en el cuidado de Dios, degeneran en preocupaciones agobiantes y en problemas candentes para todos los integrantes del hogar.

Gracias a Dios, Noemí ha sido una mujer admirable. Ha sabido con inteligencia y sabiduría de lo alto, llevar una buena relación familiar, la cual no se mide en cantidad, sino en calidad.

En varias ocasiones, retornando de un largo viaje a altas horas de la noche, me he acercado a las camas de mis hijos y, poniendo mis manos sobre sus cabecitas, he orado con profundo sentimiento delante del Señor por ellos.

No recuerdo cuándo ni dónde. Noemí estaba predicando y yo entré y me senté en los asientos de atrás. Me emocioné al escuchar su palabra, cuando de pronto escuché la voz de Dios preguntándome:

—Alberto, ¿crees que Noemí tiene ministerio?

—Por supuesto, sin ella yo no podría hacer el trabajo; realmente ella es mi ayuda idónea.

—Es que no me entiendes Alberto. No te pregunté si te ayuda en tu ministerio. Te pregunté si reconoces que ella también tiene su ministerio.

Allí caí en cuenta.

Me di cuenta que no solo me ayudaba muchísimo, no solo hacíamos equipo trabajando juntos, sino que en sí misma había un ministerio dado por Dios. En mi espíritu la solté para servir al Señor.

En estos últimos años Dios la ha puesto ante grandes auditorios, inclusive en la responsabilidad de tener que ministrar a pastores. Nos dimos cuenta que muchas de nuestras actitudes en la iglesia no provienen de las Escrituras sino de la cultura machista. Sentimos que hay un enorme potencial en millones de mujeres latinoamericanas que si lo soltáramos produciría una revolución espiritual en todo el continente.

Noemí coordina lo que en nuestro ministerio llamamos *Salvemos la Familia*. Es el área de nuestra Asociación Evangelística que representa las manos del Señor Jesús. Manos para acariciar, manos para sanar, manos para restaurar.

Salvemos la Familia entrena a cristianos para iniciar en sus iglesias Centros de Restauración Familiar abiertos a la comunidad. También auspiciamos Centros de Rescate a la Familia donde personal pastoral y profesional está 7/24 (las 24 horas los 7 días de la semana) dedicado a ayudar a familias quebrantadas.

¡Hay tantos testimonios del triunfo del evangelio! Por ejemplo, el caso de ese hombre borracho que pasando frente a nuestro Centro en Baja California, México, al ver el cartel Centro de Rescate a la Familia decidió entrar. Los encargados del lugar le ministraron hasta que se disipó de su embriaguez y lo condujeron a una experiencia de salvación con Cristo. Al estar lúcido, el hombre les confesó que tenía el plan de matar a su esposa y a la mamá de ella. Pidió que lo esperaran para regresar con ellas. Ese día trajo a toda la familia, encontró la salvación y comenzó un proceso de sanidad de las heridas y restauración de las relaciones.

Noemí juega un papel vital en nuestra oficina. Llegan centenares de cartas compartiendo diferentes tragedias. Ella contesta cada una de ellas de forma personal.

A veces nos preguntan cómo puede hacer con tanto trabajo para contestar cartas personales. Es que para nosotros, tanto ella como yo, el ministerio no son solamente púlpitos, estadios, sets de televisión. El ministerio tiene que ver con personas, con vidas sensibles al dolor, con seres humanos que están hambrientos de misericordia. Este es el ministerio de Salvemos la Familia que dirige Noemí: un bálsamo de misericordia para el que ha sido lastimado por el mundo.

CAPÍTULO 48
MIS HIJOS Y MIS NIETOS

Son realmente personas excepcionales. Ambos aborrecen la mentira. Son muy honestos. A pesar del éxito que lograron como profesionales, conservan un carácter lleno de mansedumbre y respeto a los demás.

Marcelo, que nació en 1963 (él y yo nos criamos juntos ¡ja ja!) y Martín que nació en 1969, ya podrán calcular sus años, son nuestros preciosos hijos. Tengo una profunda admiración por ambos. Ellos me enseñaron muchísimas cosas.

Marcelo es Doctor en Jurisprudencia; y Martín, Licenciado en Administración de empresas. Marcelo es socio de una de las grandes firmas de abogados en *Wall Street*; y Martín es Vice-Presidente de una manufacturera a nivel nacional. Los dos mantienen una intensa actividad profesional y están muy involucrados en sus iglesias y apoyan fervientemente nuestro ministerio.

Aunque son hombres grandes y con barba dura, ¡qué dulce se siente cuando me abrazan, me besan y dicen: «¡Papá, te quiero mucho!». Los siento no solo hijos, también amigos. Mis mejores amigos. Su ayuda y consejo ha sido un verdadero tesoro para nosotros.

Sus esposas, también son nuestras hijas. Lisa, esposa de Marcelo; y Lela, esposa de Martín. Las dos son seres humanos excepcionales. Sus rostros están llenos de luz y sus corazones rebozan de bondad.

Marcelo se conoció con Lisa en la escuela secundaria y luego fueron a la misma universidad, Biola en el Sur de California. Cuando Marcelo fue en busca de su doctorado a *Georgetown University*, cerca de Washington DC, Lisa fue a servir en un hospital en Tailandia a refugiados camboyanos; y la separación fue difícil.

—Papá —me dijo Marcelo—, tengo confundidos mis sentimientos. Necesito saber con certeza si «Lisa es la persona».

—Bueno —le respondí—, la mejor forma es ir a descubrirlo.

Y haciendo uso de la bendita tarjeta de crédito, agregué: «Ya tienes comprado un pasaje a Tailandia. Vé y descúbrelo».

De esta preciosa unión nacieron tres maravillosos nietos: Gabriela, Nicolás, y Daniel, ya jovencitos adolescentes. Viven en New Jersey, y aunque sufrimos la separación, ellos nos visitan o nosotros a ellos. Admiro a Lisa por su extraordinaria vocación de servir a los demás; y disfruto acompañar a mis nietos a sus actividades extra escolares.

Nicolás es un gran jugador de baloncesto y el mejor de su edad en la liga de béisbol del Estado de New Jersey. Aunque no entiendo mucho ese deporte, soy un fan de mi nieto. Daniel es el «Messi» de nuestra familia. Me siento a escuchar tocar el piano a Gabriela con su sonrisa y cariño celestial, y a Danny, nuestro brillante Danny, y la estridente trompeta de Nicolás suena dulce al oído de mi corazón.

¡Tengo tantas vivencias de nuestros nietos! Recuerdo cuando caminábamos por un bosque y comenzó a llover. El clima estaba frío. Nicolás que tendría entonces 7 u 8 años, inocentemente me dijo: «Nono toma mi abrigo para cubrirte». Creo que su abrigo hubiera cubierto escasamente un brazo o una pierna mía.

¡Cuando nos abrazan cuánta ternura y cuántas emociones dulces nos producen los nietos!

Cuando Martín y Lela se conocieron, se enamoraron. Ella tiene un trasfondo europeo y rural. Es la mejor cocinera que he conocido en mi vida. ¡Qué cenas formidables prepara! Sus hijas, Isabela y Sofía, las más pequeñas de la familia. Sus sonrisas y cariño son «celestiales».

La semana anterior a escribir este capítulo, volví el domingo por la tarde de un tour evangelístico de seis días por cuatro ciudades de México. Prediqué las seis noches y cinco mañanas, viajando por las tardes o noches. ¡Más de 10 mil profesiones de fe! Volví cansado. Creo que me dolía todo el cuerpo del agotamiento. Mis dos nietas estaban con Noemí esperándome en el aeropuerto. Cuando llegamos a casa para la cena, ellas me anunciaron: «Hoy tenemos un Fashion Show y aquí está tu ticket». Así que después de comer, nos acomodamos, y ellas, despojando el closet de Noemí y usando los vestidos y sombreros de ella, hicieron un «desfile de modas».

Casi no podía tener mis ojos abiertos, pero cómo disfrutamos ese momento de familia. Cuando regresaban a su casa y Martín conducía su automóvil, qué dulce sonaban los gritos de las nietas diciendo: «¡I love you, I love you!».

Nuestros cinco nietos nos llaman «Nono» y «Nona». Adoptaron la costumbre argentina muy influenciada por la cultura italiana. A los padres de nuestras nueras los llaman abuelo y abuela. Nosotros somos «los nonos». A los cinco les encanta la lectura de buenos libros. Devoran libros diariamente.

Hoy, escribí este capítulo al salir del estadio General Santander, donde celebramos una gloriosa cruzada. Solo una noche tuvimos más de tres mil profesiones de fe. En el automóvil con el que nos transportan íbamos escuchando una de las bellas canciones de Jesús Adrián Romero que me recordó a mis cinco nietos. La letra dice así: «Tengo dos excusas en mi mente para recordar vivir y a mi casa regresar. Son un par de mágicas princesas. Se han dado cuenta que soy débil y con solo una sonrisa pueden todo conseguir, de mi corazón se han vuelto dueñas y me alegran la existencia con solo en ellas pensar (yo en mis cinco nietos). Son como un jardín de primavera que se viste cada día de belleza y esplendor, son como palomas mensajeras que el Señor mandó del cielo para hablarme de su amor».

¡Sí, el amor a los nietos es algo muy diferente, muy especial, muy cautivador!

Algo que me sorprende de nuestros amados hijos es la dedicación que tienen por sus esposas e hijos.

Tienen un horario de actividades deportivas y culturales extra escolares llenísimo, pero allí están, «al pie del cañón», como dicen en mi tierra. Además, temprano en las mañanas los llevan a las diferentes escuelas y por las noches siempre terminan el día con historias bíblicas y oración.

Creo que nuestra descendencia lleva el sello de Noemí. Este es su logro. Ella siempre enseñó sobre las prioridades: Primero Dios; segundo la familia y tercero, el ministerio.

Si la familia no está bien, algo sonará desafinado en el ministerio. Por el contrario, si la familia está bien, esto será una fortaleza para el ministerio.

El Señor ha sido bueno con nosotros. Cuando yo estaba viajando lo recompensó Noemí con su entrega a la familia. No sé cuánto tiempo viviremos, pero te confieso cándidamente que me gustaría partir recién cuando vea a todos nuestros nietos con sus hogares formados. Hogares cristianos, familias con valores bíblicos. Una descendencia que siga amando a Dios con todo el corazón.

CAPÍTULO 49
MI EQUIPO

«Pregón, pregón; Palabra de Dios», anunciaba el muchacho con fervor. El megáfono le ayudaba a extender su invitación hasta muchos vecinos que, en la mayoría de los casos, por curiosidad se acercaban para ver y oír a aquel joven atrevido.

Así empezó su carrera Emilio Meza Jr. Los pueblos y comunidades de su querido El Salvador fueron sus primeros púlpitos. Emilio subía a los transportes públicos y le pedía al chofer: «¿Podría bajar la música, solo por algunos minutos?». Era suficiente. Su estilo llamaba la atención, teniendo en cuenta que el país estaba en guerra. «¿Qué haría usted si supiera que hay una bomba en el ómnibus?», les decía.

En una ocasión su pastor le pidió que lo acompañara a la convención nacional de su denominación en la capital. Justamente el sábado era su cumpleaños número dieciocho.

—Pastor, ¿me permitiría hoy ausentarme de la convención?

—¿Tienes algo que hacer Emilio? —le preguntó su pastor.

—Es que hoy cumplo dieciocho años, me quiero ganar dieciocho vidas para Cristo.

Fue a las calles y habló. Y no paró hasta ofrecerle las dieciocho joyas al Señor.

Hoy él es mi contacto con nuestros coordinadores de campo y el gerente de nuestro departamento de radio.

Otro apasionado es José Luis Sáenz. Nació en Toluca, México, y como muchos hispanos sintió la atracción por California. Allí conoció a Cristo.

Un día escuchó en la radio cristiana del área, un anuncio de nuestra Escuela de Evangelistas y sintió que era para él. Allí estudió, se graduó y se nos pegó tanto que terminó trabajando en nuestro equipo.

Hoy es nuestro director de televisión. Muy creativo, muy innovador. Tiene una gran capacidad de rodearse de voluntarios, trabajadores, todos soñadores como él.

En una ocasión, uno de los grupos de nuestra escuela que trabaja en las cárceles lo invitó a que fuera con ellos y predicara. Es un buen predicador.

«Solo que no puedes entrar con estos pantalones», le dijeron. Él pensó que era una broma, pero cuando ya estaban desfilando a través de los sistemas de seguridad de la cárcel con instrumentos musicales y sonido, lo pararon.

—Usted no puede entrar.

—¿Por qué?

—Porque sus pantalones son del mismo color que el de los presos.

—Es que tengo que predicar allí adentro.

—Lo siento. No puede entrar.

En su determinación, corrió a la estación de ómnibus frente a la cárcel y en medio de la gente gritó fuerte en español y en inglés: «Necesito cambiar mis pantalones con alguien para poder entrar a la cárcel y predicar». Quien sabe lo que habrán pensado de él. «Otro loco», habrá dicho alguien.

Nadie se movió. Solo un pescador que le dijo: «Yo te ayudo». Y en el baño de la estación, José Luis cambió su fino pantalón, impregnado del perfume que acostumbraba usar, por los apestosos pantalones del pescador que olían a su trabajo, a bagres y a mojarras. Regresó corriendo a la cárcel y a los pocos minutos estaba predicando el evangelio.

Oscar Merlo es otro revolucionario de Cristo. Él fue marcado por su piadosa abuela que lo guió a una relación cercana con el Espíritu Santo. Durante los últimos 45 años de su vida, la abuela oraba diariamente de 4 a 6 de la mañana; tenía callos en sus rodillas.

Esta «marca» fue lo que al moverse a California lo llevara cada viernes por la noche a la *Full Gospel Prayer Mountain*, la Montaña de Oración que estableció en Hemet, el Dr. Paul Yonggi Cho. Allí buscó a Dios con desesperación en noches de comunión con él.

Cuando tenía ocho años «predicó» por primera vez en un parque público en San Pedro Sula, la ciudad industrial de su querida Honduras. A los diecinueve años, en una reunión de jóvenes lo invitaron a leer «Una carta de Jesús a los jóvenes» y le dieron dos minutos. De pronto, perdió noción del tiempo. A los diez minutos, el pastor que iba a predicar se le acercó y le dijo: «Sigue, no te detengas». A los veinte minutos, cien jóvenes estaban quebrantados de rodillas en el frente entregando sus vidas a Cristo.

Fue pastor, presidente de jóvenes de su denominación, ejecutivo en una corporación y ahora es el Decano de nuestra querida Escuela de Evangelistas.

Mientras termina su doctorado en Fuller Seminary, sentimos que su preparación académica combinada con esta profunda dimensión espiritual, marcará a miles de jóvenes que pasarán por nuestra Escuela.

La persona con más años trabajando en nuestras oficinas es Lili Santos. Tenemos personal de varias nacionalidades. Ella es ecuatoriana. Lili nos asiste a Noemí y a mí en muchos detalles. No importa si es sábado, domingo, de día o de noche, ella está pendiente solucionando situaciones. A veces, cuando estamos en una conexión de avión que perdemos, ella ya está desde su computadora haciendo otros arreglos. Aun en medio del estrés y tensiones que muchas veces nos son comunes, su voz sigue serena. Detallista al máximo. Es una líder de opinión. Hace un par de años enfrentó un cáncer y aun en medio de su batalla siguió pendiente de todo.

Hay tantos a quienes les debemos gratitud por su fidelidad.

Mi querido hermano Pablo Finkenfinder solía decirme: «Algunos estarán contigo siempre. Otros pasarán temporalmente por tu vida y ministerio. Da gracias a Dios por ellos y sigue adelante».

De entre los coordinadores de campo, el que lleva más tiempo en el Equipo es David Enríquez. Le decimos «el chaparrito de oro». Mexicano de la «capirucha», como llaman a la capital. Siendo ingeniero, por sus venas corrió pasión por servir al Señor. Y aunque ha organizado cruzadas en varios países, su querido México lo encadena.

Cuando planeábamos el desayuno presidencial en su país, los líderes viejitos dijeron: «No se puede». Es una declaración no apta en nuestro ministerio. Él tomó el desafío. Y no solo lo logró. Lo hizo en el Salón Rojo del Palacio de los Pinos, la sede del gobierno. Por primera vez sucedió algo así allí. Estuvo el Presidente de turno y setecientos líderes claves del país. Es verdad que la fe mueve montañas.

Orlando Estévez ha organizado cruzadas gigantes. Este empresario hondureño que nos representa en América Central fue el artífice de las Celebraciones Evangelísticas en el Valle del Sula en su país y en San Salvador, capital de El Salvador.

Nuestro querido Dr. José Meléndez es pastor en Carolina, Puerto Rico y un poderoso evangelista. Cuando predica se estremecen los auditorios. Él nos coordina en su querida Boriquen.

Y el Dr. Eduardo Gómez, el «gentleman» del equipo. Nosotros creemos que hasta cuando se baña, se mete en la ducha con traje y corbata.

Este distinguido colombiano, con quien nos une una amistad de más de treinta años, organiza los eventos con gobiernos en América Latina. Después de viajar desde Bogotá toda la noche y la mañana siguiente, y llegar a Córdoba, Argentina, en la tarde, con necesidad de descanso, él puede esperar otras cinco a seis horas porque vio al vicepresidente del país en una reunión y, ¡no lo va dejar escapar! Lo va a esperar para hablarle. Es un estadista del reino de Dios.

Son muchos, mis compañeros, mis amigos, una de las fuerzas más notables de nuestro ministerio.

Tengo una gran deuda con ellos. Los amo con todo mi corazón.

CAPÍTULO 50
LOS PASTORES DE MI AMADA
LATINOAMÉRICA

Los pastores son un don de Dios al cuerpo de Cristo. Los hay de todos los colores. Algunos muy formales y académicos. Otros más espontáneos y silvestres. Pero no me cabe la menor duda que todos los pastores hispanos tienen un corazón lleno de pasión.

El pastor hispano es un soñador. Siempre actúa como un escalador de montañas. En el corazón de cada pastor hispano hay un «enviador» de misioneros, un evangelista de masas, un comunicador masivo, un obrero de misericordia.

Los puedes ver predicando un poderoso mensaje a su pequeña congregación, hasta conduciendo la camioneta con la que recoge a algunas ancianas antes del servicio dominical. Y seguro los vas a encontrar en los pasillos de los hospitales. Es que en cada pastor hispano hay un corazón de padre.

Para mí es asombroso que el Espíritu Santo nos haya abierto una puerta tan grande con el gremio pastoral. Por la gracia divina tenemos acceso y amistad con pastores que van desde un extremo a otro extremo de las posiciones doctrinales y expresiones de culto diferentes en la familia de Dios. Es que para nosotros, la unidad con nuestros compañeros de milicia no depende de creer exactamente cada punto y coma de la ley todos igualmente, ni de tener la misma teología sistemática, ni de adorar en la misma posición física. Nuestra profunda unidad procede de la presencia de Jesucristo en nuestra vida.

No importa cuál sea el nombre de tu iglesia, francamente no importa tanto si adoras con un ritual organizado o si tus reuniones son tan fervorosos que hasta rompen bancas. Si veo que eres un hombre o una mujer de fe, que amas profundamente a Dios, si tus ojos penetran el firmamento aguardando el advenimiento del Rey, si tus labios pronuncian con devoción el nombre que está sobre todo otro nombre, tú eres mi hermano, mi hermana, eres mi compañero de luchas en el reino de Dios.

Durante los años de nuestra carrera, docenas de veces cada año ministramos a grupos de pastores. A veces son solo varias docenas de algún concilio, y a veces son 20 mil de ellos que se reúnen como en el caso de Colombia. ¡Qué honor para mí! Pero qué enorme responsabilidad.

Los pastores son muy críticos de otros predicadores. Es como el cocinero que va a un restaurante y desde el primer momento está evaluando el gusto de la comida hecha por otro como él.

Paralelamente, los pastores somos personas muy necesitadas también. Es que pasamos la vida dando el Pan de vida a los demás; ¡¿y quién se ocupa de nosotros?! ¿Quién ora por nosotros? ¿Quién ora por nuestros hijos? ¿Quién nos ayuda a sobrellevar nuestras propias cargas?

Así que cuando predico a pastores siento la oportunidad clave de ministrar a quienes ministran a otros miles. Ministrar a la vida personal de un siervo de Dios, es de alguna manera ministrar a los centenares o miles a quienes ellos pastorean.

Me preguntan, ¿qué les predico a los pastores? Hay valores fundamentales que son como la columna vertebral de un siervo de Dios: su carácter, su integridad, su familia, su compromiso con el reino de Dios.

Me encanta abrir pasajes como el capítulo 24 del evangelio de Lucas. Es un relato realmente cautivador. Jesús ha resucitado y aparece en medio de los discípulos. Para ellos es tiempo de celebración.

Me parece que entre los discípulos habría varios hispanos porque enseguida pensaron en una fiesta y en una gran comida. Ya se están escuchando los acordes de la música. Hay un brillo extraordinario en el rostro de los discípulos. Mientras preparaban la mesa, al cruzarse unos a otros se decían: «¡Te lo dije! El Maestro prometió regresar y aquí está con nosotros».

Sin embargo, Cristo los confunde con algunas palabras que les comparte. La primera que sobresale para mí está en el verso 39: «Miren mis manos y mis pies. ¡Soy yo mismo! Tóquenme y vean; un espíritu no tiene carne ni huesos, como ven que los tengo yo».

Lo que Cristo les está diciendo aquí es: «Muchachos, solos no lo van a lograr. Esto no es sacar peces del océano. Esto no es vender seguros o pintar paredes. Esto tiene que ver con la eternidad y el reino de mi Padre.

Yo tengo que ser real en su vida. Miren mis manos y mis pies, la muerte no me pudo detener, la tumba no me pudo vencer.

Él quiere ser real en nuestra mente.
Él quiere ser perfectamente real, crecientemente real. Por ejemplo, él quiere ser real en nuestra mente. Hoy nuestra mente está siendo bombardeada como nunca antes en la historia. Hay una enorme ola de perversión inundando las mentes. Él quiere ser real en nuestra mente.

Él quiere ser real en nuestra familia.
Es allí, en el seno de la familia, donde revelamos la calidad de nuestro carácter cristiano. Si quiero conocer de ti, no le preguntaré a alguien que te ve el domingo en la iglesia, le preguntaré a tu esposa, a tu marido, a tus hijos, a los que te conocen en el diario trajinar y saben cómo reaccionas frente a las crisis y desafíos de la vida.

Él quiere ser real también en nuestra vida congregacional.

¡Cuántas iglesias frías como un cementerio! Incluso muchas que hacen ruido, también están realmente frías. Han dejado al Dios vivo fuera de la iglesia.

Hace tres años fui a predicar en el Centenario del Avivamiento de Corea. Solo pude estar allí dos días y medio, y no conocí ninguna reunión congregacional. Nuestro evento fue en el Coliseo de Seúl.

Mi intérprete quiso que conociera al pastor de la iglesia que lo envía como misionero al Perú. Así que, muy temprano en la mañana nos reunimos con el venerable anciano. Tres veces por semana él necesita diálisis, sin embargo, nadie podía evitar que cada mañana, a las 5 de la mañana esté en su púlpito enseñando la Palabra.

Me di cuenta que es una iglesia de 20 años con 60 mil miembros. Le pregunté:

—¿Dónde está la clave del éxito?

—Muy fácil —me contestó—. Es que aquí (él se refería al edificio) cada mañana sin excepción, no importa el clima de ese día, hay 10 mil miembros de la iglesia buscando el rostro del Señor.

¡Qué él sea real en nuestras congregaciones!

Me gusta mucho también los versos 45 al 48: «Entonces les abrió el entendimiento para que comprendieran las Escrituras. Esto es lo que está escrito —les explicó—: que el Cristo padecerá y resucitará al tercer día, y en su nombre se predicarán el arrepentimiento y el perdón de pecados a todas las naciones, comenzando por Jerusalén. Ustedes son testigos de estas cosas».

Él quiere abrir nuestros ojos.

Obviamente dice el pasaje: «para que comprendieran las Escrituras». Pero mirando los capítulos alrededor hay otras cosas muy obvias también.

Por ejemplo: «Que abramos nuestros ojos para descubrirnos a nosotros mismos».

Creo que es pecaminoso el sobrevaluarse. La soberbia de cualquier tipo es ofensiva a Dios. Lo interesante para mí es que los soberbios no se dan cuenda de su soberbia.

Pero también es pecaminoso el no entender el rol que tenemos que desempeñar. Cuando estábamos solo en el sueño de nuestra abuela, ya Dios hacía depósitos de gloria en nuestra cuenta en el reino de los cielos. Cuando estábamos en el vientre de nuestra madre, ya Dios hacía depósitos de unción en nuestra cuenta personal.

Tú no eres poca cosa: Eres coheredero con Cristo. Todo lo que el Padre le da al Hijo, te lo da a ti también. Eres embajador en nombre de Cristo. Eres rey y sacerdote. Necesitas entender tu rol trascendental en el reino de Dios.

Él quiere abrir nuestros ojos para que descubramos el verdadero liderazgo cristiano.

Algunos de mis compañeros actúan como queriéndose parecer a estrellas de Hollywood. Hace un par de años, los dos periódicos principales del sur de California: Los Ángeles Times y el Register, publicaron una página y media sobre el pastor Rick Warren. Él es el autor del libro Una Vida con Propósito; posiblemente después de la Biblia, en cualquier lengua y en cualquier género literario el libro más vendido en toda la historia.

El artículo hablaba con dignidad del ministerio cristiano. Mencionaba que cada semana pasan más de 70 mil personas por el ministerio del pastor Warren. Mi esposa y yo leímos con emoción los periódicos esa mañana.

Justamente esa tarde, Noemí y yo íbamos al cumpleaños de la nieta de uno de nuestros amigos más cercanos; una familia boliviana que se congrega en la iglesia del hermano Warren. Entre los asistentes estaba el director de alabanza de la iglesia. Así que al saludarnos lo primero que brotó de mí fue decirle: «Que tremendo el artículo sobre el pastor en los periódicos».

El muchacho estaba serio y dijo:

—A Rick no le gustó.

—¿Por qué? —le pregunté.

Es que el artículo lo presentó como un súper pastor y cuando llegué esta mañana temprano a la oficina de la iglesia, lo encontré tirado en el suelo con la cara en el piso, pidiéndole perdón a Dios por si le había robado algo de su gloria.

Tenemos que redescubrir el carácter del verdadero ministerio cristiano, que no es el de un cacique, que no actúa como el dueño de una hacienda, sino que se pone el delantal, toma la palangana con agua y está listo para lavar los pies a los demás.

Él quiere que descubramos el poder de la intercesión.

«Si mi pueblo, que lleva mi nombre, se humilla y ora, y me busca y abandona su mala conducta...». ¡Mi pueblo! No las prostitutas, no los narcotraficantes. ¡Mi pueblo! Entonces «yo lo escucharé desde el cielo, perdonaré su pecado y restauraré su tierra» (2 Crónicas 7:14).

Yo creo que oramos. Pero mucha de nuestra oración es como enviarle correos al Señor que dicen: «Acuérdate que yo soy tu hijo. Necesito que me resuelvas este problema. Qué sería de tu iglesia si yo no formare parte de ella. Contéstame pronto. Te mando otro correo la próxima semana. Amén».

Y Dios dice: «Qué le pasa a mi hija, a mi hijo. Dice que soy su máxima autoridad, su dueño, pero cuando quiero hablarle, se me escapa. Parece que tiene un espíritu de cohete a la luna».

Necesitamos redescubrir la importancia de nuestro tiempo de intimidad con Dios. De relación entre padre e hijo. De ser hijos que no solo llegan al Padre para pedirle, sino también se sientan con él para pasar buenos tiempos de comunión.

Hay un nivel de intercesión que cuando la iglesia lo alcanza, Dios le entrega el timón de la historia. La historia no está en manos de políticos, no está en manos de grandes compañías transnacionales, la historia está en las manos de los hijos de Dios.

Qué poder, oculto todavía para muchos, hay en la intercesión. «Las armas con que luchamos no son del mundo, sino que tienen el poder divino para derribar fortalezas» (2 Corintios 10:4).

La fiesta continúa en su apogeo y aumenta el asombro de los discípulos. Ellos habían pensado en un buen tiempo de entretenimiento pero Jesús les comparte cosas que los pone a pensar. Primero les dice: «Solos no lo van a lograr; yo tengo que ser real en la vida de ustedes». En segundo lugar, los trata de miopes porque les dice que tiene que abrirles los ojos. Hay una tercera palabra que estoy seguro no logran captar plenamente: «He aquí, yo enviaré la promesa de mi Padre sobre vosotros; pero quedaos vosotros en la ciudad de Jerusalén, hasta que seáis investidos de poder desde lo alto» (Lucas 24:49).

Él quiere darnos autoridad del reino de los cielos.

El texto fue mal traducido. El original no dice: «seáis investidos de poder» sino «seréis investidos de autoridad». Autoridad es mucho más que poder. Autoridad es un nivel de poder que cuando lo ejercemos fuera de la iglesia tiene la capacidad de producir cambios en el nombre de Jesús. Autoridad es salir de la defensiva y pasar a la ofensiva.

Hace poco imaginé una escena en la oficina de Dios, el Padre, en el reino de los cielos. Vi que abrió las ventanas y miró hacia la tierra y dijo: «¡¿Qué está pasando con este mundo que hemos creado?! El ser humano continúa rebelde y las ciudades llenas de pecado. El libertinaje se nota por todas partes. ¿Qué podemos hacer?».

Entonces vi que Cristo alzó la mano y dijo: «¿Si quieres Padre vuelvo a morir en la cruz? No, dijo Dios, la cruz fue una sola vez y para siempre». Lo siguiente que vi fueron a veinte ángeles que levantaron las manos y dijeron: «¡Envíanos a nosotros! No sigas confiando en esos cristianos flojos de la tierra. ¿No te diste cuenta que la mayoría de ellos solo calientan bancos los domingos en las iglesias?». «No —dijo Dios—, mi plan no es enviar ángeles». De pronto, vi que volvió a mirar hacia la tierra y volteó hacia los hispanoamericanos y dijo: «Miren, miren a esos hispanos. Son un poco desordenados y muy románticos, pero tienen un corazón para mí. Voy a usar a esa gente, a esos pastores y a esos cristianos de habla hispana para que me representen a mí, e invadan la tierra con mi gloria».

CAPÍTULO 51
A LA IGLESIA Y LOS JÓVENES

Estas son algunas de mis convicciones. Siento que son vitales para la iglesia hispana en el mundo y las quiero clavar en tu corazón.

Probablemente sea parte también de otras culturas. En la nuestra, es un pecado bochornoso. El murmurar, criticar y hasta satanizar a otros hermanos que actúan diferente a nosotros, es una práctica enfermiza.

Supe de un evangelista que por haber ido a predicar a un grupo no grato al director de una publicación, este lo catalogó de apóstata.

Me recuerda la historia narrada en Mateo 12:22-37. Jesús sana a un endemoniado ciego y mudo. Los fariseos dijeron que la obra fue hecha por Beelzebú, príncipe de los demonios. El pasaje claramente enseña que acreditarle al diablo las obras hechas por Dios, es el pecado, blasfemia contra el Espíritu Santo. ¡Cuidado hermanos cuando criticamos o juzgamos! Esto es realmente peligroso.

Me uno profundamente al sentir del Dr. A. W. Tozer, fallecido líder de la Alianza Cristiana y Misionera, cuando dijo:

«Hay una gloriosa unidad de los santos, una hermandad mística de los que han estado por mucho tiempo aguzando sus ojos para captar con la mirada al Rey en su hermosura en aquella lejana tierra. Con gran gozo y profunda humildad, afirmo ser miembro de tal hermandad.

Esta es la más antigua y la más grande iglesia en el mundo, la de los heridos por la cruz, la de los enamorados de Dios. Según van pasando los años me importa cada vez menos la afiliación denominacional de una persona. Si alguien tiene sus ojos puestos en el más allá, si inclina su cabeza y susurra el siempre bendito nombre de Jesús, entonces esa persona es mi hermano, no importa cuál sea su nombre. Y es mi hermano, admítalo él o no. Si por desgracia él ha sido enseñado a creer que su iglesia es la única y me consigna a la perdición porque yo no pertenezco a ella, aun así lo seguiré considerando como un miembro de la familia de Dios, si encuentro en su vida las marcas de la cruz y en sus ojos la mirada que revela que es un hombre de fe».

Bonhoeffer, mártir del sistema nazi, llamó al evangelio superficial como «el evangelio de la gracia barata». Es el evangelio sin cruz, sin arrepentimiento, sin compromiso. Nuestro evangelio es, dice la Biblia, el evangelio del Reino de Dios, el evangelio del señorío de Cristo, del gobierno de Dios.

Cuando escucho el énfasis marcado en «mi salvación, mi milagro, mi prosperidad», me parece que se nos comparte un mensaje egocéntrico. La Biblia es clarísima: «Porque de él, y por él y para él son todas las cosas. A él sea toda la gloria».

No son solo las ofertas, que son muchas y gloriosas. También son sus demandas. «El que quiera ser mi discípulo, niéguese a sí mismo, tome su cruz y sígame». La Cruz es símbolo de obediencia.

Tratando de contemporizar con el mundo, rebajamos los requerimientos del reino y no tenemos autorización para hacerlo. Toda nuestra relación con Dios se basa en su gracia inmerecida, obviamente. Sin embargo, si esto no va acompañado de una entrega incondicional se torna en un «monólogo» de amor. La vida cristiana es un «diálogo» de ternura.

Esta clase de *liderazgo tipo cacique* es un clásico en nuestra cultura. Pero la iglesia no es nuestra. Ninguno de nosotros murió por ella en la cruz. Las personas de la iglesia no nos pertenecen. El liderazgo que funciona como el dueño de un campo, tiene que abortar. Ya le hizo demasiado mal.

No somos dueños. Los siervos del Señor somos simplemente eso: siervos. El modelo no lo encontramos en Hollywood. Está en Jesucristo. Él se despojó. Se hizo carne. Habitó entre los hombres. Literalmente el original dice: «Plantó su tienda entre los hombres».

Debemos regresar a un *liderazgo de siervo.* Con el delantal y la palangana con agua para lavar los pies de nuestros hermanos. Por favor, no más supermans en el ministerio. Solo siervos abrazados a la cruz, dispuestos a darlo todo por él.

Pero no soy pesimista ni profeta del desastre. No solo tengo preocupaciones, también tengo convicciones. Por ejemplo: Este es el tiempo de los hispanos. El próximo avivamiento se oye en español y trae la mancha del plátano y el chile picante en el pecho.

Un día le tocó a Inglaterra y desde allí salieron misioneros a todo el mundo. Alemania vivió su momento cumbre también. Estados Unidos y Canadá tuvieron su tiempo estelar; recientemente Corea del Sur.

El próximo territorio de avivamiento se llama «la gente de habla hispana».

Me la paso pidiendo perdón a los jóvenes. Perdón por el mundo sucio en el que les trajimos a nacer. Cuando ustedes llegaron, las drogas ya estaban aquí. La corrupción política ya estaba también. El adulterio formaba parte de la escenografía.

Perdón por el cristianismo tan lleno de «humanidad y personalismos». Cuando ustedes llegaron a la iglesia, las denominaciones y los concilios ya estaban aquí. El orgullo religioso también estaba. Pero ustedes jóvenes van a cambiar la iglesia y a transformar al mundo en el nombre de Jesús.

Les pasamos la antorcha. Tómenla sin temor y no doblen sus rodillas ante ningún poder temporal ni idolatría disfrazada de piedad. Solo dobléguense ante el Rey de reyes y Señor de señores.

La iglesia ha cedido derechos para lo cual no tenía autorización divina. Nos hemos pertrechado dentro de ella. La iglesia hispana es tan linda, tan tierna, tan sanadora, pero también tan fuera de la realidad.

Hemos cedidos derechos, por ejemplo en el arte. La iglesia fue quien hacía el arte o lo influenciaba. Sin embargo, terminamos dándole la espalda.

Al salirnos de esa esfera, al quitarle la sal, el elemento preservador, el arte se envileció. No nos quejemos de tanta perversión. Nosotros somos culpables.

Hemos abandonado la política. Solíamos decir: «¡Cuidado con la política! Es sucia». Dios puso al hombre en el huerto para que lo administrara para él. El hombre le falló a Dios. Luego levantó a la iglesia. Con su muerte y resurrección la invistió de poder con autoridad del reino y también le fallamos. Dios no concibió la iglesia como un lindo «club religioso» reunido el domingo para dar gritos de júbilo. Dios la concibió para que como sus representantes traigamos toda esfera de la vida bajo el señorío de Cristo.

El arte, la política, las leyes, los medios masivos, la educación, el mundo científico, el mundo empresarial, *todo le pertenece a Dios*. «De Jehová es la tierra, y su plenitud, el mundo y los que en el habitan» (Salmo 24:1 RVR 1960). «Porque de tal manera amó Dios al mundo» (Juan 3:16ª).

Es hora de despertar y actuar con decisión. Enviemos a nuestros jóvenes (y apoyémoslos) a las mejores universidades. Ellos harán lo que los adultos no hicimos.

Escucho música. Es una majestuosa sinfonía. Es un ejército de jóvenes que están marchando. Son los auténticos revolucionarios. Los verdaderos revolucionarios no están en las selvas colombianas y peruanas; no son los del Chiapas profundo. Los auténticos revolucionarios están calentando una banca en la iglesia esperando que legalicemos la pasión que tienen por ganar al mundo para Cristo y trasformar sus comunidades.

Reconozcamos el llamado, entreguemos la antorcha y enviémoslos a hacer la obra, la más grande, la más gloriosa encomendada a los seres humanos: «Vayan y hagan discípulos a todas las naciones, enseñándoles que guarden todas los cosas que os he mandado. Y yo estaré con ustedes todos los días hasta el fin del mundo» (Mateo 28:19-20).

«Y por todos murió, para que los que viven, ya no vivan para sí, sino para aquel que murió y resucitó por ellos» (2 Corintios 5:15).

CAPÍTULO 52

PROFECÍAS Y MILAGROS

Realmente no sé cuándo ni cómo comenzó. Algunos lo denominan: profecía. Soy consciente del abuso que se ha hecho de este don bíblico y el temor hacia esto en algunos sectores del cuerpo de Cristo. Sin embargo, allí está en la Palabra y cuenta con el testimonio de millones que por este don han sido bendecidos.

Pero no estoy hablando de una persona que impostando la voz, le dice a otra: «Dios te dice que… etc., etc.». Francamente no creo que Dios hable a sus hijos en un tono melodramático. Creo que Dios habla a sus hijos de forma natural, como un papá a sus hijitos. Sí, muchas veces usa a alguien para comunicar algo a otro y lo hace con claridad, con amor y siempre para bendecir.

En nuestro caso, sin pensarlo ni planearlo, muchas veces nos ha usado para entregar palabras a iglesias, pastores e incluso a naciones. Recuerdo al pastor Osvaldo Carnival que nos extendió invitaciones para ministrar en su iglesia en Buenos Aires en diferentes ocasiones, y una y otra vez nos escabullíamos. No sabíamos cómo decirle que no viajábamos a América

Latina para estar con una congregación; que solo íbamos para eventos unidos. Pero en una oportunidad nos dijo: «Es que hace unos años usted nos dio una palabra profética y se cumplió toda. Queremos que venga a ver el cumplimiento».

La noche de apertura del Congreso de Líderes había allí cinco mil de ellos. Al presentarme proyectaron aquella palabra que algunos años antes había dicho. ¡Qué gozo tan grande! Y así ha sido en docenas de casos. Una y otra vez nos dicen: «Lo que usted nos dijo, se cumplió».

Generalmente, desde el púlpito de una cruzada el Señor nos ha dirigido también a dar palabras a naciones. No recuerdo en qué ciudad, evento o fecha entregué una palabra a Colombia. Sé que fue hace algunos pocos años, y dije: «Colombia preciosa, tus pozos de petróleo se multiplicarán, tu recurso petrolero crecerá…». Pero… Colombia no ha sido la gran productora de petróleo. Su vecina, Venezuela sí; pero… ¿Colombia?

Recientemente, el Presidente del Fondo de Ahorro y Vivienda y el Ministro de Minería de ese país me confirmaron que de los 700.000 barriles diarios de petróleo pasaron a producir 1.000.000 de barriles. Se han descubierto yacimientos tan grandes que no están preparados para su explotación. El próximo año producirán 1.500.000 barriles diarios y en diez años la producción será gigante y catapultará la economía nacional.

Es que los recientes terremotos en el hemisferio inclinaron el terreno y el petróleo está inundando el subsuelo colombiano.

Palabras de fe, de ánimo, de señalar el camino

Siempre junto a un rey había un profeta que le hablaba a él o a su nación en el nombre del Dios de los cielos.

Y milagros también ocurren siempre. Obviamente, yo no soy un típico evangelista de sanidad. Algunos me llaman «el evangelista de la palabra»; otros me denominan «el evangelista de la gracia». Muchos han hablado de mí como «el evangelista del señorío de Cristo». Es de destacar que nuestro ministerio no ha sido enfatizar el don de sanidad, sin embargo, lo glorioso es que siempre ocurren milagros.

Hay docenas y docenas que nos han dicho de cambios radicales en su salud física en alguna de nuestras reuniones. Desde aquella mujer ciega de nacimiento en Managua, Nicaragua, que durante nuestra primera cruzada allí, en el año '84 y mientras orábamos por salvación de los que habían hecho profesión de fe, fue sanada milagrosamente por Dios. Hasta el Cónsul de Venezuela en Cúcuta, Colombia, que al terminar la cruzada en abril del 2011 dijo que durante muchos años sufrió de su columna vertebral con intensos dolores y que durante una de las reuniones del evento evangelístico fue sanado completamente. También hemos vivido milagros en nuestra vida personal y familiar. ¡En tantas ocasiones hemos visto la mano milagrosa de Dios interviniendo en nuestros quebrantos!

«No hay ninguna posibilidad de que nazca normal». Así respondió el especialista de riñones a la pregunta de nuestro hijo Marcelo. A finales de septiembre de 1998, el examen de ultrasonido que hicieron a nuestra nuera embarazada indicó que nuestro segundo nieto tenía los riñones grandes y con tumores: «Tal vez viva una semana. Si vive un poco más tendrá muchos problemas». Así dijo, entonces, el médico. Más tarde volvió a confirmar el diagnóstico.

Faltando pocos días para el parto, nuestro hijo llevó a su esposa a un especialista de riñones para que hiciera un último análisis y luego recibiera al muchacho en el parto y lo tratara inmediatamente. «Doctor, ¿habrá alguna posibilidad de que nuestro hijo nazca sin problemas?». «Ninguna», dijo el doctor. De hecho, ese mes él acababa de tener once casos iguales y los once niños habían fallecido.

Estábamos consternados. Le ofrecimos al Señor cualquier cosa que nos pidiera a cambio de la salud de nuestro nieto. Tres o cuatro intercesores cercanos empezaron a «bombardear» el reino de los cielos con intercesión. Nuestra oración fue: «Señor estamos listos a aceptar tu voluntad. Tú sabes que te amamos y te seguiremos amando pase lo que pase. Nuestra relación contigo no depende de que hagas o no algo para nosotros. Pero si nos ofreces la opción de pedirte, clamar a ti y esperar la sanidad, optamos por esta gracia. Entregamos nuestro nieto en tus manos. Es para ti y para tu gloria».

El lunes 30 de noviembre, a las diez y cuarenta y siete de la noche, nació nuestro precioso segundo nieto. Al siguiente día, nuestro hijo y su esposa estaban listos para otro examen de ultrasonido al niño recién nacido. Al salir de la habitación donde ella todavía estaba, las dos parejas, abuelos y padres, tomados de las manos en el corredor del hospital, rodeamos la cunita del niño y clamamos por su completa sanidad.

Pocos minutos después Marcelo y Lisa, con rostros brillantes, regresaron al cuarto del hospital donde les esperábamos. «Está normal. El niño no tiene nada». El médico dijo: «Estoy sorprendido. Este es otro niño. No tengo forma de explicar esto».

Nicolás José, «el nieto milagro», es una prueba de que nunca debemos darnos por vencidos. ¡Dios sigue haciendo milagros!

CAPÍTULO 53
NUESTRA VENTANA AL MUNDO

¡Qué asombrosa oportunidad tenemos hoy los cristianos! Recuerdo cuando era un niño, en mi país solo escuchábamos el programa de los adventistas La Voz de la Esperanza. Aunque entendíamos que había una pequeña diferencia por el énfasis en guardar el sábado, sin embargo qué bien nos hacia escuchar por la radio las lecturas bíblicas y los himnos cargados de belleza celestial. Luego apareció un programa diario de cinco minutos que dirigía uno de los viejos predicadores de la fe bíblica en mi país, Don Ángel Bonati. Los cinco minutos diarios eran como pan del cielo y agua fresca en una tarde de verano.

¡Qué cambio hoy día! Centenares de radios y canales de televisión cristianos anunciando el bendito nombre del Señor. Desde cadenas importantes hasta pequeñas emisoras administradas por iglesias locales están llenando el espacio sobre América Latina con la Buena Nueva del evangelio. Pero… ¿lo estaremos haciendo bien?

Cuando iniciamos el programa diario de radio que se escucha en casi cada pueblo, ciudad, aldea del continente, nos preparamos cabalmente. Estudiamos muchos otros programas y desde el nombre, la entrada musical y el comienzo de la charla, todo fue decidido tomando en cuenta el carácter de nuestro mercado y cómo enganchar y no perder la audiencia. Aprendimos mucho del Hermano Pablo quien con su mensaje a la conciencia estableció un nuevo modo de hacer evangelización radial. De hecho, nuestros dos programas son de entre los más extendidos en el mundo de habla hispana.

«Un momento con Alberto Mottesi» trata de pintarle un cuadro en la mente del oyente. Fue la estrategia de Jesús. Él no comenzaba con teología profunda y generalmente no partía de la Escritura. Él comenzaba usando cosas de la vida que nos rodea y luego aplicaba su verdad en la vida del individuo.

Cuando enseño sobre «El uso eficaz de medios masivos» en nuestra Escuela de Evangelistas suelo decir que el mensaje no cambia, no puede cambiar. Sin embargo, la forma, el método en que lo compartimos debería estar dispuesto a cambiar.

«¿Te atreverías a probar lo que nos has enseñado?», me dijo uno de nuestros graduados. «¿A qué te refieres?», le pregunté. «A mí me gustaría proponerte un modelo de programa de televisión y ver si te gustaría hacerlo».

El programa de radio ha sido algo consistente desde hace casi 35 años. Para televisión habíamos hecho esporádicamente algunos proyectos, varias series de 16 o 50 programas, pero nunca como algo regular o continuo. Ya a estas alturas hay tanta televisión cristiana, tanto buen predicador presentando su servicio dominical y evangelistas proyectando sus cruzadas, que yo no quería ser uno más haciendo lo mismo. Sentía que no le estábamos dando en el blanco con la clase de programación que había en los canales de televisión. Me parecía que mayormente estos eran mirados por cristianos y ni siquiera por todos los cristianos.

Cuando José Luis Sáenz me compartió el modelo para nuestro nuevo programa, sentí que podía ser una arma evangelística importante. «Café Libre» es una comedia que se realiza en una cafetería donde ocurre algo generalmente jocoso, después de lo cual llego a la escena. Allí no soy pastor, doctor, reverendo ni evangelista. Soy solamente Don Alberto que toma café y charla con el dueño de la cafetería. La barra de la cafetería se convirtió en mi púlpito y de manera muy simple compartimos evangelísticamente la Palabra del Señor.

Este programa se constituyó en uno de los de mayor audiencia en televisión cristiana. Recibimos centenares de correos, y recuerdo el de una mujer, creo que de Venezuela, que decía: «Cada tarde cuando se transmite Café Libre me siento con todos mis hijos a ver el programa. Siempre en Café Libre hay una enseñanza valiosa para nosotros».

¿Pero qué de las elites pensantes de América Latina? ¿Qué de los que no se interesan en nuestra terminología religiosa? ¿Qué de los que son líderes de opinión y quieren nutrirse con algo un poco más sólido? Nos dimos cuenta que como consecuencia de nuestro proyecto para alcanzar a los líderes de influencia llamado «Latinoamérica Nueva», estábamos estableciendo una red de relaciones que podíamos de alguna manera influenciar. Así que también nació el otro programa de televisión «Latinoamérica Nueva». Un programa dedicado a transferir la ética del evangelio. Entrevistamos a especialistas en cada área y tratamos temas como política, arte, gobierno, jurisprudencia, familia, etc., y qué dice Dios acerca de esto. La meta de este programa es ayudar a cambiar la cultura. Somos responsables no solo de la salvación de individuos sino también del carácter de nuestras naciones. ¿Acaso no dice la Biblia: «Id y haced discípulos a todas las naciones»? Esto tiene que ver con traer la cultura del reino de Dios a nuestras comunidades.

Así que Café Libre tiene un enfoque popular muy relajado, muy accesible a cualquier audiencia, y Latinoamérica Nueva tiene un público más reducido, pero también con un gran potencial de producir cambios. Por ejemplo, estábamos celebrando un Banquete de Gala para alcanzar a los líderes del Estado de Tabasco, el estado petrolero de México. Esa noche teníamos a mil líderes clave incluyendo al gobernador del Estado y todo su gabinete, senadores, muchos alcaldes, líderes de todos los partidos políticos, académicos y empresarios. Cuando el Gobernador pasó a contestar a mi conferencia, sus primeras palabras fueron: «Don Alberto, veo su programa todos los domingos por la noche en televisión». ¡Qué privilegio poder tocar las vidas de los que tienen la posibilidad de transformar nuestras naciones!

Al salir a la luz este libro estamos comenzando un tercer show evangelístico llamado «Hupomone». Es un programa de entretenimiento para despertar hambre por la Palabra de Dios.

Estamos seguros que vendrán otros proyectos y nuevas ideas. Oramos para que en todo el cuerpo de Cristo surjan guionistas, escritores, productores, artistas, que produzcan una programación que pueda competir con la mejor programación secular. Tenemos el mejor producto que Hollywood no tiene. Solo tenemos que aprender los caminos y modos de comunicación comprensibles al oído y al ojo del Siglo XXI.

CAPÍTULO 54

ESCUELA DE EVANGELISTAS

Creo que será nuestro legado más importante: La Escuela de Evangelistas. No me cabe la menor duda, nació en el corazón de Dios.

Quizá nos equivocamos al llamarla Escuela de Evangelistas ya que la mente de algunos, seguramente, va a la definición de un clásico evangelista itinerante. Pero no. Obviamente queremos que muchos sean evangelistas como yo, pero el enfoque de la Escuela está en desarrollar líderes a todo nivel con una pasión evangelística. Empresarios, vendedores, maestras, pintores, profesionales, políticos, comunicadores, deportistas, todo cristiano con un fuego por ganar a los perdidos para Cristo. Ya hay denominaciones que están enviando a sus candidatos al ministerio y a sus pastores en función, a prepararse en nuestra Escuela.

El Proyecto nació muchos años atrás. Tengo en mi archivo el primer borrador con las primeras ideas del Proyecto Carmel que mi amigo el Dr. Marcel Pontón preparó. Él, un académico enseñando en el Seminario Fuller y en la Universidad del Sur de California, y hoy enseñando en nuestra Escuela, con un gran corazón por las almas, nos dio la base de ideas. Pero… no era el momento. Hasta que el Señor lo volvió a traer a nuestra mente.

Urgía una Escuela que enfatizara un ministerio casi en extinción en el cuerpo de Cristo.

Comenzamos un proceso muy enriquecedor. Reunimos un grupo de asesores provenientes de varias de las más importantes universidades cristianas y tomamos decisiones muy claras. Determinamos hacer una combinación entre un alto nivel académico y el fuego evangelizador. Por eso, seis de los profesores que enseñan en nuestra Escuela tienen un PH.D., lo que en Estados Unidos significa un Doctorado «sudado» en aulas, no regalado. La mezcla de académicos serios y evangelistas fervorosos nos permite ofrecer una de las mejores Facultades del mundo. En realidad, el nivel de la Facultad es lo que le da carácter a una institución.

Ni qué hablar del presidente. Tener al Dr. Eduardo Font como presidente durante la primera década fue un regalo de Dios. Él, ya fundador y maestro de varias instituciones educativas de renombre, le daría fundamentos sólidos a la nuestra.

El 24 de septiembre del 2002 iniciamos las clases. El acto de apertura fue muy cálido. Entre los asistentes llegaron varios de los más prominentes líderes cristianos.

La Escuela de Evangelistas la «dedicamos a la gloria de Dios y en homenaje al Hermano Pablo (Dr. Pablo Finkenbinder), mentor y ejemplo de este ministerio», reza la placa de bronce descubierta ese día.

Por cierto, como mencioné, lo que da nivel a una escuela es su Facultad, no el edificio. Pero necesitábamos un edificio. La Asociación Evangelística rentaba oficinas que no eran suficientes. El grupo de asesores nos había aconsejado no rentar el edificio de una iglesia. «Tengan personalidad propia», insistieron.

Teníamos el presidente, los profesores, la fecha de inicio y, todavía no teníamos el lugar. En mi corazón, pensaba que a último momento habría un pastor amigo que nos abriría las puertas del edificio de su iglesia.

Estaba orando cuando escuché una voz: «Ve al edificio de Westminster y Harbor». «Ese se vendió», dije. Un edificio que había visto tres años antes y que por el precio estaba lejos de nuestro alcance.

Durante la búsqueda habíamos visto unos ochenta edificios. Un comité compuesto por una arquitecta y dos ingenieros, cuando alguno nos gustaba, lo examinaban y nos daban su opinión. Habíamos hecho dos ofertas a dos edificios y gracias a Dios, ¡los dueños las rechazaron!

«Ve al edificio de Westminster y Harbor», insistió la voz. «Señor», le dije, «en California todos los edificios se venden muy rápido. Ese ya no está disponible». Parecía que yo sabía más que Dios.

Pero la voz insistió por tercera vez...

Cuando llegué al lugar había un cartel ofreciéndolo a la venta.

«Seguramente pensé, alguien lo compró y lo está vendiendo otra vez».

Cuando entré no lo podía creer. No se había vendido. Mientras recorría los pasillos escuché la voz: «Te lo guardé hasta hoy. Desde hoy no te lo guardo más».

Me di un susto tremendo. Corrí a la oficina y enviamos una oferta vía fax. Pocos minutos después llamó el vendedor de bienes raíces que lo tenía a su cargo.

—Qué raro —dijo—, hace muchos meses que no tengo ninguna oferta y en los últimos minutos recibí dos.

—¿Cuál es la mejor —le preguntamos.

—Ustedes saben que no debería decir esto, pero la de ustedes es un poquito mejor.

¡Cuántos hermanos invirtieron generosamente!

Tenemos varios años para pagarlo, pero el anticipo o *down payment*, era muy grande para nosotros. Nuestros amigos se desbordaron en amor.

En la entrada principal está lo que llamamos el Hall de los Edificadores con los nombres de centenares que sembraron e hicieron la diferencia.

Hasta el momento hemos tenido ya tres gloriosas graduaciones. Docenas de graduados están plantando iglesias, celebrando cruzadas, produciendo para radio y televisión, dirigiendo ministerios.

Son nuestro tesoro. A muchos de ellos no los hemos engendrado en Cristo, pero sí les hemos engendrado en el ministerio.

Pero… ¿y el que no puede llegar a nuestra Escuela en Santa Ana, California? Mi hermano Osvaldo, un académico de carrera, siempre me dijo: «La educación teológica clásica es un lujo. Hay que llevar la educación a donde está la gente».

Un día estaba pensando en mi retiro. Ya con 50 años de ministerio pensé: «Tiempo de irme de vacaciones a Cancún». Y, ¡qué sorpresa! La voz me dijo: «Quiero que me levantes en los próximos diez años, 400 Extensiones de la Escuela de Evangelistas».

«¿Quééé? ¡Es una broma!». «No, no es una broma. Si me levantas 400 Escuela de Evangelistas, Yo te prometo desatar a través de ellas un tsunami de evangelización y avivamiento», continuó diciendo la voz. Así nacieron los Centros de Extensión que estamos plantando por todo el mundo.

Oscar Merlo, un joven pastor ahora envuelto en el mundo empresarial era nuestro blanco. Eduardo Font y yo, al hablar de la futura dirección de la Escuela, decidimos pensar y orar acerca del candidato. No mencionamos a Oscar. Pero al encontrarnos, los dos traíamos su nombre en nuestro corazón. El asunto era lo económico. Él ganaba un gran salario como ejecutivo de una gran empresa multinacional. Pero… ¿será el mundo más fuerte que nuestro Dios?

Finalmente él vino a trabajar a tiempo completo con nosotros, adecuándose a nuestros sencillos niveles económicos.

El día que inició labores en nuestras oficinas lo llamaron de su antiguo trabajo ofreciéndole un contrato jugoso. «Es que ustedes no me entienden», les dijo. «Dios me llamó y esto hace la diferencia».

Él tiene dos grados universitarios y ahora, mientras lleva la carga de la Escuela local y las Extensiones, está estudiando en el Seminario Fuller para lograr su doctorado. Queremos ofrecer a las nuevas generaciones lo mejor que podamos en el nombre de Jesús.

CAPÍTULO 55
LATINOAMÉRICA NUEVA

Es una experiencia bellísima. Yo la había realizado siendo un muchacho y le propuse a Noemí repetirla en ese otoño sudamericano.

Cruzar la cordillera de los Andes por carretera, en medio de las majestuosas montañas, es algo indescriptible que sobrecoge al ver la grandeza de la Creación del Señor.

Terminábamos de predicar en el Congreso de Jóvenes que se celebra anualmente en Córdoba, Argentina y nos trasladábamos hacia Mendoza y desde allí hicimos el cruce en un ómnibus. Sentarnos en la primera fila del segundo piso del ómnibus y hacer curvas en la estrecha carretera quedando prácticamente colgados en un abismo, te aseguro es una experiencia que no se olvida jamás.

Al llegar a Santiago, capital de Chile, teníamos bastante tiempo para tomar el avión nocturno hacia Estados Unidos, así que hicimos un corto tour por la ciudad. Nunca mezclamos viajes de ministerio con turismo pero el tiempo que restaba hasta la salida de nuestro avión nos ofrecía la oportunidad de este paseo.

El city-tour incluía el Palacio de la Moneda, que es la oficina presidencial. Cuando tenía 23 años allí celebré mi primera reunión con un presidente, el entonces Eduardo Frei padre. Ahora iba como turista. Había muchos en la misma condición, especialmente asiáticos tomando fotografías y entramos al Patio de los Cañones. El sector estaba engalardonado con enormes fotografías de la entonces Presidenta Bachelet con otros presidentes.

Sin darme cuenta porqué, dejé sola a Noemí frente a uno de estos cuadros, me moví hacia el centro del Patio y exclamé: «¡Qué tengo que ver yo con esto!». Me di vuelta para ver si alguien me había escuchado. Creerían que estoy loco si me escuchan hablando solo. De pronto oí aquella Voz, la misma que vengo oyendo desde que tengo once años de edad. Y la Voz dulcemente me dijo: «Ve». Y cuando me dice «ve» yo sé que se refiere a los rostros que acababa de mirar en esos cuadros. «Ve y diles que los amo. Ve a los de la derecha y a los de la izquierda. Ve y diles que los amo a ellos y a sus países». Rompí a llorar por la emoción. En aquel momento nació Latinoamérica Nueva.

¿Por qué si el evangelio y la iglesia cristiana han crecido tanto en América Latina, todavía tenemos tanta corrupción, tanta violencia, tanto engaño, tanta maldad? Es que hemos evangelizado a las clases populares. La iglesia evangélica se constituyó en lo que el sociólogo suizo Christian Lalive denominó *El Refugio de las Masas*. La iglesia se estableció en refugio, familia, hospital, consuelo para las masas desprotegidas del continente.

Alma por alma, todas son iguales, la de un carpintero y la de un senador de la república, la de un profesional y la de un lustrabotas. Pero en términos de influencia, la vida de un líder es de suprema importancia.

Si queremos ver una Latinoamérica Nueva con justicia, con real democracia, con respeto a los grupos más vulnerables, con mejor distribución de las riquezas, necesitamos ganar para Cristo a los que gobiernan, a los que establecen las leyes, a los que influencian a través del arte, a los líderes de opinión. Así que, Latinoamérica Nueva es un intento de alcanzar a este segmento de la población que en gran manera puede determinar el futuro de nuestras naciones.

Poco tiempo después de la experiencia en Santiago de Chile, una medianoche después de predicar estaba cenando en un pequeño restaurante dominicano llamado Nuevo Paraíso, ubicado en el sector el Condado en San Juan, Puerto Rico. Y entre muchos cristianos que estábamos allí apareció un viejo amigo, compañero de muchos emprendimientos en el ministerio. Le compartí mi experiencia en el Palacio de la Moneda a Eduardo Gómez, líder de la iglesia colombiana, y juntos soñamos con lo que hoy es una realidad, el proyecto Latinoamérica Nueva que tiene en la mira a los 100 mil líderes clave de toda América Latina.

Escogimos lanzar el proyecto desde Bogotá, Colombia y fue el 18 de septiembre de 2007.

Se reunieron 960 líderes sobresalientes en el Hotel Tequendama. Desde el día anterior, la zona entera estaba llena de los servicios de seguridad del Estado. Todo indicaba que si estaba la seguridad del Estado es que el presidente planeaba asistir.

A las 7 de la mañana ya estaban allí senadores de la República, jueces de la Corte Suprema, gobernadores de diferentes departamentos, alcaldes, miembros del Cuerpo Diplomático, líderes de otras religiones. El ambiente era muy elegante y todo estaba muy bien preparado cuando llegó el Presidente Álvaro Uribe.

En la mesa principal mirando hacia las demás mesas estaba el pastor Héctor Pardo, que presidió el Comité Organizador, obviamente el pastor Eduardo Gómez como coordinador de nuestro proyecto, dos ex Presidentes, el ex Presidente Samper a mi derecha y el Presidente Álvaro Uribe sentado a mi izquierda.

Luego de cantar las estrofas del himno nacional pasé a dar mi conferencia. Normalmente siempre predico primero y luego la autoridad más alta presente responde. Esto produce que la autoridad que va a hablar, si fue tocada por la Palabra y por el Espíritu Santo, ya ha sido desarmada y no habla como «político».

De hecho, al pasar a dar su Palabra, Uribe dijo: «Tengo aquí mi discurso preparado que voy a dejar a un costado. Siento que debo hablarles desde mi corazón». Él recordó, durante su presentación, nuestro primer encuentro muchos años atrás cuando él había sido Gobernador de Antioquía.

Después de mi conferencia, en la que hice una diagnosis del estado corrupto de nuestra cultura latinoamericana y extendí un llamado a una vida de relación con Dios y de integridad, la gente estaba de pie aplaudiendo.

Mientras me estoy sentando, Samper a mi derecha y Uribe a mi izquierda se paran para saludarme, pero yo no puedo escuchar sus palabras. En medio de la respuesta emotiva de la concurrencia vuelvo a escuchar aquella dulce Voz: «Para esto te preparé». Me costó contener la emoción. Yo no podía llorar en medio de dos presidentes, pero se me hizo un nudo en la garganta. Dios estaba dando un sello de aprobación a esta área de nuestro ministerio que está tocando la vida de miles de los líderes latinoamericanos.

CAPÍTULO 56
MOMENTOS DE ORO

No fueron cruzadas. Fueron días especiales. A veces en países que hubieran podido utilizar a sus propios predicadores por el carácter nacional de sus eventos. Sin embargo, me dieron el honor de exponer la Palabra entre ellos.

¡Fueron tantos estos momentos de oro a través de los años! Por ejemplo, las dos magnas concentraciones América para Jesús celebradas en el centro de compras de Washington DC.

La primera reunión se extendió por doce horas e intervinieron una docena de predicadores. Solo participamos dos hispanos y cuando llegó mi turno de predicar, el dato de la policía indicó que teníamos más de un millón de personas en ese momento. Algunos estimaron hasta un millón doscientas mil.

En ambos casos se celebraron las reuniones en momentos críticos de la nación cuando se enfrentaban procesos electorales difíciles y encrucijadas históricas frente a las cuales solo la iglesia de Cristo tiene una clara respuesta.

Recuerdo también el Homenaje a Jesús en la ciudad de México. «Evangélicos realizan en el estadio Azteca celebración religiosa sin precedente en México», así se expresó el Diario Reforma, uno de los principales periódicos de la república, acompañando la amplia nota con grandes fotografías del evento.

Fue el 14 de octubre de 1999. Durante 7 horas y por primera vez en la historia, el Azteca, uno de los dos estadios más grandes del continente fue colmado de una multitud que adoró a Dios y proclamó su Palabra. La cadena Televisa transmitió vía satélite la reunión a todo el mundo. En América Latina, la cadena Enlace transmitió parte de esta jornada histórica.

La gente comenzó a llegar al estadio a las 8 de la mañana. A las 2:00 p.m. hora de empezar, el estadio estaba lleno y miles afuera trataban de entrar. Cada uno de los cien mil asistentes recibió una copia del periódico América Nueva, preparado especialmente para la ocasión. A mí me tocó entregar el mensaje evangelístico, al término del cual varios miles expresaron su decisión de entregar su vida a Cristo.

¡Qué honor para mí ser parte de la vida de nuestras queridas naciones en Hispanoamérica!

En México también, en dos ocasiones ministré en la Marcha de Gloria. Es una marcha que involucra a un millón de personas caminando por el centro de la capital y culmina con la gran concentración de toda una tarde y noche hasta la mañana siguiente, el sábado antes del día de resurrección. El Zócalo de la capital se llena de esquina a esquina con cerca de medio millón de personas. Me tocó predicar allí en el 2003 y en el 2007. El Dr. Quiroa, guatemalteco organizador del evento, en el 2003 dijo: «El Zócalo fue insuficiente. El llamado evangelístico fue impresionante. No menos de 50 mil personas confesaron públicamente a Jesucristo».

Sí, nuestro corazón ha estado muy unido a México en los últimos años. Y no solo a México. También a otros países que nos abrieron los brazos con tanto amor.

¡Qué puedo decir de España! Un viejo pastor español dijo: «Toda mi vida soñé con un día como este». «Dios visitó España el 10 de junio, "Día de Jesús"», decía un correo electrónico que el comité organizador nos envió días después.

Fue en julio del 2000. Durante cuatro horas, 300 pastores más 80 representantes oficiales de sus denominaciones y movimientos se reunieron en un encuentro histórico. Las denominaciones y movimientos firmaron un pacto de arrepentimiento y unidad. Hubo públicos pedidos de perdón. Los líderes se fundieron en abrazos y todos participamos en la Cena del Señor. ¡Qué honor para mí que en esa reunión, a puertas cerradas, porque no querían la presencia de periodistas, me dieran el honor de entregar la Palabra y presidir la Cena!

En la tarde fue la concentración evangelística. La policía no podía dar crédito a lo que estaba sucediendo. Habían insistido en que la asistencia a la reunión final en La Puerta del Sol, kilómetro 0 del país, no podía superar los diez mil. La agencia de noticias internacionales EFE, Antena Tres TV, el Periódico El Mundo y los diferentes medios de comunicación que cubrieron el evento, dijeron que entre 20 y 25 mil personas se reunieron para celebrar a Jesús.

Después que terminé mi mensaje exaltando el total señorío de Jesucristo, en medio de un ambiente de júbilo, sobresalían gritos como: «España, este es tu tiempo». «La primavera del espíritu llego a nuestra nación».

El informe escrito por los líderes cristianos de España declaraba: «La iglesia evangélica española ha vivido el día más glorioso de sus 130 años de historia». Preciosa España, bravía y resistente al evangelio. También para ti llega tu día grande de avivamiento.

En Sud América recuerdo la gran concentración de setenta mil jóvenes peruanos reunidos en Lima, la capital. En un clima invernal y bajo una tenue llovizna, la multitud estuvo de pie durante cinco horas. Fue en el 2002 a favor de los valores de la vida. ¡Qué significativo que la concentración se llevó a cabo en El Paseo de los Héroes frente al Palacio de Justicia!

Y qué del Súper Clásico llevado a cabo en diciembre del 2005 en Buenos Aires. El estadio de River Plate, el más grande de Argentina, no alcanzó. Cerca de cien mil jóvenes colmaron hasta el último centímetro posible de ocupar. Qué precioso el pastor Dante Gebel que nos invitó para honrarnos junto a otros evangelistas. Dante estaba anunciando el evento como el último de los Súper Clásicos que realizaba. ¡Pobre Dante! Cuando me toca hablar le digo que el Súper Clásico no se terminó. Otros vendrán. La multitud gritaba con frenesí su alegría. Dante no supo que nos dio ese reconocimiento y oportunidad de compartir esa Palabra, en un momento crucial de nuestra carrera. Aquella reunión y lo que Dante hizo dirigido por el Espíritu Santo fue como un sello divino para todo lo que continuaría después. Y el *Súper Clásico* se repitió en septiembre del 2011. Y Dante me pidió dar una palabra al gobierno una noche y otra palabra a la juventud al día siguiente. ¡70 mil jóvenes vibraban en amor a Jesús en el *estadio Único de La Plata*!

Congresos mundiales fueron de alta trascendencia en mi peregrinaje. Por ejemplo, el *Congreso de Lausanne*, Suiza en 1974. *Visión Mundial* presentó una película acerca de seis ministerios que estaban impactando al mundo en diferentes regiones. ¡Nosotros fuimos uno de esos seis! De ese Congreso salió el *Pacto de Lausanne* que literalmente influenció la vida de todo el cuerpo de Cristo en el mundo. Y la *Consulta en Pattaya*, Tailandia; Pattaya significa hogar de reposo para las tropas. Allí conocí a mi gran amigo Paul Landrey, quien llegaría a ser un consejero extraordinario para nosotros. Le debo mucho a Paul por toda la inspiración y el ánimo con que impulsó nuestro ministerio.

Qué puedo decir de los tres *Congresos de Evangelistas* convocados por el evangelista Billy Graham en Ámsterdam, Holanda. El primero con tres mil asistentes y los dos segundos con diez mil en cada uno. ¡Qué privilegio para mí que en los tres se me pidiera exponer sobre el Mensaje del Evangelista! Cuántas horas y días de preparación y de derramar mi alma en su presencia para encontrar el pan adecuado para esos heraldos del evangelio.

Y COICOM, la *Confederación Iberoamericana de Comunicadores y Medios Masivos Cristianos*, que cada año se reúne en una ciudad distinta del continente. Solo a dos no pude asistir y en los otros dieciocho o diecinueve ya realizados, siempre me dan el honor de predicar a los comunicadores cristianos de Iberoamérica. ¡Qué responsabilidad tan grande! Siempre voy con temor y temblor para hablar a estos líderes clave del mundo cristiano.

Tantos otros ¡Momentos de Oro! La noche cuando Biola University, una de las grandes universidades cristianas del mundo nos otorgó un doctorado. La Convención de la *National Religious Broadcasters* cuando nos dio el «Micrófono de Oro»; en 50 años era la segunda vez que lo otorgaban a un ministerio hispano; o el «Esperanza Spirit Award» que también nos dieron en Washington DC, y que incluyó un cálido encuentro con el presidente de la nación. Y tantas otras cosas que son exclusivamente dádivas del Señor.

¡Qué bueno es nuestro Dios! ¡Hemos vivido «Momentos de Oro»! Son perlas preciosas que al recordarlas, como si fueran un bouquet de rosas, las ponemos a los pies de nuestro amado Salvador y Señor, en honor a él y únicamente para él.

CAPÍTULO 57

UN MENSAJE PARA DAR

Te confieso que me siguen temblando las rodillas. Ya sea que predique ante cien mil personas o frente a una congregación de cincuenta hermanos, siento el temor y el temblor de mis años juveniles. ¡Es tan grande la responsabilidad! No es dar palabras, doctrinas, convicciones teológicas. Tiene que ver con acercar a Dios y a la gente. Es traer algo del cielo al fango del mundo. Es tocar con la medicina que sana al enfermo canceroso de pecado. Es provocar esperanza al que no la tiene.

Veo al predicador del evangelio como un heraldo. No tiene mensaje propio. Es solamente portador de una Palabra del rey que lo ha enviado. Lleva la autoridad del rey y del reino que representa. Sin embargo, hace su trabajo con profunda humildad. Con su vida y palabras está indicando a sus oyentes que él o ella está radicalmente postrado, sujeto, controlado por la incomparable majestad del que lo ha comisionado.

En el proceso hacia el púlpito hay etapas que no se pueden obviar. En varias ocasiones me preguntaron: «¿Cuánto tiempo le tomó preparar este mensaje?». Mi respuesta es siempre la misma: «Me tomó la vida entera».

Es ir desarrollando «una mente bíblica». Es ir internalizando los fundamentos del reino de Dios. Es permitir que la Palabra se encarne en uno mismo.

El proceso incluye también entender el auditorio que queremos alcanzar. Yo soy un predicador en el púlpito de una cruzada y otro muy diferente en el micrófono de radio, en el set de televisión, y uno totalmente diferente en una iglesia. Ni qué decir cuando hablo ante políticos, gobernantes, y académicos. El mensaje no cambia, el modo de transmitirlo debe cambiar. Debo ser coherente al oído de mi auditorio.

Así que, el tiempo de preparación incluye siempre una profunda relación con la Palabra, un entendimiento del «mercado» que trataré del alcanzar y… algo fundamental, sin discusión, inevitable, no negociable, es mi preparación personal. El vaso debe estar limpio.

El verdadero predicador del evangelio desarrolla un sentido profundo de su inutilidad. «Para estas cosas, ¿quién es suficiente?», se preguntaba Pablo. Y enseguida agregaba: «Pero nuestra suficiencia viene del Señor». Un sentido real de nuestra fragilidad humana y ¡gloria a Dios! La total suficiencia del Señor.

Algo interesante que me ocurre siempre. Se ha hecho el trabajo con la Biblia, se ha estudiado las características de la gente que vamos a alcanzar, hemos orado, el mensaje está preparado, y… todavía está el sentimiento: «¡Ojalá pongan a otro! Que me digan "cambiamos de idea, y le pedimos a fulano que predique"». ¡Es tan seria la responsabilidad de hablar en su Nombre!

Y en los momentos previos al púlpito, todavía hay elementos que jugarán un papel importante, especialmente si es un evento o cruzada pública. Por ejemplo, las noticias del día. El evangelista es un profeta. Se pone de pie para hablarle a una nación en el Nombre de Dios. Se supone que un siervo del Dios Altísimo tendrá que decir algo más sobre la guerra y la paz, los desastres ecológicos, los dramas de la vida diaria que el comentarista de la televisión.

El Espíritu Santo tomará toda la preeminencia antes y durante la exposición del mensaje. La gloria del Dios santo se manifestará como raudales y la Palabra hará su efecto. Siempre procuro que el mensaje incluya una idea central, una alta nota de esperanza, una clara presentación del señorío de Cristo, una dosis alta de misericordia divina. Lo que Cristo es y lo que Cristo hace. ¡Ah!, también hay un elemento fundamental: la invitación.

¿Invitación a qué? No me cabe la menor duda que tiene que ser una invitación a una entrega incondicional, radical al gobierno de Dios sobre nosotros. Menos que eso, es solo religión. Entrega total es el evangelio del reino de Dios, el único que se nos ha confiado.

El mensaje de la Cruz

Un viejo amigo, ya con el Señor, Carmelo Terranova, pastor de la Catedral de la Esperanza en Puerto Rico, un día me dijo: «Hace años qué, sin que lo supieras, hemos hecho un estudio de tus mensajes y descubrimos algo: en algún punto, siempre en tu mensaje va a aparecer Isaías 53».

«Ciertamente llevó él nuestras enfermedades, y sufrió nuestros dolores... mas él herido fue por nuestras rebeliones, molido por nuestros pecados; el castigo de nuestra paz fue sobre él, y por su llaga fuimos nosotros curados... mas Jehová cargó en él el pecado de todos nosotros... angustiado él, y afligido, no abrió su boca; como cordero fue llevado al matadero; y como oveja delante de sus trasquiladores, enmudeció, y no abrió su boca...».

Sí, soy un apasionado de la cruz. La bendita y olvidada de muchos púlpitos. Maravillosa cruz de Cristo. Es central en el evangelio. Allí se partió la historia. El mundo nunca volvió a ser el mismo. El infierno entendió aterrado su derrota. La cruz y la resurrección son las que dan sentido vital a nuestra fe. ¡Qué certidumbre de victoria! ¡Qué gloriosa convicción de perdón, misericordia, redención y triunfo que hay para nosotros, los hijos de Dios!

Hace un par de días, antes de escribir este capítulo, me pasó algo interesante. Estaba esperando que me entregaran mi automóvil estacionado en el Hospital Saint Joseph de Orange, California, cuando se me acercó un hombre y sin decir nada, me dio un abrazo que estremeció todo mi cuerpo. —Usted no me conoce —me dijo— soy uno de los millones influenciados por su ministerio. Sigo de cerca su trabajo y quiero darle gracias por su ministerio.

Con sencillez le respondí:

—Es el Señor, mi hermano. Solo el Señor.

—Sí —agregó— es el Señor, pero él trabaja a través de sus profetas. ¡Gracias por su fidelidad!

Me dejó pensativo. Recibí el testimonio como un bouquet de rosas que coloqué a los pies de mi amado Salvador.

Recuerdo el gran versículo: «El justo por su fe vivirá». Alguien lo interpretó así: «El justo vivirá por su fidelidad». Mi fe me tiene que llevar a una vida de fidelidad.

Fidelidad a Dios, a su amado Hijo y al bendito Espíritu Santo. Fidelidad a la Biblia. Fidelidad a mi familia, mis amigos, la iglesia y aun, fidelidad a los perdidos, porque ellos esperan algo mejor de los siervos de Dios.

Fidelidad al santo mensaje que se nos ha encomendado. Vuelve a sonar en mi alma: «Cielo y tierra pasarán pero mis palabras no pasarán».

EPÍLOGO
SERVIR A MI SEÑOR

Los asombrosos propósitos de Dios nos han traído hasta este momento. Estamos muy agradecidos a él.

Obviamente, no ha sido fácil. Pero el Señor jamás ha prometido la ausencia de dificultades y sufrimientos. Las hemos tenido y tal vez tendremos algunas más, y no hay queja, porque en ellas Dios se glorifica a sí mismo. El compartir estas historias dando a conocer lo que el Señor nos ha hecho vivir, es con el solo objeto de exaltar la bondad y la misericordia que Dios ha manifestado para conmigo y mi familia, al usar un vaso de barro, miserable, colmado de limitaciones y traumas; y contar a otros, que si el Espíritu de Dios tuvo a bien levantar a este instrumento no calificado, bien puede utilizar a cualquier otra vida dispuesta y totalmente rendida en amor a él.

Que sirva este libro para levantar el ánimo caído de muchos de mis colegas en el ministerio.

Que inyecte pasión en los jóvenes, motivándoles a vivir un compromiso radical.

Que provea visión de grandes obras sabiendo que el constructor es Dios, el Todopoderoso.

Que se produzcan en la nueva generación de cristianos, grandes sueños para la gloria de nuestro Dios.

Que promueva ese fuego espiritual que consume el alma por alcanzar a los que no conocen el evangelio.

Que despierte la conciencia de aquellos que están ávidos de poder humano y que solo buscan su interés personal.

Que toque vidas que nunca han sabido lo que es el amor de Dios.

Que se levanten ejércitos incontenibles que promuevan el avance poderoso del reino.

Los capítulos finales de mi vida están por escribirse. Posiblemente sea otro quien los escriba, siempre y cuando haya algo importante, algo digno que comentar y que únicamente le dé la gloria a nuestro maravilloso Salvador. En caso contrario, solo espero ser fiel hasta el último momento.

Deseo anotar esto último.

En varias ocasiones me pregunté: «Alberto, si tienes que morir, ¿qué te gustaría?». No tuve que meditarlo mucho. Mi corazón está en mi llamamiento, el cual ha sido y es la pasión que día a día me sigue consumiendo, como prioridad número uno, sirviendo en el reino de Dios. Cuando deje de existir, deseo que mis hijos coloquen una lápida grabada sobre mi tumba con la siguiente leyenda: «Vivió, amó y sirvió apasionadamente a su Señor».

Nos agradaría recibir noticias suyas.
Por favor, envíe sus comentarios sobre este libro
a la dirección que aparece a continuación.
Muchas gracias.

Vida@zondervan.com
www.editorialvida.com